新时代高校辅导员
心理健康素养现状与培育研究

杜和军 著

西南大学出版社

图书在版编目（CIP）数据

新时代高校辅导员心理健康素养现状与培育研究 / 杜和军著. -- 重庆 : 西南大学出版社, 2025. 4.
ISBN 978-7-5697-3062-3

Ⅰ. G444

中国国家版本馆CIP数据核字第20253K3X04号

新时代高校辅导员心理健康素养现状与培育研究

XINSHIDAI GAOXIAO FUDAOYUAN XINLI JIANKANG SUYANG XIANZHUANG YU PEIYU YANJIU

杜和军　著

责任编辑:张　庆
责任校对:李　君
装帧设计:乙己
排　　版:杜霖森
出版发行:西南大学出版社（原西南师范大学出版社）
　　　　　地址:重庆市北碚区天生路2号
　　　　　邮编:400715
　　　　　电话:023-68868624
印　　刷:重庆新生代彩印技术有限公司
成品尺寸:170 mm×240 mm
印　　张:18.25
字　　数:302千字
版　　次:2025年4月第1版
印　　次:2025年4月第1次印刷
书　　号:ISBN 978-7-5697-3062-3
定　　价:89.00元

目 录

绪 论 ……………………………………………………………1
  一、选题缘由 ………………………………………………2
  二、国内外研究现状 ………………………………………6
  三、研究思路及方法 ………………………………………54
  四、研究重难点及创新点 …………………………………57

第一章　新时代高校辅导员心理健康素养的内涵与价值阐释 ……59
  一、新时代高校辅导员心理健康素养的相关概念辨析………60
  二、新时代高校辅导员心理健康素养的内涵与特点………72
  三、新时代高校辅导员心理健康素养的价值意蕴…………77

第二章　新时代高校辅导员心理健康素养的研究依据与构成要素 …81
  一、新时代高校辅导员心理健康素养研究的理论依据………82
  二、新时代高校辅导员心理健康素养研究的政策依据 ……109
  三、新时代高校辅导员心理健康素养的个案访谈 …………116
  四、新时代高校辅导员心理健康素养实证结构探讨 ………132
  五、新时代高校辅导员心理健康素养构成要素讨论 ………149

第三章　新时代高校辅导员心理健康素养的现状考量 …………155
  一、研究设计与实施 ………………………………………156
  二、新时代高校辅导员心理健康素养的整体表现 …………158
  三、新时代高校辅导员心理健康素养的特征分析 …………167
  四、新时代高校辅导员心理健康素养的问题分析 …………172
  五、新时代高校辅导员心理健康素养存在问题的原因分析 ……177

第四章　新时代高校辅导员心理健康素养的影响因素与效用研究 … 185
　一、新时代高校辅导员心理健康素养的影响因素分析 …………186
　二、新时代高校辅导员心理健康素养的效用分析 ……………199

第五章　新时代高校辅导员心理健康素养的培育与提升 …………219
　一、树立新时代高校心理健康素养培育新理念 ………………220
　二、改善高校辅导员心理健康素养培育的外部条件 …………225
　三、构建协同联动的高校辅导员心理健康素养培育格局 ……230
　四、拓展高校辅导员心理健康素养培育路径 …………………236

结　论 …………………………………………………………………247
附　录 …………………………………………………………………251
主要参考文献 …………………………………………………………259
后记 ……………………………………………………………………287

绪 论

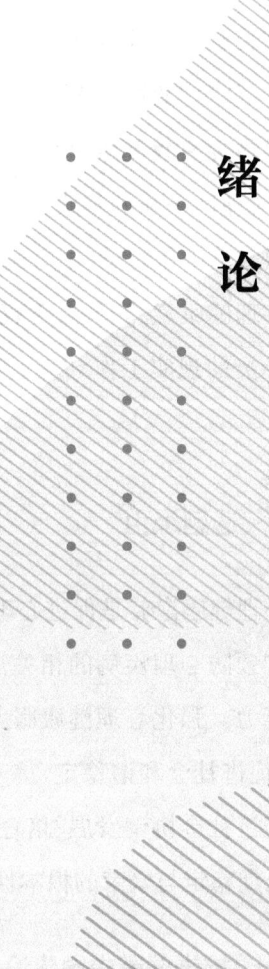

国将兴,必贵师而重傅。党的二十大报告明确指出:"以中国式现代化全面推进中华民族伟大复兴。"实现民族复兴的关键在人才,人才培养的关键在教师。高校辅导员作为中国高校教师群体的重要组成部分,不仅是"三全育人""最后一公里"的接力者,也是时代新人的培育者,更是"梦之队"的筑梦者。高校辅导员拥有较高水平的心理健康素养,不仅可以帮助其维护自身的身心健康,形成理性平和的健康心态,还能够帮助其积极适应挑战,正确面对压力,提升思想政治工作质量,助力民族复兴的实现。理论是行动的先导。深化高校辅导员心理健康素养研究,不仅能丰富心理健康素养的理论成果,还能够观照高校辅导员的现实工作环境,为其适应新时代高校思想政治工作的新要求提供支撑。

一、选题缘由

心理健康素养是促进心理健康的重要途径。其狭义概念指帮助人们认识、处理和预防心理疾病的相关知识与信念;而从广义上讲,它还包括提升心理健康的能力。强化心理健康服务和提高心理健康素养水平是改善公众心理健康状况、促进社会和谐稳定、提升公众幸福感的关键措施,是培养良好道德风尚、推动经济社会协调发展、培育和践行社会主义核心价值观的基础要求,是确保国家长期稳定与繁荣的根本性、基础性工作。

(一)推进健康中国建设的时代需要

健康是促进人的全面发展的基础条件,是国家强盛的重要标志。中国共产党成立以来,不论是在革命年代还是在和平年代始终重视人民群众的生命健康,形成了系统的人民健康观。党的十八大以来,党中央高度重视人民群众的生命健康,2016年8月,习近平总书记在全国卫生健康大会上强调:"要把人民健康放在优先发展的战略地位……树立大卫生、大健康的观念,把以治病为中心转变为以人民健康为中心,建立健全健康教育体系,提升全民健康素养……"同年10月,中共中央、国务院印发了《"健康中国2030"规划纲要》,其中明确提出:"加强心理健康服务体系建设和规范化管理。加大全民心理健康科普宣传力度,提升心理健康素养。"2017年,党的十九大报告将"实施健康中国战略"作为国家发展基本方略中的重要内容。2019年,国家卫生健康委员会发布了《健康中国行动(2019—2030年)》,其中明确设定了心理健康素养提升的具体目标,计划到2022年和2030年分别将心理健康素养提升至20%和30%。2022年,党的二十大报告指出推进健康中国建设要"重视心理健康和精神卫生"。

据相关数据统计:"当前,我国常见精神障碍和心理行为问题人数逐年增多,个人极端情绪引发的恶性案(事)件时有发生。我国抑郁症患病率达到2.1%,焦虑障碍患病率达4.98%。截至2017年底,全国已登记在册的严重精神障碍患者581万人。"[1]与当前公众精神疾病患病率较高情况不一致的是,公众对于常见精神疾病和心理问题知晓率仍然比较低,限制了人们主动就医意识,部分患者及家属仍然存在强烈的病耻感,社会公众对于精神疾病患者仍然抱有偏见。这些都是缺乏心理健康素养的表现,不仅影响了人们的心理健康维护,更影响到了社会稳定,公众幸福感的提升。学校是落实健康中国行动的重要场所,教育是提升心理健康素养的有效措施之一。高校辅导员是高校思想政治教育的骨干力量,长期在育人一线,提升高校辅导员心理健康素养,有利于高校形成良好的心理育人氛围,进而对青年大学生心理健康素养产生重要影响,这对于推动健康中国行动落地落实以及重要指标的完成具有重要意义。

(二)落实高校立德树人根本任务的内在需要

立德树人是教育的根本任务。自党的十八大以来,习近平总书记多次阐述了"立德树人"的教育理念,对这一理念的本质、价值和实现途径进行了全面阐释。这一理念是习近平新时代中国特色社会主义思想的重要组成部分,也是高校进行"三全育人"改革,推动建立和完善"全员全过程全方位"育人体制机制的重要指导思想。高校要落实立德树人根本任务,就必须重视人的自身健康问

---

[1] 健康中国行动推进委员会.健康中国行动(2019—2030年):总体要求、重大行动及主要指标[J].中国循环杂志,2019,34(9):850.

题,不论是做什么样的人、成什么样的才,如果没有健康作为根基,人才的发展都会出现动摇,走向衰败。

马克思要求把人作为社会发展的最高目的,反对把人仅仅作为手段。在社会实践中,人们不可避免地与周围环境、事物以及他人产生互动,进而形成一系列内在的主观认知和外在的行为表现,这些构成了人的心理。人的心理是否健康关系着人与自身、人与外在是否能够和谐统一。新时代高校立德树人的根本目标就是要培养担当民族复兴大任的时代新人。新时代的青年应致力于德智体美劳的全面发展,而身心健康是实现这一目标的根本。相关调查研究显示,1986年以后的30多年里,大学生群体心理健康水平总体上逐年提升,尤其人际敏感、抑郁和敌对等方面问题改善幅度较大。[1]这得益于高校多年来的心理育人工作,得益于高校思想政治工作始终将心理育人作为重要组成部分,包括早期的心理咨询,大学生心理健康教育课程开设,专业心理咨询人员与辅导人员的配备,开展心理育人系列活动,以及逐步形成"教育教学""实践活动""咨询服务""预防干预"四位一体的心理育人格局。高校辅导员队伍在心理育人工作中发挥了主导作用,通过与其他育人主体的协同与配合,发挥心理育人合力,促进大学生心理健康素养与思想道德素养以及科学文化素养的协调发展。高校辅导员具有较高水平的心理健康素养,不仅可以帮助其提升心理育人能力,还可以帮助大学生养成良好的心理品质,以及自尊自信的优良品格。所谓"育人先育心,浇花先浇根",因此,提升高校辅导员心理健康素养,是落实高校立德树人根本任务的基本要求。

(三)建设高素质高校辅导员队伍的现实需要

高校辅导员作为高校思想政治教育的重要力量,不仅是青年大学生成长成才的引导者和心灵的倾听者,还在学生的成长过程中扮演着多重关键角色,与大学生的关系尤为紧密。当前,在百年未有之大变局和中华民族伟大复兴的战略全局背景下,高校思想政治工作正在发生着深刻变化,国际国内形势的深刻

---

[1] 辛自强,池丽萍.当代中国人心理健康变迁趋势[J].人民论坛,2020(1):49.

变化带来的各种冲击,严重影响着高校的和谐稳定,也给高校辅导员工作带来巨大压力。心理研究揭示,长期的工作压力对个体的心理健康有显著的负面影响。近年来,关于高校辅导员心理健康的研究主要集中在心理疾病方面,探讨了高校辅导员在应对持续工作压力时可能遭遇的职业倦怠、职业枯竭、角色冲突、抑郁和焦虑等心理问题。然而,关于培养高校辅导员积极心理品质的研究,在数量和质量上都显得不足,这与新时代对高校辅导员专业化和职业化发展的要求并不匹配。

高校辅导员的心理健康问题关系着高校辅导员队伍建设质量,影响着高校和谐稳定。近年来,辅导员在高校育人体系中的地位和作用日益显著,特别是在推进"三全育人"体系改革的背景下,辅导员无疑成为"三全育人"岗位的核心力量。他们需要投入大量时间和精力,扮演协调者、疏通者和指挥者的角色。尽管辅导员的地位和作用得到了提升,但他们的实际工作环境仍有待改善。他们常常需要加班、熬夜,并且要与家长沟通、与校内多个部门协调,繁重的工作任务使他们经常处于高压状态,这对他们的身心健康不利。有些辅导员即使面临心理问题,也往往选择隐瞒,担心影响同事和学生的看法,损害自己的职业形象。还有些辅导员长期受到焦虑和抑郁情绪的困扰,却未能得到有效治疗,最终可能导致抑郁症,影响工作和家庭生活。因此,无论从辅导员职业化、专业化建设的角度,还是从辅导员队伍的健康发展角度出发,都应当重视提升辅导员的心理健康素养,并持续帮助和维护他们的心理健康水平。

(四)助力大学生健康成长成才的迫切需要

高校辅导员所从事的思想政治教育工作,本质上是关于人的工作,旨在促进人的健康成长与成才,这是教育发展的终极目标。这项工作不仅关系到人的整体素质和风貌,而且与民族的未来和国家的命运息息相关。始终围绕学生、关照学生、服务学生是辅导员工作的立足点,也是辅导员职业发展的内生动力。新时代的大学生,具备勤于思考的特质、独立自主的个性、批判性思维能力以及敏感而丰富的情感世界。他们在知识结构、人生价值观、学习目标、兴趣爱好等方面均展现出新时代的独特风貌,整体上呈现出积极向上的态势。习近平总书记在全国高校思想政治工作会议上指出:"做好高校思想政治工作,要因事而化、因时而进、因势而新。"随着"00后"大学生群体日益成为青年大学生的主力,其表现出的身心发展特征、总体的心理健康水平以及存在的心理问题对于高校思想政治工作者提出了新的挑战。高校辅导员拥有高水平的心理健康素养,首先,可以保证辅导员牢牢把握住新时代青年的身心发展规律,始终成为大学生心理健康成长的"领航员";其次,可以保证辅导员能够成为帮助大学生解决日常遇到的心理困惑和提升大学生心理自助意识的"教练员";最后,还能够保证辅导员成为发挥心理育人合力的"指挥员"。在构建高校心理育人体系当中,高校辅导员一方面与大学生群体最为亲近,最为大学生所信赖和依靠;另一方面与专业教师、思想政治理论课教师、班主任、心理健康教育教师和心理咨询师有着工作交集,能够成为心理育人合力发挥的"中枢神经"。高校辅导员应该发挥好心理育人过程中的策划、组织、实施、配合功效,实现同向同行,最大限度形成育人合力,助力大学生的全面发展。

二、国内外研究现状

关于心理健康素养的研究,国外已经有相当丰富的研究成果,国内研究目前正处于起步阶段。随着党的十九大报告将"实施健康中国战略"作为国家发展基本方略中的重要内容,学术界对于心理健康素养的研究越来越重视,研究成果也在不断涌现。心理健康素养的研究对象主要集中在学生、科技工作者、军人、教师、社区居民、老年人等群体。为了满足研究需求,笔者在中国知网、万方、维普等数据库中以"辅导员心理健康素养"为主题进行了检索,发现相关研究成果较少。这说明从心理健康素养的角度出发,对辅导员心理健康素养进行系统性研究目前尚处于起步阶段。

(一)国内研究现状

总体来看,国内直接以"辅导员心理健康素养"为主题进行研究的成果还处于起步阶段,多数研究者围绕辅导员心理健康以及辅导员心理素质相关主题进行研究,并取得了一定成果。截至2024年12月31日,笔者以"辅导员心理健康"为主题在中国知网进行检索,共有3716条相关检索结果,包含期刊3388条,学位论文171条,会议101条,报纸35条,相关著作21条;以"辅导员心理素质"为主题进行检索,共有350条相关检索结果,包含期刊310条,学位论文25条,会议4条,报纸2条,相关著作9条。

具体来看,国内研究者围绕高校辅导员心理健康相关领域的研究主要集中在以下几个方面。

1.关于高校辅导员心理素质的研究

"心理素质"是我国素质教育提出的本土化概念。我国心理学界对这个概念大致经历了"陌生—认同—重视"这么一个认识过程。[①]张大均认为,心理素质是以生理条件为基础的,将外在获得的刺激内化成稳定的、基本的、内隐的,具有基础、衍生和发展功能的,并与人的适应行为和创造行为密切联系的心理品质。[②]国内学者对于大学生心理素质的研究始于20世纪80年代中后期,经过多年的发展已经积累了丰硕的研究成果,主要包括大学生心理素质的概念、大学生心理素质的内在结构、大学生心理素质的测量工具编制、大学生心理素质现状调查与评估,大学生心理素质影响因素分析、大学生心理素质的培养等。从学科视角来看,对于大学生心理素质的研究,由之前的教育学、心理学学科为主导,逐渐发展为体育学、医学、文学、计算机科学、艺术学等多学科融合与交叉,使得大学生心理素质研究更加全面、立体、多元。大学生心理素质研究之所以能够受到学术界如此关注,是因为一方面高校对于大学生素质教育的重视,我国高等教育对人才培养质量的高标准要求;另一方面是随着大学生群体数量的增加,产生的一系列大学生心理问题,引发社会关注。

相较于大学生群体,针对高校辅导员群体心理素质的研究在数量和质量上均显得不足。总体而言,目前的研究更多停留在宏观理论探讨层面,缺乏充分

---

① 张大均.论人的心理素质[J].心理与行为研究,2003,1(2):143.
② 王滔,张大均,陈建文.我国大学生心理素质研究20年的回顾与反思[J].高等教育研究,2007,28(4):77.

的方法论论证,且实证性调研相对较少。这与辅导员职业化、专业化发展要求不相适应。通过在中国知网上检索发现,对于高校辅导员心理素质的研究多集中于2007—2012年,这一现象与辅导员队伍建设发展状况紧密相连。2004年,中共中央、国务院颁布了《关于进一步加强和改进大学生思想政治教育的意见》。2006年,教育部颁布了《普通高等学校辅导员队伍建设规定》。这两份文件的发布,标志着高校辅导员建设进入了一个新时代,推动了高校辅导员职业化和专业化发展进程。随着这一进程的推进,学术界对高校辅导员心理素质的研究也逐渐增多(见表1)。

表1　1994—2022年我国高校辅导员心理素质研究的文献量统计

年代区间	1994—2000年	2001—2006年	2007—2012年	2013—2017年	2018—2022年
期刊文章量(篇)	3	21	100	40	14
硕博论文量(篇)	0	2	11	6	3
合计	3	23	111	46	17

(1)关于高校辅导员心理素质概念的相关研究

学术界对于心理素质概念的探讨较多,同时对于大学生心理素质概念也有不同学者给出了相应的定义。比如,周治金认为,大学生心理素质是在生理素质的基础上,通过后天环境和教育的作用形成并发展起来的,与大学生的学习、学术研究和生活实践密切联系的心理品质的综合表现。[①]王滔等人认为,大学生心理素质由认知特性、个性、适应性3个维度10个因素26个成分构成。[②]罗品超认为,大学生心理素质指在先天生理特性的基础上,大学生在社会适应过程中所形成的与大学生学习和生活实践密切联系的心理过程、个性心理方面的稳定的特征。[③]而对于高校辅导员心理素质的定义,尤其是学理上的探讨散见于相关文献中。比如,靳玉军认为,高校辅导员素质是高校辅导员以其先天生理为基础,在环境和教育影响下,通过自身修养和社会实践形成和发展起来的

---

① 周治金.论大学生心理素质结构[J].高等教育研究,2003,24(3):32.
② 王滔,张大均,陈建文.我国大学生心理素质研究20年的回顾与反思[J].高等教育研究,2007,28(4):78.
③ 罗品超.大学生心理素质构成因素及其测量工具的研究[D].广州:华南师范大学,2005.

相对稳定的基本品质。[1]虽然研究中并未明确提出高校辅导员心理素质,但该素质包括心理素质。潘峰认为,高校辅导员心理素质是指那些与学生身心全面发展息息相关的心理品质的总称,是心理品质的总称,是在工作过程中体现出来的心理过程和个性心理的总和。[2]

总体而言,相较于高校教师群体,高校辅导员的人数较少,在育人体系中的地位和作用并不突出,这导致了对他们的关注和研究相对有限。特别是关于高校辅导员心理素质的研究更是寥寥无几,且研究者之间尚未达成学术共识,这些都是高校辅导员心理素质研究面临的主要障碍。

(2)关于高校辅导员心理素质结构的相关研究

通过查阅文献可知,高校辅导员心理素质结构的研究大体可以分为以下三种类型。

一是从社会学的视角对高校辅导员心理素质结构进行界定。比如,肖文娥等人通过使用问卷调查和观察访谈方法,分析得出高校辅导员应具备的心理素质及其特征可以分为4大类和18个小项,4大类包括知识素养、智能品质、需要与情感动机品质和自我意识。[3]向伟在对优秀高校辅导员的访谈以及对《全国高校辅导员先进事迹选编》的内容分析后,获取了高校辅导员素质模型,确立了新时代高校辅导员育人心理素质包括人际和谐、热爱生活、自我悦纳、宽容大度、适应性以及积极乐观。[4]

二是从高校辅导员素质职业需要和工作角度进行研究。此类研究的论文相对较多,而且多从高校辅导员工作实际出发,强调高校辅导员心理素质的"应然"状态。比如,邱瑞婵等人认为,由于高校政治辅导员在群体组成、工作性质和职业特色等方面具有其特殊性,所以对他们的心理素质也有了特殊要求,包括广泛的兴趣、优良的性格、融洽的人际关系、坚强的自控能力。[5]陈琳认为,高

---

[1] 靳玉军.高校辅导员素质开发研究[D].重庆:西南大学,2008.
[2] 潘峰.高校辅导员心理素质管理问题初探[J].长春教育学院学报,2013,29(14):146.
[3] 肖文娥,王运敏.论高校辅导员心理素质培养[J].教育研究,2000(10):28-29.
[4] 向伟.新时代高校辅导员素质及提升策略研究[D].长沙:湖南师范大学,2020.
[5] 邱瑞婵,张培玉.关注高校政治辅导员的心理健康[J].山西高等学校社会科学学报,2004,16(3):84-86.

校辅导员心理素质应该包括高尚的道德品质、稳定的情绪、敏锐的洞察力、坚韧的毅力、良好的个性品质、适度的成就动机以及全面的能力七个方面。[1]潘峰认为,一名优秀的辅导员应该具备三个方面的优秀品质,包括爱岗敬业、乐于奉献的意志品质;热情友善、关爱学生的情感品质;诚信宽容、正直无私的道德品质。[2]赵艳丽认为,为了适应高校辅导员工作的需要,优秀的高校辅导员应具备的心理素质包括高尚的道德品质、良好的认知能力、具有适度的成就动机、良好的情感和意志品质、良好的性格以及特殊的能力。[3]文美荣认为,当前高校危机事件频繁发生,给学生带来了不同程度的心理伤害,也考量着辅导员的素质和能力,要做好高校危突发事件的预防和处置,高校辅导员应该具有的心理素质包括良好的个性心理品质、有效的心理健康知识、较强的心理教育能力三个方面。[4]

三是从心理学视角对高校辅导员心理素质结构进行界定。比如,李艳杰认为,高校辅导员的心理素质所包含的内容众多,主要包括辅导员应具备的智力与教育管理能力和人格特征两个方面。其中智力是指人的一般能力包括观察力、记忆力、思维力、想象力和注意力,教育管理能力包含良好的语言表达能力、多方面的组织管理能力以及适应新情境的能力。人格特征主要是热烈的情感、坚强的意志、浓厚的职业兴趣、成熟的自我意识和良好的性格。[5]陈庆健等人认为,高校辅导员要具备健康的心理素质:首先,要求大学生辅导员有良好的应变力、洞察力、说服力;其次,要求大学生辅导员情绪、情绪稳定,善于自我调节;最后,要求大学生辅导员要有良好的人际关系。[6]靳玉军认为,高校辅导员自身的心理素质应该包括丰富的想象、良好的性格、健康的情绪、坚强的意志以及意志品质的优化五个方面。[7]

---

[1] 陈琳.浅谈高校辅导员心理素质的培养途径[J].南京医科大学学报(社会科学版),2006(3):247-248.
[2] 潘峰.高校辅导员心理素质管理问题初探[J].长春教育学院学报,2013,29(14):146.
[3] 赵艳丽.高校优秀辅导员心理素质的研究[J].青岛科技大学学报(社会科学版),2002(4):42-43.
[4] 文美荣.论高校突发事件中辅导员的心理素质[J].湖南工业大学学报(社会科学版),2011,16(3):141.
[5] 李艳杰.浅谈高校辅导员应具备的职业心理素质[J].哈尔滨职业技术学院学报,2008(4):68-69.
[6] 陈庆健,庄兴忠.大学生辅导员必备的政治、道德、心理、人文素质[J].广西青年干部学院学报,2003,13(3):64.
[7] 靳玉军.高校辅导员素质开发研究[D].重庆:西南大学,2008.

尽管研究者们的视角各异,但通过归纳总结可以发现,高校辅导员的心理素质具有一些共通的特征。第一,职业性。高校辅导员的心理素质与其职业紧密相连。这一点表明,研究高校辅导员的心理素质必须与他们的工作实际相结合。第二,层次性。高校辅导员的心理素质由不同层次的心理成分构成,涵盖了知识、技能、态度、价值观以及人格等方面。这些成分层层递进,构成了一个由基础到高级不断发展的层次结构。

(3)关于高校辅导员心理素质现状的研究

目前,对高校辅导员心理素质的现状分析主要分为两个方向。

第一,实证分析。比如,林伟毅使用问卷调查的方式,对福建48所高校的在职辅导员进行调查,发现辅导员心理素质从总体上看较好,但亚健康心理不容忽视。[①]张利等人通过对北京9所高校中不同人群进行问卷调查,主要调查高校辅导员素质现状,从现状评价的平均水平来看,学生和辅导员都认为当前高校辅导员具有比较高的心理素质,且辅导员对当前自身群体的心理素质表现的评价更好一些。[②]肖荣勋采用自编的"辅导员身心素质量表",对河南省的部分高校辅导员进行问卷调查发现,高校辅导员的心理素质在性别、学历、婚姻状况、聘用性质、工作年限等人口学计量统计中存在差异。[③]这些调研结果,与肖文娥等人的调查结果一致。而赵艳丽通过对山东7所高校的105名辅导员中34名优秀辅导员进行测评,发现与高校教师相比,高校辅导员心理素质总体具有较高的忧虑性和低幻想性,表明高校辅导员心理压力较大。[④]王荣钰采用问卷调查法对长安大学、西安交通大学、西北政法大学、西安工程大学、西安培华学院等高校的辅导员进行调查,发现高校辅导员近年来整体素质水平有所提升,但是心理素质相对较弱。一方面是由于高校尚未建立健全辅导员心理健康保障机制;另一方面是由于辅导员自身缺乏吃苦精神。[⑤]黄奕云采用网上问卷

[①] 林伟毅.高校辅导员心理素质优化与育人能力提升[J].集美大学学报(哲学社会科学版),2012,15(3):114.
[②] 张利,王韶华,朱艳霞.简析高校辅导员心理素质对大学生思想政治教育的影响[J].学校党建与思想教育,2013(4):87—89.
[③] 肖荣勋.高校辅导员素质结构及其与工作绩效的相关研究[D].郑州:河南大学,2008.
[④] 赵艳丽.高校优秀辅导员心理素质的研究[J].青岛科技大学学报(社会科学版),2002(4):43—44.
[⑤] 王荣钰.新时代高校辅导员队伍核心素质建设研究[D].西安:长安大学,2020.

调查法选取了几所普通高校进行调查,结果显示高校辅导员心理素质现状不容乐观,存在的主要问题是心理学知识薄弱。[①]文婷对参加国家教育行政学院高校班主任辅导员骨干培训班中的200名学员进行问卷、座谈和访谈发现,目前高校辅导员相对高校教师而言,工作中存在"三多三低"的问题,即分管部门和领导多、面对学生多、要管的事情多,而在学校地位低、学历或职称低、待遇低。这些都加大了辅导员心理压力,表现为烦琐工作引起的心理厌烦,角色冲突引发的焦虑、面对客观环境不能很好协调以及面对工作挑战导致心理失衡。[②]

第二,经验概括。比如,张海艳认为,当前高校辅导员整体职业心理素质水平较高,能达到其胜任职业工作的要求。但也存在一些职业心理问题,如职业认同感较低、职业倦怠、职业效能感降低、职业发展期望偏低等。产生这些心理问题的主要原因在于高校辅导员的专业性较低,职业角色模糊;工作内容泛化、社会期望压力大;工作倾向事务化、工作成效具有非显性和滞后性;学术能力欠缺,职业发展渠道不畅。[③]代伟认为,多数高校辅导员具有较高的知识素养和良好的智能品质,但同时也应看到部分高校辅导员心理素质不高,与高校辅导员应具备的心理素质特征相比还有较大差距,具体表现为:一是知识结构不合理,如缺乏必要的教育科学、心理科学知识,知识更新意识不强;二是智能品质不够完善,如科研意识不强,缺乏对学生思想问题的洞察力,对学生中的新问题缺乏敏感性,难以准确抓住问题的实质、掌握教育时机。[④]

(4)关于高校辅导员心理素质培养的研究

根据获取的文献可以看出,近几年关于如何提升高校辅导员心理素质的研究主要从国家、社会、学校以及个人四个层面来进行。

从国家层面来看,向伟提出提升高校辅导员心理素质,需要国家层面的宏观统筹。一方面,做好国家政策制度的顶层设计,相关主管部门起草心理健康服务指南。另一方面,通过党政的舆论宣传部门、社会舆论与专业人士配合,营

---

① 黄奕云.新时期高校辅导员素质状况的调查分析[J].职业技术教育(教学版),2006,27(32):112.
② 文婷.高校辅导员专业素质研究[D].南京:河海大学,2007.
③ 张海艳.EAP视域下辅导员职业心理素质提升研究[J].长江大学学报(社会科学版),2018,41(3):112-113.
④ 代伟.论高校辅导员心理素质培养[J].红河学院学报,2005,3(5):86.

造全民健心的社会舆论。①张海艳认为,国家应加大政策支持力度,首先,要从战略高度认识高校辅导员队伍建设的重要性,在经费投入、职称评审等方面进行总体设计。其次,要从政策层面制定完善高校辅导员队伍准入、考核、培养、发展和退出等机制。最后,要发挥高校辅导员培训与研修基地的引领和辐射作用,为高校辅导员队伍建设提供理论与实践支持。②

从社会层面来看,殷子钰认为,高校辅导员不是独立存在的,其职业心理素质的健康发展离不开社会环境的支持,应营造良好的社会环境,为高校辅导员提供社会支持,加强社会对高校辅导员工作的理解,并通过加强对高校辅导员工作重要性的宣传力度和优秀辅导员工作事迹的榜样传播,提升高校辅导员群体的社会地位。③张利等人指出,针对社会对高校辅导员工作的定位缺乏正确的认知现象,努力提升社会对高校辅导员职业认同度和认知度。④

从学校层面来看,向伟认为,高校应厘清辅导员工作职责,有效缓解其压力源,尤其是阻碍性压力源,通过明确身份与角色来缓解辅导员压力。同时高校要注重改善辅导员工作环境,提升辅导员职业幸福感,重视开发辅导员心理资本,提供常态化的辅导员心理服务体系,如开设辅导员心理健康教育系列课程、定期开展辅导员心理团辅活动,建立针对辅导员的心理咨询等帮助其正确认识自己。⑤殷子钰认为,从职业心理素质提升来看,高校在辅导员管理中应增强对辅导员理想信念教育,坚定职业使命感;要重视辅导员队伍建设,尤其是发挥朋辈效应,促进辅导员树立职业心态;完善高校辅导员管理制度,助力辅导员树立坚强的职业意志。⑥张利等人认为,高校应当抓好辅导员心理素质的培养工作,辅导员工作是一项真实存在的教育现象和社会实践,首先,应加强对辅导员心理素质的理论研究;其次,建立一套成熟的岗前培训和在岗培训机制;最后,要

---

① 向伟.新时代高校辅导员素质及提升策略研究[D].长沙:湖南师范大学,2020.
② 张海艳.EAP视域下辅导员职业心理素质提升研究[J].长江大学学报(社会科学版),2018,41(3):114.
③ 殷子钰.新时代高校辅导员职业心理素质提升策略研究[J].北京经济管理职业学院学报,2021,36(4):65.
④ 张利,王韶华,朱艳霞.简析高校辅导员心理素质对大学生思想政治教育的影响[J].学校党建与思想教育,2013(4):89.
⑤ 向伟.新时代高校辅导员素质及提升策略研究[D].长沙:湖南师范大学,2020.
⑥ 殷子钰.新时代高校辅导员职业心理素质提升策略研究[J].北京经济管理职业学院学报,2021,36(4):64.

明晰的激励机制,增强辅导员的自信和成就感。[1]林伟毅认为,提升高校辅导员的心理素质,还需要建立顺畅的沟通渠道,营造良好的心理环境氛围。在高校内部应该建立一种领导、教师和辅导员之间的交流沟通,营造一种互相尊重、平等相待的宽松心理氛围与和谐的人际环境,为保持健康心理创造一个宽松的外部环境。[2]

从个人层面来看,向伟认为,高校辅导员应学会调整自己的认知,善于聚焦生活和工作中的美好,树立资源取向,并通过努力培养个人兴趣,建立社会链接,不断提升个人的抗挫折能力。[3]殷子钰认为,高校辅导员应自觉深入了解自身职业心理发展,意识到职业心理素质对个人工作的重要影响,自觉积极主动开展自我心理调适。[4]张海艳认为,高校辅导员可以通过系统学习心理学知识、塑造积极人格、提高职业能力、增强自我职业生涯规划等方式提升自我认知水平。[5]张利等人认为,高校辅导员应注重自信心的培养,自信是力量的源泉,增强自信是培养良好心理素质的有效途径之一。[6]王荣钰认为,辅导员要发扬吃苦耐劳精神,要善于在日常工作中不断磨炼自己,苦练内功,一方面要敢于迎难而上,另一方面要善于把握各种机会,努力锤炼本领。[7]

(5)关于高校辅导员心理素质的研究述评

相较于大学生群体心理素质的研究,针对高校辅导员心理素质的研究尚显不足。作为德育的重要组成部分,高校辅导员的心理素质与大学生的心理状况紧密相连。然而,目前学术界对高校辅导员心理素质的研究尚有诸多薄弱之处,主要体现在两个方面。一是基础理论研究的不足。目前对高校辅导员心理素质的理解和定义尚不明确,存在将心理素质与心理健康混为一谈的情况,尽

---

[1] 张利,王韶华,朱艳霞.简析高校辅导员心理素质对大学生思想政治教育的影响[J].学校党建与思想教育,2013(4):89.
[2] 林伟毅.高校辅导员心理素质优化与育人能力提升[J].集美大学学报(哲学社会科学版),2012,15(3):119.
[3] 向伟.新时代高校辅导员素质及提升策略研究[D].长沙:湖南师范大学,2020.
[4] 殷子钰.新时代高校辅导员职业心理素质提升策略研究[J].北京经济管理职业学院学报,2021,36(4):65.
[5] 张海艳.EAP视域下辅导员职业心理素质提升研究[J].长江大学学报(社会科学版),2018,41(3):115.
[6] 张利,王韶华,朱艳霞.简析高校辅导员心理素质对大学生思想政治教育的影响[J].学校党建与思想教育,2013(4):89.
[7] 王荣钰.新时代高校辅导员队伍核心素质建设研究[D].西安:长安大学,2020.

管二者之间存在联系,但也有明显区别。有的研究者在研究过程中,存在用心理健康测查心理素质,用心理素质测查心理健康的现象。只有弄清心理健康和心理素质的本质区别才能够对高校辅导员心理素质研究具有指导意义。二是没有符合高校辅导员角色身份的实证测量工具。目前学术界使用最多的测量工具是卡特尔16种人格因素调查表和症状自评量表(SCL-90),但是这些工具是针对普通群体的,不具有针对性和代表性,不能完全测试出高校辅导员心理素质的真实状态。尽管学者们努力尝试开发适用于高校辅导员素质评估的工具,但迄今为止,尚未出现一个被广泛认可的测量工具。大多数量表或问卷的标准化程度亦不足,且未能建立起有效的参照标准。

总的来说,未来对于高校辅导员心理素质研究应该从以下三个方面聚焦。一是聚焦于新时代高校思想政治工作的新要求。这是研究的历史和逻辑起点,只有把握住新时代高校思想政治工作的新特征和新要求,高校辅导员心理素质研究才能有自身的立足点和目标。二是要聚焦于多学科视野。高校辅导员心理素质研究,既是一个理论问题也是一个实践问题。高校辅导员心理素质的研究,其重要目标是提升高校辅导员心理素质水平,因此要积极吸纳其他学科,如教育学、心理学、管理学以及思想政治教育学科的研究成果,而不能是一家独大。同时要注重深入细致挖掘辅导员心理素质的独特性,多与高校其他育人主体进行横向比较,同时也要做好纵向研究,形成纵横交叉,立体生动的研究格局。三是聚焦于创造性转化。高校辅导员心理素质的实证研究,应注重应用性和实践性。建议研究者尝试编制符合中国国情的高校辅导员心理素质测评量表,要能够体现中国特色社会主义高校的办学特色,体现高校辅导员的身心发展特点,严格按照科学流程编制具有较高信效度的研究工具,能够真实测评高校辅导员心理素质,并能够建立有效的全国常模,保障研究成果具有可借鉴和可参考价值。

2. 关于高校辅导员心理健康的相关研究

研究高校辅导员心理健康素养的核心目的在于协助他们提升心理健康水平,理解心理健康的概念和标准,明确当前的状况,并掌握实际存在的心理健康问题。这是进行高校辅导员心理健康素养研究的基础。目前,以篇名中包含"辅导员"并以主题中包含"心理健康"为条件,在中国知网期刊数据库检索发现,辅导员心理健康问题研究始于2000年。总体来看,学术界对于高校辅导员心理健康的研究主题主要集中于高校辅导员心理健康的现状、问题、原因和对策等。

(1)心理健康的概念和标准

要了解辅导员的心理健康状况,首先需要明确"心理健康"这一核心概念。我国学者对心理健康的理解始于20世纪80年代。尽管心理健康教育在学校中已经广泛实施,并且积累了一定的经验,但迄今为止,学术界对于"心理健康"的定义及其标准仍存在一些争议。其代表性观点主要包括两种。一是持续状态说。比如,陈家麟指出,心理健康就是人在知、情、意、行诸方面的健康状态。[①] 张大均等人将心理健康界定为一种持续的心理状态与过程,表现为能够有效地发挥个人的身心潜力以及作为社会一员的积极的社会功能。[②] 刘华山提出,心理健康是一种持续的心理状态。在这种状态下,个人能够有效地发挥个人的身心潜力与积极的社会功能。[③] 二是内外和谐论。姚本先认为,心理健康是指个体在适应环境的过程中,生理、心理以及社会性方面达到协调一致的良好心理状态。[④] 叶一舵认为,心理健康是个体与环境的相互作用中,主体不断调整自身结构,自觉保持心理上、社会上的正常或良好适应的一种持续而积极的心理功能状态。[⑤]

人们对心理健康概念认识不一致,导致关于心理健康标准把握的尺度也不尽相同。比如,刘华山的六项标准(对现实的正确认识,自知、自尊与自我接纳,自我调控能力,与人建立亲密关系的能力,人格结构的稳定与协调,生活热情与工作效率),王极盛的七项标准(智力正常,情绪健康,意志健全,行为协调,人际关系适应,反应适度,心理特点符合年龄),等等。如果对上述标准的划定进行

---

① 陈家麟.心理健康与智力发展[J].心理科学通讯,1984(2):43.
② 张大均,王磊.心理健康与创造力[J].宁波大学学报(教育科学版),2001,23(6):1.
③ 刘华山.心理健康概念与标准的再认识[J].心理科学,2001,24(4):481.
④ 姚本先.学校心理健康教育基本概念辨析[J].课程·教材·教法,2001(6):66.
⑤ 叶一舵.论心理健康及其实质[J].福建医科大学学部(社会科学版),2002,3(1):87.

总结,那么学者们确定心理健康标准的具体依据有七种:以统计学上的常态分布为标准、以合乎社会规范为标准、以社会生活适应状况为标准、以医学上的症状存在与否为标准、以个人主观经验为标准、以心理成熟与发展水平为标准、以心理机能的充分发挥为标准。[①]

综上所述,学术界对心理健康概念的理解存在一定的主观性。尽管心理健康现象本身具有客观性,但由于文化背景、科学研究水平、经济发展状况以及对健康的认知差异等,学术界对于心理健康的定义及其标准难以达成普遍共识。1948年,世界卫生组织(WHO)正式成立,并提出:"心理健康是指人的心理活动和社会适应良好的一种状态,是人的基本心理活动协调一致的过程,即认识、情感、意志、行为和人格完整协调,能顺应社会,与社会保持同步的过程。"[②]当然,这一定义也存在不合理的地方,但是从总体上看心理健康定义可以达成的共识是心理健康是各类心理活动正常协调、内容与现实相一致以及人格的相对稳定。

(2)高校辅导员心理健康的概念

关于高校辅导员心理健康的概念,目前学术界对这一认识还未形成有影响力的界定。周良书认为,作为特殊的职业群体,高校辅导员的心理健康是指他在与周围环境的交互作用中,保持的一种持续、积极、发展的心理状态。同时他提出,衡量高校辅导员心理健康的标准包含积极职业态度和对辅导员角色的认同;良好和谐的人际关系;能积极了解自我,体验自我、控制自我和创新自我;工作中能够恰如其分地控制情绪。田伟力认为,高校辅导员的心理健康主要指其对工作的职业化认同感、满意感以及情感、意志等心理素质的健康水准。[③]

(3)高校辅导员心理健康研究的重要意义

学术界从三个方面探讨了高校辅导员心理健康研究的重要意义。一是高校辅导员自身健康成长视角。王丹丹等人认为,高校辅导员的心理健康问题是其工作、思想、生活等各方面对心理映射的外化。若不能及时排除,辅导员的工

---

① 叶一舵.心理健康标准及其研究的再认识[J].东南学术,2001(6):169.
② 解颖,汤秋艳.心理学教育学公共课教学改革初探[M].郑州:河南人民出版社,2019:124.
③ 田伟力.高校年轻辅导员心理健康存在的问题及调适策略[J].教育探索,2012(7):149.

作和身心健康都会受到严重影响。[1]张利等人认为,提升高校辅导员的心理素质不仅有利于提高大学生的培养质量和高校德育工作水平,还有利于促进辅导员自身的发展。[2]二是大学生健康成长与发展视角。朱佳认为,辅导员是培养未来社会主义建设者和接班人的第一线力量,他们的工作状态和工作成效直接影响着未来社会接班人的成长与成才。[3]张加亮认为,对于高职院校的辅导员,加强心理健康教育,努力提升他们的素质,对于培养高素质技能型人才有着十分重要的价值和意义。[4]许国彬等人认为,高校辅导员具备良好的心理素质是大学生健康人格培养的重要保证。高校辅导员只有具有积极的心态、开朗乐观,以及较强的自信心和接受现实挑战的勇气,才能够对学生起到正确的引导作用。三是大学生思想政治教育效果视角。杨雪龙认为,辅导员处于高校学生工作的最前线,他们与大学生联系最多、关系最密切,是社会正能量的重要传递者,这支队伍的素质高低、工作状态好坏将直接影响高校思想政治教育效果和人才培养质量。[5]储璧茜认为,高校辅导员拥有健康心理,不仅关系到自身工作的顺利开展,还直接影响到其工作态度、工作观念、工作行为和工作效果。高校辅导员必须具有健康的心理,经常保持良好的状态,方能掌握学生思想动态,提高工作的成效。[6]郭艳认为,关注高校辅导员心理健康,加强对高校辅导员的心理督导,是构建和谐院校的重要组成部分,更是加强大学生思想政治工作的前提条件。[7]

(4)高校辅导员心理健康测量工具

国内目前对高校辅导员心理健康测评多采用问卷调查法。问卷调查法具有效率高、经济、方便等特点,数据分析软件的便利性也在一定程度上促使研究

---

[1] 王丹丹,詹捷慧.社会支持对高校辅导员心理健康的影响[J].教育与职业,2015(24):65.
[2] 张利,王韶华,朱艳霞.简析高校辅导员心理素质对大学生思想政治教育的影响[J].学校党建与思想教育,2013(4):87.
[3] 朱佳.独立学院辅导员工作压力、职业倦怠及化解策略:基于湖南15所独立学院的调查[J].湖南师范大学教育科学学报,2012(1):86-88.
[4] 张加亮.对高职辅导员心理健康教育的思考[J].职教论坛,2012(8):85.
[5] 杨雪龙.高校青年辅导员的心理问题发生机制:基于压力—资源模型的视角[J].思想教育研究,2015(7):74.
[6] 储璧茜.独立学院辅导员心理健康存在的问题及对策[J].教育探索,2012(6):142.
[7] 郭艳.医学院校辅导员心理健康状况研究[J].教育与职业,2012(26):70.

者利用问卷调查法。研究者对高校辅导员心理健康状况调查,目前使用最多的心理测量工具是症状自评量表,该量表信效度较高,使用方便,因此广泛应用于调查高校辅导员心理健康研究。比如,周红霞等人用症状自评量表对浙江省56所高校的辅导员的心理健康水平进行调查。[1]倪亚红用症状自评量表、艾森克个性问卷(EPQ)和自编量表3个量表对南京市5所高校的辅导员进行问卷测试。[2]姜婷等人利用症状自评量表及领悟社会支持量表(PSSS)分析新疆维吾尔自治区5所高校辅导员的心理健康现状。[3]朱萌等人采用症状自评量表、正负性情绪量表和高校辅导员情绪管理能力问卷对天津市6所高校的辅导员进行调查。[4]

从上述事例可以看出,仅仅使用症状自评量表对高校辅导员心理健康进行研究是不够的,为了获取更多研究成果,学者们会根据不同的研究需求,使用其他测量工具。比如,"教师职业倦怠问卷",该问卷由美国心理学家马斯拉奇(Maslach)编制,并由伍新春等人对其进一步修订,包括情绪衰竭(9个条目)、去个性化(5个条目)、低成就感(8个条目)3个因子22个条目;采用7级计分法(0—6分),0分表示从不,6分表示非常频繁。[5]"简易心理状况评定量表",该量表共10个条目,主要用于调查个体过去4周以来焦虑和压力等心理健康状况出现的频率;采用5级计分法(1—5分),分值越高提示心理健康状况越差。[6]"领悟社会支持量表",该量表由姜乾金修订编制,共包含3个因子(家庭支持、朋友支持和其他人支持),总计12个条目,每个因子都包含4个条目;采用1到7级计分法,分数越高,反映出个体主观感受到的社会支持程度越高。[7]

---

[1] 周红霞,杨雪龙,刘葵.高校辅导员心理健康状况及对策分析:基于浙江省2 231名辅导员的实证调查[J].浙江师范大学学报(社会科学版),2015,40(6):85.
[2] 倪亚红.高校辅导员心理健康现状及其相关问题研究[J].中国健康心理学杂志,2007,15(7):667.
[3] 姜婷,温少东,王晓婷,等.新疆高校辅导员心理健康现状与领悟社会支持的相关性研究[J].现代预防医学,2018,45(10):1745.
[4] 朱萌,苏世江,张炜.高校辅导员心理健康与情绪管理现状调查研究[J].教育理论与实践,2014,34(15):33.
[5] 郭佩佩,高凯,叶俊.上海市高校辅导员职业倦怠与心理健康现状及相关性分析[J].中国职业医学,2020,47(6):677.
[6] 郭佩佩,高凯,叶俊.上海市高校辅导员职业倦怠与心理健康现状及相关性分析[J].中国职业医学,2020,47(6):677.
[7] 姜婷,温少东,王晓婷,等.新疆高校辅导员心理健康现状与领悟社会支持的相关性研究[J].现代预防医学,2018,45(10):1746.

另外,还有研究者自编调查问卷和量表来对高校辅导员心理健康进行研究。比如,"高校辅导员工作压力调查问卷",该问卷由工作负荷压力、工资待遇压力、职称评审压力、职业战略压力、人际关系压力和专业发展压力6个因子构成;问卷同质性系数为0.96,分半信度为0.81,内容效度和结构效度较好。[1]"大学教师工作压力量表",该量表由清华大学李虹编制,分为5个因子,包括工作保障、教学保障、人际关系、工作负荷和工作乐趣,共24个项目;该量表具有较高的信效度,其中内部一致性信度为0.93。[2]

(5)高校辅导员心理健康现状及问题

当前对于高校辅导员的心理健康现状研究,正在逐渐由最初的整体性、经验性描述向分类、分层、分区域的实证调研转变。多数研究者用质性访谈和实证调研等方式对高校辅导员心理健康现状进行调查,结果显示高校辅导员总体心理健康状况较好,但仍有部分高校辅导员存在心理亚健康状况。[3]比如,姜婷等人对新疆维吾尔自治区5所高校的辅导员进行调查,结果显示:新疆维吾尔自治区高校辅导员心理健康总体上低于全国正常水平,症状自评的得分越高,心理健康水平越差,领悟到的社会支持越低。[4]朱萌等人对天津市6所高校的辅导员进行调查,结果显示:高校辅导员心理健康水平与全国常模相比总体情况较好,人际关系敏感、焦虑、敌对、恐怖、偏执5个因子得分均低于全国常模,但也有部分因子,如强迫症状、抑郁两个因子明显高于全国常模;高校辅导员心理健康水平明显好于高校普通教师。[5]郭艳对来自江苏、山东5所部属以及省属医学院校的在职辅导员,采取现场问卷调查方法,发出问卷240份,收回问卷

---

[1] 高岩,吴耀武.高校辅导员工作压力分析及其调适:基于陕西省高校样本的实证研究[J].湖北社会科学,2015(8):166.

[2] 于文军,肖永红,胡纪泽,等.高校专职辅导员工作压力与职业倦怠:角色认知的中介效应[J].中国健康心理学杂志,2015,23(6):869.

[3] 周红霞,杨雪龙,刘葵.高校辅导员心理健康状况及对策分析:基于浙江省2231名辅导员的实证调查[J].浙江师范大学学报(社会科学版),2015,40(6):87.

[4] 姜婷,温少东,王晓婷,等.新疆高校辅导员心理健康现状与领悟社会支持的相关性研究[J].现代预防医学,2018,45(10):1745.

[5] 朱萌,苏世江,张炜.高校辅导员心理健康与情绪管理现状调查研究[J].教育理论与实践,2014,34(15):33-34.

220份,经过统计分析结果显示江苏、山东5所医学院校辅导员的心理健康水平低于全国常模,心理健康状况不容乐观。[①]朱佳采用自编一般情况问卷、教师职业倦怠问卷、教师工作压力问卷对湖南省15所独立学院的322名辅导员进行测试。结果表明:60%—80%的被试具有明显的职业倦怠,24%被试认为工作压力强度大。[②]蒋蜀辉通过对重庆市10所高校的辅导员进行问卷调查发现,重庆市高校辅导员心理健康水平低于全国常模,心理健康状况不容乐观。[③]倪亚红对南京市5所高校的辅导员进行调查,结果显示:高校辅导员心理健康水平略好于全国常模,明显好于普通高校教师,但仍有4.4%的高校辅导员有较严重的心理问题,19.3%的高校辅导员存在轻度的心理问题。[④]对于上述产生的不同结果,一方面源于样本选择和样本数量的影响;另一方面也与调查的客观环境和时机有关,如学期初、学期末以及平日或节假日都会对样本数据造成影响。然而,从共性角度分析,高校辅导员的心理健康状况确实存在一些问题,这值得我们给予关注。

高校辅导员的心理健康问题大致可以分为两大类:一类与辅导员的职业紧密相关,如职业倦怠和职业压力;另一类则与辅导员个人因素有关,如情绪性问题、心理失衡和角色冲突。接下来,笔者将对这两类主要问题进行简要阐述。

第一,职业倦怠。职业倦怠这一概念最早是由美国心理学家费登伯格(Freudenberger)于1974年首次提出,他用"burnout"(中文直译为"精疲力竭")一词来描述那些助人行业的人们因为长时间工作,工作强度大所经历的一种疲惫不堪的状态。美国心理学家马斯拉奇是最早系统研究助人行业中职业倦怠现象的学者之一。她认为,职业倦怠是那些任职于需要连续的、紧张的与他人互动的行业中的人们在经历长期连续压力下的一种行为反应。[⑤]其主要表现为三个因子:情绪枯竭,指个体情绪以及情感处于疲劳状态,毫无工作热情;非人性化,指个体以一种完全消极状态对待自己和同事;低成就感,指个体否定自己工

---

① 郭艳.医学院校辅导员心理健康状况研究[J].教育与职业,2012(26):70.
② 朱佳.独立学院辅导员工作压力、职业倦怠及化解策略:基于湖南15所独立学院的调查[J].湖南师范大学教育科学学报,2012,11(1):86.
③ 蒋蜀辉.重庆市高校辅导员心理健康状况及其与职业压力源的关系研究[D].重庆:西南大学,2008.
④ 倪亚红.高校辅导员心理健康现状及其相关问题研究[J].中国健康心理学杂志,2007,15(7):667.
⑤ 杨秀玉,杨秀梅.教师职业倦怠解析[J].外国教育研究,2002,29(2):56.

作意义和价值的倾向。根据这三个因子,马斯拉奇编制了测定职业倦怠的问卷,并利用它来界定职业倦怠者。目前,这一问卷被学术界普遍认为其信度和效度具有跨文化的一致性,并在国内被广泛应用于测定职业倦怠。

关于高校辅导员职业倦怠的研究,成果相当丰富且系统化,涵盖了对辅导员职业倦怠的现状、原因、影响因素以及对策的探讨。在研究之前,首先要明确什么是高校辅导员职业倦怠,有学者指出,高校辅导员职业倦怠指辅导员在对大学生的教育管理实践中,因工作压力和强度过大而不能做出适当调整和有效应对,而进入一种身心俱疲的状态。[1]

对于高校辅导员职业倦怠的现状,有研究者选取国内32所高校504位辅导员开展职业倦怠调查,发现有近一半辅导员职业倦怠感比较严重。[2]

对于高校辅导员职业倦怠的原因,刘园园认为,应跳出传统研究范式,将高校辅导员职业群体放到整个时代背景下观察,其根源在于"科层制"。尤其是高校中辅导员作为科层制的最末端,行使着基层管理的角色,容易引发角色冲突,进而导致职业倦怠。[3]王亚群等人认为,高校辅导员的职业倦怠问题,表面上是由工作内容杂、工资低、身份尴尬、压力大等因素导致的,但从更深层次上看,高校辅导员以女性居多,她们的职业选择往往不是出于自愿,而是由性别依附和性别偏见等社会性因素导致的一个不可避免的结果。因此,从社会学的角度来说,高校辅导员的职业倦怠现象不可能得到根除,只能是在一定程度上缓解。[4]唐德斌认为,高校辅导员出现职业倦怠主要是源于社会、学校、工作、个人四个方面的原因。[5]郭志立认为,高校辅导员职业倦怠主要有客观原因如工作压力大、社会期望高和职业认同低;主观原因如辅导员自身人格特点、应对压力方式以及自身角色定位等。[6]

---

[1] 刘爱楼,刘贤敏.情绪能力视阈下高校辅导员职业倦怠现状与对策研究:以民族院校为例[J].湖北民族学院学报(哲学社会科学版),2016,34(5):185.

[2] 王玉花,赵阿勐,胡灵佳,等.北方高校辅导员职业倦怠与心理健康的关系[J].中国健康教育,2016(7):628.

[3] 刘园园.高校辅导员职业倦怠的现代性视域分析[J].教育理论与实践,2018,38(18):35-36.

[4] 王亚群,覃红霞.高校辅导员职业倦怠归因探究:社会结构与性别的视角[J].四川师范大学学报(社会科学版),2018,45(2):117.

[5] 唐德斌.高校辅导员职业倦怠的表现及成因分析[J].教育与职业,2013(2):64.

[6] 郭志立.高校辅导员职业倦怠的成因及对策[J].教育探索,2014(2):105-106.

对于高校辅导员职业倦怠的影响因素,研究表明,工作—家庭冲突会正向促进辅导员职业倦怠,辅导员的个人偏好和工作控制对职业倦怠有显著正向相关关系,工作—家庭冲突会通过个人偏好和工作控制对高校辅导员职业倦怠产生正向影响。[1]潘国雄从人力资源视角(HRM)分析,认为影响高校辅导员职业倦怠的关键因子在于高强度工作、学生对辅导员不尊重的程度、学校对思想政治教育不重视、缺乏社会地位等。[2]张喜转通过对郑州市两所具有代表性的高校的在校辅导员进行调查发现,影响职业倦怠的因子分为个体特征(性格特征、个体期望值、自尊水平、自我效能感)和辅导员所处具体环境(月收入水平、担任行政职务、教学任务)。[3]张宏亮等人通过卡方独立性检验法对调研数据进行分析,发现辅导员职业倦怠与性别、婚姻状况、是否担任教学工作关系不显著,与年龄、学历、职称、工作年限、月平均收入有显著关系。[4]于文军等人通过调查发现高校工作压力与职业倦怠呈显著正相关且具有预测作用。[5]

对于高校辅导员职业倦怠的对策,目前总体上分为应然和实然两条路径。从应然角度来看,刘园园认为,从现代性视角来看,解决辅导员职业倦怠可以从三个方面入手,包括:学生工作中引入多元治理模式,解决高校辅导员忙于事务管理造成的角色冲突;处理好"掌舵"与"划桨"关系,辅导员要做好管理者把握方向的角色,学生群体自身也要发挥自主性参与到学生事务中;做好高校思想政治教育队伍优化工作,辅导员不断提升专业知识和能力。[6]董慧认为,辅导员可以通过四种路径进行自我预防,包括全方位解压,激发职业兴趣,永葆职业新鲜感;"1+1"合作,从资源上减轻工作压力;立体化学习,提升职业能力,实现职业成就感;多维度平衡,兑现职业价值,体验职业幸福感。[7]祖磊等人认为,从人

---

[1] 王立岩,张薇,张海茹.基于工作家庭冲突的高校辅导员职业倦怠研究[J].湖北社会科学,2013(12):187.
[2] 潘国雄.HRM视角下高校辅导员职业倦怠归因及对策分析[J].高教探索,2014(4):166.
[3] 张喜转.高校辅导员职业倦怠影响因素调查分析[J].中国成人教育,2014(7):116-118.
[4] 张宏亮,柯柏玲,戴湘竹.基于卡方检验法的高校辅导员职业倦怠影响因素分析及对策[J].思想政治教育研究,2020,36(3):148-149.
[5] 于文军,肖永红,胡纪泽,等.高校专职辅导员工作压力与职业倦怠:角色认知的中介效应[J].中国健康心理学杂志,2015,23(6):870.
[6] 刘园园.高校辅导员职业倦怠的现代性视域分析[J].教育理论与实践,2018,38(18):36-37.
[7] 董慧.高校辅导员职业倦怠自我预防研究[J].学校党建与思想教育,2017(15):75-76.

格特质视角来看,高校辅导员职业倦怠缓解对策有四种,即引入人格问卷,优化选拔机制;实施柔性政策,注重心理调节;完善培养机制,创新培训方法;加强辅导员的能力训练,优化人格特征。①

第二,职业压力。目前学术界对职业压力的定义并不一致,更倾向于综合性的定义,即认为职业压力是在个体在环境的刺激影响下产生的生理、心理以及行为反应的综合状态。②范会平认为,高校辅导员的职业压力是指在辅导员这一职业环境中,因工作方面的原因,如工作时间过长、工作负荷过重、其他问题过多等,而导致身心疲劳、精神紧张等的一种不愉快的消极情感体验。③总体来看,高校辅导员职业压力是与工作有关的事件或情境所引发的辅导员的压力反应以及此过程中的认知与评价。④

对于高校辅导员职业压力的现状,从整体上来看,实证调研发现高校辅导员职业压力普遍存在。然而,由于调查工具、样本规模、教育层次等多种因素的影响,研究结果在人口统计学上呈现出一定的差异。刘明智等人通过对浙江省高校辅导员进行问卷调查发现,浙江省高校辅导员职业压力处于中轻度水平。⑤吴雪影通过访谈和开放式问卷对安徽省高校女性专职辅导员进行调查,发现安徽省高校女性专职辅导员群体的职业压力水平处于中度以上,带班学生数、工作年限、学历、职称、年龄及生育状况不同,辅导员群体承受的压力有所差异。⑥旦增卓玛采用"大学教师工作压力量表"对西藏自治区的高校96名辅导员进行职业压力现状调查,发现西藏自治区的高校辅导员在工作负荷、工作乐趣两个分量表得分显著高于内地高校辅导员,其中学校类型、不同工作性质、职业兴趣等对西藏自治区的高校辅导员的工作压力有显著影响。⑦湛喜兵通过采

---

① 祖磊,张炜,律晶晶.基于人格特质的辅导员职业倦怠研究[J].学校党建与思想教育,2017(4):62,65.
② 尹美恒.高校辅导员职业压力、自悯与职业倦怠的关系研究[D].石家庄:河北师范大学,2017.
③ 范会平.高校辅导员的职业压力及其调适研究[D].武汉:武汉理工大学,2016.
④ 尹美恒.高校辅导员职业压力、自悯与职业倦怠的关系研究[D].石家庄:河北师范大学,2017.
⑤ 刘明智,吴文君,胡雯斐.浙江省高校辅导员职业倦怠与职业压力现状研究及应对策略[J].教育教学论坛,2013(11):4.
⑥ 吴雪影.安徽省高校女性专职辅导员职业压力现状与特点研究[J].赤峰学院学报(自然科学版),2016,32(11):201.
⑦ 旦增卓玛.西藏高校辅导员职业压力调查[J].高校辅导员学刊,2013,5(2):40.

用"大学教师工作压力量表"对重庆市高校辅导员职业压力进行调查,发现在职业压力的5个因子中,作用最大的是角色压力,其次分别为人际压力、竞争压力、工作条件和工作负荷。[1]杨兆宇通过对大连地区7所不同高职院校辅导员进行调查,发现98.3%的辅导员认为自己工作有压力,有75%的辅导员认为自己工作压力比较大或特别大。[2]侍旭从教育生态学的视角来审视高校辅导员职业压力,发现高校辅导员表现出三种失衡,即职业理想与实际工作的失衡、职业发展与现实出路的失衡以及社会支持与自我效能的失衡。[3]

对于高校辅导员职业压力的测评,目前学术界普遍使用清华大学李虹编制的"大学教师工作压力量表"来对高校辅导员进行职业压力测评。但是,也有部分学者使用其他测量工具对高校辅导员进行职业压力测评。比如,刘翀等人通过自编"高校辅导员职业压力来源问卷"对高校辅导员职业压力源及其特点进行分析,该问卷包含5个因子51个题目,其中5个因子包括工作琐碎、学生间人际关系处理、自身人际关系处理、突发性学生工作以及工作胜任力。[4]还有如周源源编制的"高校辅导员工作压力源量表"[5],窦温暖等人编制的适用于四川省高职高专辅导员的职业压力问卷。[6]另外,自编问卷目前由于编制过程中的信效度以及标准化问题尚未得到广泛应用。

对于高校辅导员职业压力的来源,郭强等人认为,主要职业压力源有三个方面,包括:辅导员专业知识储备不足;传统工作方式受到新媒体冲击;政策落实落细存在一定偏差,如辅导员职称评定、职务晋升、薪资待遇、工作职责等。[7]彭时敏认为,高校辅导员的职业压力主要来自四个方面,即辅导员工作的琐碎性导致的职业成就压力、高学历与实际工作成效的矛盾冲突导致职业危机压力、辅导员工作价值的异化导致的职业认同压力以及角色定位的模糊性导致职

---

[1] 诺喜兵.重庆市高校辅导员职业压力与职业倦怠的相关研究[D].重庆:西南大学,2009.
[2] 杨兆宇.大连地区高职院校辅导员职业压力研究[D].大连:辽宁师范大学,2013.
[3] 侍旭.高校辅导员职业压力与动力平衡问题探析:基于教育生态学的视角[J].高校辅导员,2020(4):42-43.
[4] 刘翀,马世超.高校辅导员职业压力来源结构探索、特点及应对策略[J].继续教育研究,2012(6):33-34.
[5] 周源源.辅导员工作压力的调查分析[J].高校辅导员学刊,2010,2(5):66.
[6] 窦温暖,代红英.四川省高职高专辅导员职业压力问卷的编制[J].四川精神卫生,2015,28(2):189.
[7] 郭强,弓晶.高校辅导员职业压力调适路径探析[J].北京教育(德育),2021(1):93.

业发展压力。[1]

对于高校辅导员职业压力的对策,有学者从高校辅导员工作的主客观环境来提出应对之策。从客观环境来看,首先,要改善社会环境,营造支持辅导员的良好氛围;其次,明确辅导员岗位职责,避免角色冲突;最后进行专业岗位培训,为辅导员制定专业发展路线。从主观环境来看,要客观评价辅导员工作、保持健康的工作心态,有效积累专业助人的智慧和能力。[2]从职业生涯发展视角来看,有学者提出了提升高校辅导员职业能力、健全保障机制与制度、依靠朋辈支持等化解高校辅导员生涯发展中的职业压力的举措。[3]谭晓兰借鉴国外关于抗逆力的相关理论来缓解高校辅导员职业压力,该理论基于风险因子与保护因子相互作用的抗逆力提升机理,从内在保护因子和外在保护因子两个维度,一方面激活辅导员的个人潜能,另一方面对辅导员工作生活环境中的优势资源进行挖掘与整合,促使二者链接、融通,提高高校辅导员抗逆力以应对职业压力。[4]范会平认为,应从社会环境、高校、家庭氛围以及个体素质提升四个方面来调适辅导员职业压力。[5]

第三,情绪性问题。高校辅导员最常见的情绪问题就是焦虑。王敬川等人通过质性访谈发现,部分高校辅导员患有不同程度的工作焦虑,且比普通教师程度高,主要原因包括工作范围过泛、工作时间不固定以及工作特殊性对生活的负面影响。[6]杨伟认为,辅导员扮演着教育者、管理者、服务者、"学生保姆"、朋友、师兄师姐等多重角色,当辅导员工作造成角色模糊、角色过度负荷、角色冲突、有限的精力与无限的责任产生矛盾时,就会导致辅导员高度紧张和焦虑。[7]田伟利认为,对于高校年轻辅导员,缺乏工作经验容易导致焦虑。烦冗的事务性工作,超负荷地运转,致使一些年轻辅导员对本职工作热情降低,造成心

---

[1] 彭时敏.高校高学历辅导员职业压力与职业倦怠研究[J].教育探索,2015(2):124-125.
[2] 孙舒平.高校辅导员职业压力应对研究[J].国家教育行政学院学报,2009(2):32.
[3] 游龙桂.生涯发展视角下的高校辅导员职业压力探析[J].福建农林大学学报(哲学社会科学版),2011,14(6):90.
[4] 谭晓兰.抗逆力视阈下高校辅导员职业压力应对[J].北京化工大学学报(社会科学版),2019(2):97-98.
[5] 范会平.高校辅导员的职业压力及其调适研究[D].武汉:武汉理工大学,2016.
[6] 王敬川,徐明波,徐国兴.高校专职辅导员心理健康水平的提升策略[J].教师教育研究,2018,30(5):26.
[7] 杨伟.当前高校辅导员心理健康问题分析及其调适[J].教育探索,2012(9):144.

理焦虑和疲劳。同时,由于工作得不到相关领导重视和认可,容易产生自卑感。主要原因在于辅导员工作成效难以确定,见效周期长,成果无法量化,工作成绩不能得到即时的认可,社会环境各种挑战和学校缺乏相应保障机制影响了辅导员的工作积极性。[1]

第四,心理失衡。高校辅导员最常见的心理健康问题表现为困惑与迷茫。艾楚君通过调查长沙6所高校的140名辅导员,发现35%的辅导员在工作过程和生活中时常感觉"困惑和迷茫",尤其是对自己的发展方向,认为迷茫的辅导员占51%。调查中还发现40%的辅导员认为自己曾经有过"挫败与沮丧感",有32%的辅导员认为自己经常产生"挫败感"。[2]一些学者提出,尽管高校辅导员兼具教师与管理人员的双重角色,他们在工作任务、责任风险、薪酬待遇以及职称评定等方面与纯粹的教师或管理人员存在明显差异,这可能引起高校辅导员心理失衡。

第五,角色冲突。角色冲突是指个体不能满足多种角色要求或期待而造成的内心或情感的矛盾与冲突。[3]关于高校辅导员角色冲突的内涵,目前学术界还未形成统一认识,不过研究者普遍借用社会心理学对于角色冲突的定义,来界定高校辅导员角色冲突。钮航认为,角色冲突应该包含内部冲突和外部冲突两个方面,辅导员角色冲突一方面是辅导员岗位上人们根据不同的时间、地点、人物转换着自己的角色,因角色不同引起的岗位冲突;另一方面是内在期望与外在实际期望值不同导致辅导员角色冲突。[4]

对于高校辅导员角色冲突的表现,总体来看分为角色间冲突和角色内冲突。角色间冲突是指一个人所担任的不同角色之间发生的冲突。角色内冲突是指同一个角色由于社会上人们对于他的期望与要求不一致,或者角色承担者与人们对这个角色的理解不一致,而在角色承担者内心产生的一种矛盾与冲突。[5]耿品通过实证考察发现,高校辅导员角色内冲突是由于人们对高校辅导

---

[1] 田伟力.高校年轻辅导员心理健康存在的问题及调适策略[J].教育探索,2012(7):149-150.
[2] 艾楚君.不容忽视的关注:高校辅导员自身的心理健康[J].湖南师范大学教育科学学报,2007,6(5):109.
[3] 孙帅梅.高校辅导员的角色冲突与专业化建设[J].思想理论教育,2009(17):81.
[4] 钮航.高校辅导员角色冲突背景下的职业枯竭现象及对策研究[D].长春:吉林大学,2016.
[5] 周海燕.高校思想政治理论课教师角色研究[M].北京:人民出版社,2017:13.

员的期望与要求不一致,或高校辅导员由于自身限制而引起的角色冲突。[1]陈素权认为,辅导员角色内冲突除了不同角色期望引起的冲突之外,还有就是辅导员渴求自尊与缺乏认可带来的冲突;职责的弥散性与成果的无形性引发的冲突;角色责任与个人发展方向引起的冲突;个人能力、观念与角色需求不符引起的冲突。[2]白净认为,辅导员角色间冲突表现在思想政治教育者和心理辅导者之间的角色冲突、高校制度的执行者与大学生权益的维护者之间的角色冲突。[3]冯刚等人认为,情绪焦虑是辅导员角色紧张的内在状态、本领不强是辅导员角色紧张的外在表现、疲于应付是辅导员角色紧张的过程特征、动作变形是辅导员角色紧张的结果状态。[4]

对于高校辅导员角色冲突的原因,张立鹏认为,辅导员存在角色冲突主要原因既有高校辅导员自身主体原因,也有外部原因。高校辅导员自身主体原因主要是辅导员对自身职责认识存在偏差,自身角色自信不够,角色素养有待加强。外部原因主要是宏观层面缺乏明确具体定位,社会急剧变迁引发的角色规范多变,学校对辅导员的角色认识不清以及角色实现保障机制不完善。[5]孙帅梅认为,辅导角色冲突难以避免的原因在于五个方面,包括规范性文件对辅导员角色定位的模糊性、教师角色责任的弥散性、学校对辅导员角色期望的多样性、社会对辅导员角色合理期望的超越性、学生对辅导员角色专业化的期望。[6]刘林认为,辅导员角色冲突的根源在于辅导员存在价值受到质疑、生活规律受到干扰、活动空间受到局限、自身发展受到阻滞。[7]

对于高校辅导员角色的调适,张立鹏认为,应从外部环境、角色精神培育、角色能力提升、冲突调适、角色实现机制构建以及角色评价完善与反思六个方面来应对。[8]耿品认为,辅导员角色冲突的调适,可以从制度保障、镜像反馈、本

---

[1] 耿品.高校专职辅导员角色冲突与调适研究[D].北京:北京科技大学,2020.
[2] 陈素权.高校辅导员的角色冲突及其调适[J].思想理论教育,2007(3):88.
[3] 白净.高校辅导员角色冲突及定位研究[D].大连:辽宁师范大学,2012.
[4] 冯刚,钟一彪.高校辅导员角色紧张的舒缓与职业理想建构[J].学校党建与思想教育,2022(1):1-2.
[5] 张立鹏.应然·实然·适然:我国高校辅导员角色的三维考量[D].石家庄:河北师范大学,2015.
[6] 孙帅梅.高校辅导员的角色冲突与专业化建设[J].思想理论教育,2009(17):81-82.
[7] 刘林.高校辅导员的角色冲突与对策研究[J].思想政治教育研究,2012,28(2):105-106.
[8] 张立鹏.应然·实然·适然:我国高校辅导员角色的三维考量[D].石家庄:河北师范大学,2015.

体调适以及机制构建四个方面来探寻路径。①孙书平认为,应从社会调适和自我调适两个方面来构建。社会调适包括:推进全员育人,减轻辅导员德育角色压力;设置专门的学生服务机构,减少辅导员角色间冲突;明确角色期望,减少辅导员角色内冲突。辅导员自我调适包括:营造良好环境,积极适应角色;强化敬业意识,树立职业信念;培养业务能力,提升工作水平;勇于开拓创新,力争学有所长。②除此以外,孙帅梅提出加强辅导员专业化建设是解决辅导员角色冲突的必要条件,包括:加快岗位功能的分化,明确专业岗位;创建专业准入标准,引进专业人才;规范专业培训内容,提供专业指导;创新专业评价标准,保障专业发展;研究专业知识体系,加强专业建设。③

(6)高校辅导员心理健康影响因素

对于高校辅导员心理健康的影响因素,除了人口统计学差异的影响,如性别、年龄、职称、办学层次、工作年限、学历、收入等具体影响之外,更多研究者还从其他视角切入,对影响高校辅导员心理健康的相关因子进行了研究。

一是心理应激。对于心理应激对高校辅导员心理健康的影响,高峰等人以244名高校辅导员为调查对象,考察了生活事件、应对方式、社会支持与心理健康的关系,并构建了其与心理健康的关系模型。分析发现,对心理健康产生影响大小依次为消极应付、工作与经济事件、学习事件、健康事件、他人支持。研究结论认为,生活事件不仅对心理健康产生直接影响,也可以通过应对方式对心理健康产生间接影响。④

二是社会支持。社会支持是个体从其所拥有的社会关系中,获得的精神上和物质上的支持,包括客观支持、主观支持和对支持的利用。⑤王丹丹等人研究发现,社会支持和高校辅导员心理健康存在正相关,社会支持对高校辅导员心

---

① 耿品.高校专职辅导员角色冲突与调适研究[D].北京:北京科技大学,2020.
② 孙书平.高校辅导员角色冲突问题研究[D].沈阳:辽宁大学,2011.
③ 孙帅梅.高校辅导员的角色冲突与专业化建设[J].思想理论教育,2009(17):83-84.
④ 高峰,王芳,刘朝晖.心理应激因素对高校辅导员心理健康的影响[J].北华航天工业学院学报,2021,31(2):57.
⑤ 杨雪龙.高校青年辅导员的心理问题发生机制:基于压力—资源模型的视角[J].思想教育研究,2015(7):76.

理健康具有预测作用。[①]姜婷等人利用症状自评量表及领悟社会支持量表分析新疆维吾尔自治区高校辅导员心理健康,结果表明:在个体的适应状况中,社会支持有广泛的增益作用,当个体得到的社会支持越多,其社会活动开展也将变得更加顺利;当个体心理健康水平越低,领悟到的社会支持越差。[②]

三是角色压力。角色压力被定义为一系列与角色有关的压力因子组合而成的概念,一般包括角色冲突、角色模糊和角色过度负荷三个方面。杨雪龙利用症状自评量表和辅导员角色压力问卷调查发现角色压力是引发辅导员心理健康问题的重要风险因子。[③]

四是心理契约。心理契约是个体与组织间雇佣关系在心理层面的直接体现,指的是一种主观的契约形式,不仅涉及正式书面合同所规定的契约条款,更为重要的是指那些非正式的、书面合同没有涉及的隐性契约内容。如果个体认为组织没有履行契约中约定的责任,心理契约违背便发生了,其将会影响到雇员和组织之间的交换关系,并进一步影响雇员的工作态度和心理健康。社会交换理论是解释组织中这种交换关系的重要理论基础。根据社会交换理论,高校组织和辅导员之间的承诺应该是相互的,而不是单方面要求。一方的背信弃义,将会导致另一方的消极态度和认知。如果认为高校组织违背了双方的心理契约,辅导员可能对组织做出消极的认知和评价,如较低的组织支持感知和内部人身份感知,并进一步导致工作满意度的降低和工作倦怠的增加。[④]周红柳认为,有关高校辅导员的心理契约问题,在辅导员和高校关系之间时有涉及,如体现辅导员目前个人价值的待遇问题、未来个人价值的自我发展问题等。对高校组织者来说,高校在履行责任时可能也存在一定困难,有着暂时无法完全满足高校辅导员的主观期望的情况,因此,违背心理契约的现象无法完全避免。[⑤]

---

① 王丹丹,詹捷慧.社会支持对高校辅导员心理健康的影响[J].教育与职业,2015(24):65.
② 姜婷,温少东,王晓婷,等.新疆高校辅导员心理健康现状与领悟社会支持的相关性研究[J].现代预防医学,2018,45(10):1748.
③ 杨雪龙.高校青年辅导员的心理问题发生机制:基于压力—资源模型的视角[J].思想教育研究,2015(7):75.
④ 李宗波,李巧灵.高校辅导员心理契约违背的作用机制:基于社会交换理论的实证研究[J].中南大学学报(社会科学版),2012,18(6):53.
⑤ 周红柳.高校辅导员心理健康状况调查与研究:以安徽农业大学为例[D].合肥:安徽农业大学,2014.

(7)高校辅导员心理健康的维护与促进

对于如何维护和促进高校辅导员的心理健康,研究者深入探讨了这一问题,并从社会支持、心理资本、心理健康服务、制度与环境等不同视角进行分析,旨在寻找切实可行的策略,帮助高校辅导员摆脱工作压力和日常事务的困扰,从而促进和维护他们的心理健康。

第一,社会支持视角。王丹丹等人通过问卷调查研究发现,良好的社会支持能促进高校辅导员的心理健康水平。因此要提升高校辅导员心理健康水平,就必须加大对高校辅导员的社会支持力度,主要包括三点:一是政策关注,通过建立合理的考评制度、设立辅导员培养专项资金以及辅导员职业能力标准为其提供客观支持;二是人文关怀,通过为辅导员发展提供良好的人际环境、表彰和鼓励优秀辅导员、及时关心困难辅导员、让辅导员进行各种形式交往等为其提供主观支持;三是创新观念,通过引进企业的员工帮助计划项目,来帮助辅导员建立有效的社会支持援助体系,以提升辅导员在学生管理、人际沟通、个人发展等方面技能培训和咨询服务。[1]王敬川等人认为,辅导员心理健康问题类型不同,要针对不同的问题实施不同的提升策略。策略应该分为短期、中期、长期,学校、社会、政府应该统一行动。当前最紧急的是短期压力疏解,中期策略是科学培训,长期策略是完善制度保障,构建支持体系。[2]姜婷等人认为,要防止高校辅导员出现可能的心理问题或心理疾病,最有效的手段就是积极预防,即把努力的核心放到塑造与发展高校辅导员积极的人格品质上。高校辅导员应该加强自身的心理建设,在面对压力和困境时,学会主动向他人求助或从容地接受,面对困难时,应当向身边的亲朋好友诉说保持平常的心态,养成互帮互助的习惯,通过提高领悟社会支持来提升心理健康水平。[3]

第二,心理资本视角。心理资本主要指个体在成长和发展过程中表现出来的一种积极心理状态,借用"资本"这一商业用词使其赋予心理学的意义。周敏

---

[1] 王丹丹,詹捷慧.社会支持对高校辅导员心理健康的影响[J].教育与职业,2015(24):67.
[2] 王敬川,徐明波,徐国兴.高校专职辅导员心理健康水平的提升策略[J].教师教育研究,2018,30(5):27.
[3] 姜婷,温少东,王晓婷,等.新疆高校辅导员心理健康现状与领悟社会支持的相关性研究[J].现代预防医学,2018,45(10):1748.

等人认为,高校辅导员心理资本的培养和开发应包括创新积极的心理资本管理理念和培养模式、创设良好的心理资本开发环境和氛围、建立长效的心理资本档案管理和跟踪机制、从心理资本的四个维度(希望、自我效能感、乐观和韧性)出发进行精细开发和管理。周敏等人对心理资本的研究最有新意的地方是:打破以往对辅导员一味地高标准、严要求的苛责模式,学会用欣赏、开阔的眼光激励辅导员挖掘个体潜能,创造性地开展工作;以全面发展的眼光激发辅导员的内在动力,最大限度地促进其自我成长,进而提升工作热情和积极性,提高工作绩效,形成良性循环。另外,周敏等人还指出,高校要意识到培养辅导员心理资本的重要意义并做好相关保障工作。从政策层面而言,高校要为辅导员心理资本的培养创设良好的环境。有研究表明,组织氛围、职业资源等组织环境是影响高校辅导员心理资本的重要因素。从操作层面而言,高校要加大对辅导员心理保健、心理资本培养等方面的投入,建立长效机制。学校的心理健康教育部门不仅要关注学生的心理健康,也要注重老师的心理保健工作,可以建立健全老师心理档案,定期跟踪关注。在辅导员的招聘、培训等系统工作中,及时将心理资本的考查和相关知识融入其中,帮助辅导员做好职业规划,引导其正确评价自我和正确看待辅导员工作本身,及时调节和宣泄不良情绪,维护自己的心理健康。[①]

第三,心理健康服务视角。叶海燕认为,高校可以根据辅导员心理压力类型以及纾解方式特点,有针对性地提供心理健康服务。首先,明确高校辅导员的心理健康服务内容。高校辅导员的心理压力主要包括工作压力、婚姻情感压力、学生安全压力和日常烦扰压力。因此,心理健康服务内容应主要集中在以上四个方面。其次,完善高校辅导员的心理健康服务队伍。高校辅导员心理健康服务队伍的构成应包括辅导员自身、他人(非专业人士)、心理专业人士。最后,拓展高校辅导员的心理健康服务机构。"帮助他人"是一种特殊的压力纾解方式,因为"帮助他人",既让自己充满自信,增强自我价值感,又可以间接地进行自我认识、自我激励,从而获得真正的自我成长。因此,高校应该建设辅导员

---

① 周敏,胡海青.心理资本视角下高校辅导员队伍建设研究[J].学校党建与思想教育,2017(20):69.

助人自助的心理健康服务机构。高校应将已有的大学生心理健康服务机构进行拓展,提供面向辅导员的心理健康咨询服务,这样不仅可以在不增加学校编制的情况下解决辅导员心理健康服务问题,还可以将辅导员心理健康服务与学生心理健康服务有机结合,实现助人自助的目标。[1]郭艳认为,高校应该针对辅导员设立心理咨询及疏导的机构,并定期进行相关心理健康知识的普及和宣传,让出现心理问题苗头的辅导员敢于去寻求帮助,及时得到疏导和干预。同时,要为辅导员建立心理健康档案,定期进行心理状况的检查和测定,防患于未然,及时对可能出现心理问题的人员进行有针对性的沟通和辅导,为辅导员心理健康提供保障。[2]荆玉梅以团体心理辅导的方式对湖北省某高校20名专职辅导员进行干预,采用实验组和对照组前测后测的实验设计,以症状自评量表、中文版知觉压力量表(CPSS)为测量工具,结合团体辅导评价问卷和访谈问卷对团体效果进行评估,研究表明,团体辅导能改善辅导员心理健康状况,降低知觉压力水平,提高应对危机事件的能力。[3]

第四,制度与环境视角。高志华提出,高校必须从制度和环境等方面为高校年轻辅导员健康心理发展提供良好条件。具体包括六个方面:一是理顺辅导员工作体制,包括辅导员队伍的编制问题、辅导员队伍的管理体制;二是建立辅导员进修培养机制,使辅导员更好地适应职业化和专业化要求;三是完善辅导员准入、考核、晋升、评聘等制度,推动辅导员工作专业化、职业化发展,激发辅导员的工作热情,拓宽队伍发展空间,造就立场坚定、业务过硬、素质全面、能力突出的辅导员队伍,顺利完成"非职业化"到"职业化"的转变;四是改变观念,切实提高辅导员的地位和待遇;五是给辅导员队伍提供一个较为宽松的成长环境;六是营造成才环境,实现职业增值。[4]郭艳认为,高校应加强辅导员职业培训和专业发展规划。其中,心理学方面的培训尤为重要,要把心理学知识作为上岗培训的重要内容。同时,高校还要搭建好职业生涯规划平台,确立工作的

---

[1] 叶海燕.高校辅导员心理压力及其纾解方式研究[J].教育与职业,2015(23):58.
[2] 郭艳.医学院校辅导员心理健康状况研究[J].教育与职业,2012(26):71.
[3] 荆玉梅.团体辅导提高辅导员心理健康水平效果研究[J].学校党建与思想教育,2015(16):62.
[4] 高志华.高校年轻辅导员健康心理的培育与发展[J].江苏高教,2013(4):90.

长期目标和短期目标。另外,高校要推进辅导员职业准入制度。在高校辅导员选聘及选拔过程中,应增加心理素质评判和测定的内容,筛查可能有潜在心理问题的人,从根本上保障高素质辅导员队伍的建立。[①]储璧茜认为,高校要积极创设良好的外部环境,建立社会支持系统,提高辅导员的社会地位。同时高校应赋予辅导员以人文关怀,广开感情宣泄的渠道,构建宽松和谐的人文环境。另外,高校要把握好辅导员队伍选拔、培养、考核、激励等环节,坚持"高进、精育、严管、优出"八字方针。建立严把关、重质量的选配机制,高标准、重素质的培养机制,高要求、重实效的管理机制和高水平、重机遇的发展机制,使辅导员有地位、有方向、有作为。[②]

3.高校辅导员心理健康素养相关研究

国内的心理健康素养研究还处于初期阶段。2019年,国家卫生健康委员会发布了《健康中国行动(2019—2030年)》,其中明确设定了心理健康素养提升的具体目标,计划到2022年和2030年分别将心理健康素养提升至20%和30%。随着健康中国行动的深入实施,学术界对公民心理健康素养的关注度日益提升。尽管目前针对辅导员群体的心理健康素养研究尚未产生系统性的成果,但通过对辅导员心理健康研究的初步整理,可以发现其中已包含心理健康素养的相关内容。目前,学术界主要聚焦于心理健康素养的概念界定、测量方法、影响因素以及提升策略等方面的研究。从职业群体来看,主要包括学生、科技工作者、军人、教师、护士等。从调查范围来看,既有局部性的调查研究,也有面向全国开展的大样本调查。

首先,心理健康素养的概念界定。心理健康素养又称精神健康素养、精神卫生认识能力、心理卫生素养,最早是由澳大利亚学者乔姆(Jorm)等人于1997年提出。国内对于乔姆的研究成果的关注始于20世纪初,孙建胜等人在介绍乔姆等人的研究成果时将"mental healthy literacy"翻译为"精神卫生认识能力",并将其定义为公众具备的对精神卫生的认识、管理和预防的知识。[③]这里

---

① 郭艳.医学院校辅导员心理健康状况研究[J].教育与职业,2012(26):71.
② 储璧茜.独立学院辅导员心理健康存在的问题及对策[J].教育探索,2012(6):143.
③ 孙建胜,骆宏,姚娟娟.国外公众的精神卫生认识现状[J].中国健康教育,2002,18(4):263.

更多地强调精神卫生知识的普及和应用。黄志平将"mental healthy literacy"翻译为"精神健康素养",并将其定义为获取和理解精神健康知识和技能,消除精神疾病病耻化和歧视,并用以识别、预防和管理精神疾病,以维护和促进精神健康的能力。[1]高旭将"mental healthy literacy"翻译为"心理卫生素养",并将其定义为帮助人们认识、处理和预防心理疾病的相关知识和信念,其概念内涵包含对心理疾病的知识性观念和对心理疾病患者的态度两个方面。[2]李珺等人将"mental healthy literacy"翻译为"心理健康素养",他们指出,结合我国公民健康素养所包括的三个方面内容——基本知识和理念、健康生活方式与行为、基本技能,可以将心理健康素养理解为三个维度,即人们所掌握的心理健康相关知识、科学解决心理问题的方法、公众对心理问题的认识。[3]

经过多年发展,心理健康素养的概念逐渐成熟和丰富。江光荣等人将心理健康素养重新界定为个体在促进自身及他人心理健康,应对自身及他人心理疾病方面所养成的知识、态度和行为习惯。这一新概念在结构上包含"心理疾病应对—心理健康促进"和"自我—他人"两个因子;在内容上包含知识、态度和行为习惯三个方面。[4]该新概念的创新点符合当前国家对健康中国建设的实际,不仅包含了心理疾病应对,更是突出心理健康促进;不仅是关注主体自身,更是强调对于他人的态度,有助于社会心理健康服务水平的提升,研究视野开阔,内容更加丰富。除此之外,明志君等人将心理健康素养的广义内涵定义为综合运用心理健康知识、技能和态度,保持和促进心理健康的能力。[5]

随着研究的深入,心理健康素养的内涵得到了拓展。一些学者提出,心理健康素养不仅包括知识,还应涵盖对心理疾病的态度以及心理求助行为。同时,借鉴积极心理学(Positive Psychology)的研究成果,心理健康素养更注重促进心理健康和积极品质的培养。研究表明,心理健康素养的内涵越丰富,就越利于提升个人和公众有效维护和促进心理健康的能力。

---

[1] 黄志平.长沙、西安、无锡三城市居民精神健康素养研究[D].长沙:中南大学,2011.
[2] 高旭.大学生心理卫生素养研究:基于武汉市某高校本科生的调查[D].武汉:华中农业大学,2017.
[3] 李珺,李大光.中国公众心理健康素养的探索研究[J].科普研究,2012,7(2):37.
[4] 江光荣,赵春晓,韦辉,等.心理健康素养:内涵、测量与新概念框架[J].心理科学,2020,43(1):232.
[5] 明志君,陈祉妍.心理健康素养:概念、评估、干预与作用[J].心理科学进展,2020,28(1):2.

其次,心理健康素养的测量方法。最早的心理健康素养测量方法由乔姆等人开创,采用的是情景案例法。随后,众多测量方法应运而生,涵盖了从单维到多维的不同类型。比如,根据答题形式的不同,可以划分为是非题、简答题和填充题等;根据评估内容的差异,可以细分为知识量表、态度量表和心理求助行为量表等。具体来看有以下两种测量方法。

一是情景案例法。该方法目前应用极为广泛,它主要通过向受访者展示几个情景案例,然后询问他们案例中的人物存在哪些问题,以此来评估受访者对相关心理疾病的认知程度以及他们的求助态度。情景案例问卷在国内的应用相当普遍,李飞等人在参考了国外相关研究的基础上,以案例加相关问题的形式编制了"精神健康素养问卷",对我国东部的无锡市、中部的长沙市、西部的西安市三个城市的人群进行了调查。[1]杨钰立等人根据乔姆等人编制的心理健康素养问卷(运用典型情景案例法)以及《卫生部办公厅关于印发精神卫生工作指标调查评估方案的通知》等内容为基础设计了问卷,对贵阳市社区居民进行了调查。[2]徐双利用自编人口学资料调查表、"精神卫生与心理保健知识问卷"、"精神疾病有关态度问卷"以及"五种常见精神障碍案例问卷"对成都市城乡居民进行了调查。[3]黄志平同样使用情景案例法对长沙市、西安市、贵阳市三个城市的居民对五种常见的精神障碍的认知与态度进行研究。[4]高旭使用"心理疾病知识性观念问卷"和"心理疾病患者态度问卷",对武汉市某高校大学生心理卫生素养的现状及问题进行了调查。[5]

情景案例法的优势在于通过真实情境评估个体对心理疾病的识别能力,从而得出更为真实且有效的调查结果。然而,该方法也存在一些局限性,例如容易受到个体理解偏差的影响、测量内容的局限性、编写案例表述存在差异、跨文化适用性等。

---

[1] 李飞,肖水源,黄志平,等.中国三城市精神健康素养调查[J].中国心理卫生杂志,2009,23(12):884.
[2] 杨钰立,李开菊,王玲莉,等.贵阳市社区居民心理健康素养现状调查与对策研究[J].健康教育与健康促进,2020,15(4):355.
[3] 徐双.成都市城乡居民精神健康素养调查[D].泸州:西南医科大学,2020.
[4] 黄志平.长沙、西安、无锡三城市居民精神健康素养研究[D].长沙:中南大学,2011.
[5] 高旭.大学生心理卫生素养研究:基于武汉市某高校本科生的调查[D].武汉:华中农业大学,2017.

二是量表测量法。除情景案例法外,量表测量法是开展心理健康素养测量的主要方法之一。其优点体现在可用于大规模测量,相比于情景案例法节省工作量,测量相对比较客观。目前,国内编制的心理健康素养量表工具主要有三种。

其一,"精神卫生工作指标调查评估问卷",由国家卫生健康委编制,该问卷包括8个子问卷,分别以情景案例、知识性、态度性等量表形式,以心理疾病应对为主要评估内容,用于评估公众、学生、儿童、老年等群体的心理健康知识和态度,是我国调查心理健康知识知晓率最为常用的问卷,在国内使用广泛,但该问卷的信度和效度指标不明确。[1]

其二,"国民心理卫生素养问卷",由吴珏等人编制,该问卷共60道题,包含心理疾病的知识和观念、对待心理疾病和患者的态度、应对心理疾病的行为和技能、心理健康的知识和观念、维护心理健康的态度、维护心理健康的行为和技能等6个因子。其内部一致性信度0.92,重测信度0.72。该问卷信效度较好,但目前应用较少。[2]

其三,"国民心理健康素养问卷",由陈祉妍等人根据心理健康素养的广义概念而编制,共67道题,包含知识、技能和意识3个因子。其中,心理健康知识水平由50道判断题组成,评估内容围绕"心理健康素养十条"。该问卷已经过全国测试验证,可以作为评估我国居民心理健康素养的指标工具。[3]

目前,我国的心理健康素养评估问卷大多是在参考国外相关测量工具的基础上,通过汉化或修订而形成的。尽管测量工具种类日益增多,但目前符合本土需求的测量工具开发与编制成果相对有限,特别是针对不同人群特征的测量工具开发更是不足。这不仅反映了心理健康素养的复杂性和综合性,也表明当前心理健康素养测量工具在提升可靠性方面仍有待加强。

再次,心理健康素养的影响因素。诸多因素能够影响个体的心理健康素养水平。学术界针对心理健康素养的影响因素进行了广泛研究,研究对象涵盖了

---

[1] 明志君,陈祉妍.心理健康素养:概念、评估、干预与作用[J].心理科学进展,2020,28(1):4.
[2] 明志君,陈祉妍.心理健康素养:概念、评估、干预与作用[J].心理科学进展,2020,28(1):4.
[3] 明志君,陈祉妍.心理健康素养:概念、评估、干预与作用[J].心理科学进展,2020,28(1):4.

学生、社区居民、医务工作者、军人、科技工作者、中小学教师等多个群体。从影响因素的内容来看，主要包括个体特征和社会环境两大类。

个体特征主要涉及个人因素，如性别、年龄、教育水平、对心理疾病的接触经历及态度等，这些因素均对心理健康素养产生影响。相关研究已证实，年龄和性别是影响心理健康素养的重要因素。针对大学生群体，高旭等人通过对武汉市某高校1011名大学生进行了问卷调查，结果发现：女性比男性大学生对抑郁症、精神分裂症、强迫症、社交障碍症和焦虑症有更好的识别能力和更加丰富的心理疾病原因认知；女性比男性大学生对心理疾病的处理方法认知更加丰富，对心理疾病患者的态度更加友善。[1]邝仕源对广州市3所高校医学研究生精神健康素养现状调查发现，个体自身对心理卫生的兴趣、是否与患者接触以及个体心理状态等都会成为心理健康素养的影响因素。[2]与其类似的调查结果，还见于许艾静、丁闵江、苏婷茹等人的研究。针对普通社区居民，杨钰立等人对贵阳市社区居民的心理健康素养现状进行了调查，结果发现：不同年龄、文化程度的居民的心理健康素养合格率差异具有统计学意义；在25岁以后，随着年龄的增长，居民的心理健康知识水平呈现下降趋势；老年人群的心理健康素养较低，其对身体健康的关注程度远远超过心理健康。[3]此调查结果与刘奕的研究结果基本一致，另外，刘奕还认为，家庭人均月收入是影响精神卫生知识水平的因素。[4]针对全国国民，江光荣等人通过传统纸笔方式和网络在线回答方式对我国国民进行了调查，结果显示：在个体心理健康素养中，知识观念类因子个体差异相对较大，态度习惯类因子个体差异相对较小。[5]

社会环境包括所在地区的经济发展水平、城乡差异、家庭环境以及大众网络媒体的宣传等。对于所在地区的经济发展水平对心理健康素养的影响，一项

---

[1] 高旭,李凤兰,李虹韦.大学生心理卫生素养的现状调查[J].高教论坛,2019(6):11.
[2] 邝仕源.广州地区高校医学研究生精神健康素养现状及影响因素研究：以三所高校为例[D].广州:广州医科大学,2018.
[3] 杨钰立,李开菊,王玲莉,等.贵阳市社区居民心理健康素养现状调查与对策研究[J].健康教育与健康促进,2020,15(4):357.
[4] 刘奕.浏阳市农村社区18~60岁居民精神健康素养及其影响因素研究[D].长沙:中南大学,2014.
[5] 江光荣,李丹阳,任志洪,等.中国国民心理健康素养的现状与特点[J].心理学报,2021,53(2):193.

调查显示,居民在心理健康知识方面的得分在不同区域间表现出显著的差异性:海外样本的得分最高,其次是东部地区,接着是东北地区,而西部地区与中部地区的得分相对较低。若按城市类型进行比较,也呈现出明显的差异:海外城市得分居首,北京市、上海市、广州市、深圳市紧随其后,然后是其他省会城市或直辖市,而县级城市的得分最低。学者们认为,这与中国各地区心理健康服务水平参差不齐、心理健康资源配置不均衡有关。对于城乡差异对心理健康素养的影响,高旭通过对大学生的调查发现,家庭居住地越是现代化程度较高的大城市和中小城市,其对心理疾病患者的态度越消极,家庭居住地越是现代化水平相对较低的乡镇或农村,其对心理疾病患者的态度越积极正面。[①]对于家庭环境对心理健康素养的影响,一些学者指出,它涵盖了父母的教育水平、家庭结构、父母的养育方式、亲子关系的质量以及家庭的功能等多个方面,这些因素均会对儿童和青少年的心理健康产生深远的影响。对于媒体对心理健康素养的影响,目前已经有研究证实社会媒体的宣传教育也会影响个体的心理健康素养。杨宗升通过对中学生的调查发现,电视、网络媒体和心理辅导书籍是中学生获取心理健康相关信息的主要渠道。[②]

最后,心理健康素养的提升策略。国内关于心理健康素养提升的研究,主要包括以下四个方面。

一是社会干预。我国在心理健康素养的社会干预方面,主要通过精神卫生宣传教育活动来体现。这些活动主要由政府牵头,通过问卷调查、政策指导和普及宣传等手段进行。值得一提的是,在2018年"世界精神卫生日"上,国家卫健委结合中国科学院心理健康素养网络调查结果,针对社会对心理健康的主要关切,并经过多方专家论证,编制了"心理健康素养十条(2018年版)",这成为以心理健康为主题的科学传播主要内容。[③]"心理健康素养十条(2018年版)"不仅扩展了心理健康素养的范畴,涵盖了心理健康知识、态度与行为,以及对常见心理疾病的识别,还包括了对儿童心理发展的认识,以及对心理疾病患者的关怀、

---

① 高旭.大学生心理卫生素养研究:基于武汉市某高校本科生的调查[D].武汉:华中农业大学,2017.
② 杨宗升.中学生心理健康素养、心理健康水平的现状及关系研究[D].昆明:云南师范大学,2015.
③ 中国心理学会心理学普及工作委员会.心理科学传播工作指南[M].北京:科学普及出版社,2021:158.

帮助和压力缓解等内容,这些都对提高国民心理健康素养产生了深远的影响。

二是学校干预。国内的相关研究证实了学校教育对提升师生心理健康素养的有效性。有学者通过调查发现,在学校担任过朋辈心理咨询员、班级心理委员、宿舍心理信息员等角色的同学,在助人心理健康素养方面明显高于普通同学。[1]心理健康课程或相关讲座被认为是提升大学生心理卫生素养的重要途径。[2]通过参加心理健康课程,大学生在心理健康素养和自我效能感方面有了显著提升,能够更好地处理心理问题。然而,心理健康课程对于改变他们对心理求助的态度效果并不显著。

三是基于网络终端的干预。随着移动网络技术的快速发展,以及智能手机的广泛应用,有研究者开始通过移动终端对大学生心理健康素养进行干预,结果发现,通过心理健康素养网络教育干预,大学生的心理健康素养水平、心理健康水平、专业的心理求助意愿都有显著的提升。[3]总体而言,相较于传统方法,利用手机和网络进行干预具有显著的优缺点。其优势在于能够降低费用,促进心理健康资源的共建共享,同时提升用户的主动参与度。然而,其劣势在于服务对象存在局限性,如对老年人和教育程度较低的群体不够友好。此外,线上干预通常缺乏深度的互动和深层次的体验。

四是心理健康急救培训。心理健康急救培训来自医疗急救概念,与医疗急救类似,当个体遭受心理危机时或已经产生心理健康问题时,需要在第一时间接受专业的帮助或解除危机。很多国家开展了持续的大规模社会干预运动来提高心理健康素养,并取得了一定效果。[4]目前,国内关于心理健康急救培训的研究主要集中在医护人员身上,研究者们特别关注护理人员在危机干预过程中的关键作用。刘婕认为,心理急救理论知识培训,不仅可以丰富医学生心理急救知识,还能改善其态度和行为。同时,结合模拟演练可以提升医学生自身处置突发事件的心理素质,保障心理急救的顺利开展,具有一定的延时效果。[5]通

---

[1] 丁闽江,苏婷茹.大学生心理健康素养现状分析及提升策略[J].扬州大学学报(高教研究版),2020,24(2):71.
[2] 高旭.大学生心理卫生素养研究:基于武汉市某高校本科生的调查[D].武汉:华中农业大学,2017.
[3] 刘佳静.基于移动终端的大学生心理健康素养干预研究[D].南昌:江西师范大学,2020.
[4] 明志君,陈祉妍.心理健康素养:概念、评估、干预与作用[J].心理科学进展,2020,28(1):5.
[5] 刘捷.医学生突发事件心理急救培训的效果研究[D].太原:山西医科大学,2016.

过调查研究显示,大部分大学生对参与心理救援培训表现出较高的积极性,认为学习心理救援知识和技能很重要,对开展心理救援培训活动非常赞同。①

(二)国外研究现状

国外关于心理健康素养的研究相对比较丰富,包括心理健康素养的概念界定、影响因素、研究方法、预防干预等。

1.心理健康素养概念的提出

心理健康素养这一概念来自健康素养。美国学者西蒙斯于1974年在国际健康教育大会上首次提出健康素养的概念。②在健康素养的早期定义中,它主要被定位在卫生保健领域内,其核心关注点在于人们理解和有效运用医疗信息的能力,尤其是对药物治疗的理解和坚持。③

根据世界卫生组织对健康素养的定义,乔姆于1997年提出"心理健康素养"并将其定义为帮助人们认识、处理或预防心理疾病的相关知识和观念。④随着研究的深入,乔姆深化了对心理健康素养的认识,强调应从心理健康维护与心理问题识别两个维度来认识心理健康素养。⑤

之后,澳大利亚格里菲斯大学教授奥康纳(O'Connor)对于心理健康素养内涵进行了重新认定,提出了"三成分结构说"。将乔姆的概念总结为3个因子:识别(recognition)、知识(knowledge)、态度(attitude)。识别强调对心理问题的发现能力;知识强调心理健康的相关知识,即心理疾病表现及其原因、心理自助的相关知识以及心理求助的专业知识;态度指自主参与心理求助行为的态度。⑥

---

① 王定玺,罗稀,伊敏,等.某大学在校生参与救援培训活动认知情况分析[J].中国学校卫生,2016,37(2):286.
② SIMONDS S K.Health Education as Social Policy[J].Health Education Monographs,1974:1.
③ KUTCHER S,WEI Y F,CONIGLIO C.Mental Health Literacy:Past, Present, and Future[J].The Canadian Journal of Psychiatry,2016(3):154.
④ 高旭.大学生心理卫生素养研究:基于武汉市某高校本科生的调查[D].武汉:华中农业大学,2017.
⑤ JORM A F.Mental Health Literacy:Empowering the Community to Take Action for Better Mental Health.[J].American Psychologist,2012:231.
⑥ O'CONNOR M,CASEY L.The Mental Health Literacy Scale(MHLS):A new scale-based measure of mental health literacy[J]. Psychiatry Research,2015:511.

近年来,诸多学者不断深化心理健康素养的研究,对其概念进行扩展。有的学者将病耻感、寻求心理援助策略等纳入其中。[1]还有的学者受积极心理学的启发,强调心理健康素养不仅涵盖对心理障碍及其治疗方法的认知,还应包括如何提升心理健康水平和培养良好心理品质。[2]

尽管乔姆等人提出的概念得到了学术界的普遍认同,是被引用最多的"黄金标准",但也有学者给出了不同定义。如劳伯(Lauber)等人在健康素养的框架下理解心理健康素养,认为心理健康素养是个体具有理解、利用、获取信息达到维护和促进心理健康的能力。[3]史密斯(Smith)等人根据唐·纳特比姆(Don Nutbeam)的健康素养理论模型提出心理健康素养应是一个不断循环和自我完善的系统。个体在先天具备的健康素养基础上,通过后天的教育、文化、媒体、医疗卫生服务系统以及各种心理健康教育等途径,获得心理健康的相关知识。在这一过程中,个体将这些心理健康知识转化为形成对待心理健康的积极态度,并在相关知识和态度的指导下形成一定的心理健康维护与促进技能。这些技能使个体能够适当地做出决策性行为、功能性行为、沟通性行为以及批判性行为,进而达到维护和促进心理健康的目的。

2.心理健康素养的测量

最早的心理健康素养测量方法是乔姆等人采用的情景案例法,此后大量的测量方法得到发展,具体包括以下几种。

首先,情景案例法。乔姆等人在1997年率先编制出心理健康素养调查问卷,采用情景案例的形式向研究对象阐述问卷内容。他们通过电话访谈的方式收集资料,在访谈中向受访者描述一个具体的情景,情景中设定一个患有某种心理问题的虚拟人物,然后询问受访者一系列有关这个人物的问题。这些问题

---

[1] KUTCHER S, BAGNELL A, WEI Y F.Mental Health Literacy in Secondary Schools: A Canadian Approach [J]. Child and Adolescent Psychiatric Clinics of North America, 2015(2): 233.

[2] BJØRNSEN H N, ESPNES G A, EILERTSEN M E B, et al.The Relationship Between Positive Mental Health Literacy and Mental Well-Being Among Adolescents: Implications for School Health Services[J].The Journal of School Nursing, 2019(2): 107.

[3] LAUBER C, NORDT C, FALCATO L, et al. Do people recognise mental illness?Factors influencing mental health literacy[J].European Archives of Psychiatry and Clinical Neuroscience, 2003: 248.

涉及对心理疾病的识别、了解程度,心理疾病的治疗或救助方式,维护和促进心理健康的能力和技能等。①康帕斯(COMPAS)公司设计了一套"心理健康素养问卷",旨在调查公众对心理疾病及心理健康的知识和信念。该问卷在形式与内容上借鉴了乔姆等人编制的问卷,主要评估个体对抑郁症、精神分裂症、焦虑症等常见心理问题的认识,并设定假想角色为男性或女性。值得注意的是,该问卷旨在调查个体对自身心理健康状况的自我评估,以及对心理疾病或患者所遭受的污名化程度的评价。

其次,量表测量法。"心理疾病识别问卷",该问卷主要描述20种心理疾病症状,其中15种症状基于《精神疾病诊断和统计手册(第四版)》(DSM-Ⅳ)的诊断标准,另外5种为虚构的干扰项,用以评估被试对真实与虚构心理疾病症状的辨别能力。②"心理健康知识进度表",由埃文斯·莱卡科(Evans-Lcako)等人编制,共12道题,适用于成年群体,用于评估个体心理健康知识相关的病耻感,但是只评估病耻感的认知层面,其内部一致性信度和重测信度分别为0.65和0.71。③"心理健康促进知识量表",该量表从心理健康促进的角度进行编制,用于评估青少年积极心理健康素养,共10道题,其内部一致性信度和重测信度分别为0.84和0.70以上。④"心理障碍知识多选测试问卷",该问卷包括33道题目,每道题目5个选项,用于测量心理障碍相关知识的了解程度。⑤"心理健康

---

① JORM A F, KORTEN A E, JACOMB P A, et al."Mental health literacy":a survey of the public's ability to recognise mental disorders and their beliefs about the effectiveness of treatment[J].Medical Journal of Australia,1997(4):182.

② SWAMI V, PERSAUD R, FURNHAM A.The recognition of mental health disorders and its association with psychiatric scepticism, knowledge of psychiatry, and the Big Five personality factors:an investigation using the overclaiming technique[J].Social Psychiatry and Psychiatric Epidemiology,2011:181.

③ EVANS-LACKO S, LITTLE K, MELTZER H, et al.Development and Psychometric Properties of the Mental Health Knowledge Schedule.[J].The Canadian Journal of Psychiatry,2010(7):440.

④ BJØRNSEN H N, ESPNES G A, EILERTSEN M E B, et al.The Relationship Between Positive Mental Health Literacy and Mental Well-Being Among Adolescents:Implications for School Health Services[J].The Journal of School Nursing,2019(2):107.

⑤ COMPTON M T, HANKERSON-DYSON D, Broussard B.Development, item analysis, and initial reliability and validity of a multiple-choice knowledge of mental illnesses test for lay samples[J].Psychiatry Research,2011(1):141.

素养量表",由奥康纳等人编制,该量表被认为是首个可以测量心理健康素养各因子成分的量表,共35道题,其开发过程较为科学,表现出较好的重测信度;该量表正式发布以来,已经被全球范围内多个国家的研究者使用,是心理健康素养领域具有较强可操作性的测量工具,目前使用较多的版本为英语、汉语以及波斯语。[①]"多元心理健康素养量表",由荣格(Jung)等人编制,共26道题,该量表包含心理健康知识、信念和资源3个因子,内部一致性信度为0.83,适用于成年群体。[②]"心理健康素养问卷",该问卷共33道题,包含心理疾病知识或偏见、心理求助行为和急救技能、自助策略3个因子,内部一致性信度和重测信度分别为0.84和0.88,适用于12—18岁的青少年群体。[③]"美国佛罗里达心理健康素养问卷",该问卷根据唐·纳特比姆的健康素养理论模型编制而成,包含价值与能力的信念、权利的信念、知识与理解、功能行为、批判行为和沟通行为6个因子,旨在评估接受心理治疗的患者及其护理人员的心理健康素养水平。

最后,其他方法。研究者利用短视频来展示案例,如将"同伴帮助量表"中的虚构案例转化为约90秒的视频内容。研究结果显示,相较于传统的纸笔测量,视频形式的案例展示降低了青少年对抑郁症的识别能力。这可能是因为视频展示缺乏生态效度,无意中提供了额外的线索。在测量态度成分时,主观评定方法可能会受到社会赞许性的影响。为此,内隐联想测验(Implicit Association Test,IAT)已被广泛应用于测量与污名相关的内隐态度。[④]

3.心理健康素养影响因素

国外研究表明,心理健康素养的影响因素包括年龄、性别、种族、个体经验、社会环境、心理障碍种类等。不同的群体表现出不同的心理健康素养特征。

[①] O'CONNOR M,CASEY L.The Mental Health Literacy Scale (MHLS):A new scale-based measure of mental health literacy[J].Psychiatry Research,2015:511.
[②] JUNG H,STERNBERG K V,DAVIS K. Expanding a measure of mental health literacy:Development and validation of a multicomponent mental health literacy measure[J].Psychiatry Research,2016:278.
[③] CAMPOS L,DIAS P,PALHA F.Finding Space to Mental Health-Promoting mental health in adolescents:Pilot study[J].Education and Health,2014(1):23.
[④] O'DRISCOLL C,HEARY C,HENNESSY E,et al.Explicit and implicit stigma towards peers with mental health problems in childhood and adolescence[J].Journal of Child Psychology and Psychiatry,2012(10):1054.

(1)年龄和性别

费舍尔(Fisher)和戈德尼(Goldney)运用情景案例法对比分析了年轻群体(16—25岁)与老年群体(65—75岁)在心理健康素养方面的差异,研究结果显示,老年人在识别心理障碍方面的能力较弱,并且他们对寻求心理咨询和治疗以及接触精神病医生的态度也更为消极。[1]在西方文化背景下,心理健康素养存在性别差异。科顿(Cotton)等人认为,女性往往更擅长识别抑郁症,并倾向于主动寻求心理健康支持,而男性则可能倾向于借助酒精来应对抑郁情绪。[2]斯瓦米(Swami)等人进一步发现,除了识别能力外,对心理障碍的态度也存在性别差异。[3]丹尼尔(Daniel)等人在对具有华语背景的澳大利亚籍群体进行心理健康素养调查时发现,男性倾向于从传统文化的角度审视心理障碍,认为"改变风水"对心理障碍患者有益,而女性则倾向于认为治疗可能带来伤害。[4]值得注意的是,中医疗法实际上能够对心理障碍产生治疗效果。吉本斯(Gibbons)等人发现,相较于男性,女性更有可能辨识出多种心理障碍的类型,而男性倾向于将病情的症状描述得较为轻微,并认为案例中的主人公对病情有较好的掌控。[5]

(2)种族

种族对心理健康素养的影响可能更为复杂。有学者对精神分裂症患者的照料者进行半结构化访谈,结果发现,在求助过程中,宗教与传统应对方法被滥用,不少种族都有自己关于心理障碍的宗教信念。不同种族在心理健康素养方面的差异会受政治、历史等诸多因子的影响。

---

[1] FISHER L J, GOLDNEY R D.Differences in community mental health literacy in older and younger Australians[J].International Journal of Geriatric Psychiatry,2003(1):33.
[2] COTTON S M,WRIGHT A,HARRIS M G,et al.Influence of gender on mental health literacy in young Australians[J]. Australian and New Zealand Journal of Psychiatry,2006(9):790.
[3] SWAMI V.Mental Health Literacy of Depression:Gender Differences and Attitudinal Antecedents in a Representative British Sample[J].Plos One,2012(11):1.
[4] WONG D F K,LAM A Y K,POON A.Gender differences in mental health literacy among Chinese-speaking Australians in Melbourne,Australia[J].International Journal of Social Psychiatry,2012(2):178.
[5] GIBBONS R J,THORSTEINSSON E B,LOI N M.Beliefs and attitudes towards mental illness:an examination of the sex differences in mental health literacy in a community sample[J].PeerJ,2015:1.

(3)个人经验

接触心理障碍的相关经历会直接影响个体心理健康素养水平。格里菲斯（Griffiths）等人认为，接触干预与教育干预一样能减少污名。[1]弗纳姆（Furnham）等人在研究人格障碍的识别过程中发现，经历过心理障碍的个体往往会掌握更丰富的心理健康知识，并且能够更准确地辨识心理障碍的特征。然而，值得注意的是，仅经历过某一种特定心理障碍，并不会提升个体对其他相关心理疾病的认知水平。

(4)社会环境

一系列环境因子，如城乡环境、教育环境均能影响心理健康素养水平。城市生活节奏快、压力大，可能容易产生心理问题，而农村地区可能因为医疗条件的限制，导致心理问题得不到及时解决而扩散。埃克（Eckert）等人对澳大利亚城市与农村青少年在心理健康素养方面的差异进行了比较，特别是在抑郁体验和寻求帮助方面。研究结果显示，从1998年至2008年，无论是农村还是城市的青少年，对抑郁症的了解都有显著提升。在1998年，相较于城市男性青年，农村男性青年更容易遭受抑郁症的影响。到了2008年，农村男性青年对抑郁症的认知以及对精神科医生和心理学家治疗的信任度都有了显著提升，并且在初步测试中，他们的识别率甚至超过了城市样本。[2]乔姆等人通过对澳大利亚一所大学的学生（教职人员作为对照组）调查发现，较高教育水平的学生更容易识别出抑郁症，同时污名化程度与受教育程度相关。[3]除此之外，社会环境因子还包括经济、文化、大众媒体等。跨文化研究表明，与非西方人群相比，西方人对精神障碍表现出更多的医学认识，对精神疾病的耻辱更少。[4]媒体对心理健康

---

[1] GRIFFITHS K M, CARRON-ARTHUR B, PARSONS A, et al. Effectiveness of programs for reducing the stigma associated with mental disorders. A meta-analysis of randomized controlled trials[J]. World Psychiatry, 2014(2):161.

[2] ECKERT K A, KUTEK S M, DUNN K I, et al. Changes in depression-related mental health literacy in young men from rural and urban South Australia[J]. Australian Journal of Rural Health, 2010(4):153.

[3] REAVLEY N J, MCCANN T V, JORM A F. Mental health literacy in higher education students[J]. Early Intervention in Psychiatry, 2012(1):45.

[4] JORM A F. Mental health literacy: public knowledge and beliefs about mental disorders[J]. The British Journal of Psychiatry, 2000(5):396.

素养造成的影响也得到人们的关注。在当今社会,人们获取信息越来越快捷高效,而通过媒体传播的各类复杂信息具有很强的引导性。早在20世纪末的美国,就有研究认为大众媒体已经成为美国人心理疾病信息的主要来源。此外,媒体在公众理解现实方面发挥着重要作用。[1]

(5)心理障碍种类

有研究认为,世界上许多家庭中至少有一位家庭成员患有行为或精神障碍,但是大多数公众不能识别精神疾病的症状。[2]在美国,奥尔森(Olsson)等人对弗吉尼亚州的一所公立学校的中学生进行调查,发现青少年对精神障碍的总体认知比较低,只有25.7%的青少年认为焦虑症以及42.4%的人认为抑郁症为心理健康问题。[3]在悉尼,针对15至17岁青少年的样本调查显示,超过三分之二的受访者能够准确识别抑郁症及其核心症状,这包括对自杀倾向和自我价值感缺失的直接评估。然而,当症状表现不那么明显时,仅有约三分之一的青少年能够辨识出抑郁症。在墨尔本及维多利亚州周边地区开展的一项研究揭示,12至17岁的受访者中,有38.9%能够准确地在场景中识别出抑郁症,而超过半数(55.1%)认为抑郁症属于心理健康问题的范畴。[4]库图法(Koutoufa)等人对342名被试进行了心理障碍的识别测试,结果发现,对于强迫型人格障碍(Obsessive-compulsive Personality Disorder,OCPD)的识别率最低,而大多数参与者能够辨识抑郁症、精神分裂症和强迫症。[5]弗纳姆和温塞斯劳(Winceslau)发现,大多数参与者在识别人格障碍方面存在困难,其中识别率最高的偏执型人

---

[1] GRANELLO D H, PAULEY P S, CARMICHAEL A. Relationship of the Media to Attitudes Toward People With Mental Illness[J]. The Journal of Humanistic Counseling, Education and Development, 1999:98.

[2] ALTWECK L, MARSHALL T C, FERENCZI N, et al. Mental health literacy: a cross-cultural approach to knowledge and beliefs about depression, schizophrenia and generalized anxiety disorder[J]. Frontiers in Psychology, 2015:1272.

[3] OLSSON D P, KENNEDY M G. Mental health literacy among young people in a small US town: recognition of disorders and hypothetical helping responses[J]. Early Intervention in Psychiatry, 2010(4):291.

[4] OLSSON D P, KENNEDY M G. Mental health literacy among young people in a small US town: recognition of disorders and hypothetical helping responses[J]. Early Intervention in Psychiatry, 2010(4):291.

[5] KOUTOUFA I, FURNHAM A. Mental health literacy and obsessive-compulsive personality disorder[J]. Psychiatry Research, 2014(1):223.

格障碍,也仅有36%的参与者能够正确辨识。①另外,弗纳姆等人还发现,尽管许多参与者意识到心理问题的存在,但只有少数人能够准确地识别出人格障碍。他们推测,强迫型人格障碍之所以比其他疾病更容易被辨认,可能是因为它在媒体上频繁呈现。尽管在所有被正确识别的心理问题中,强迫型人格障碍的识别率最高,但仍有超过半数的参与者未能将其视为一种心理问题。②

4.心理健康素养的提升

国外关于心理健康素养的提升策略,目前研究成果较为丰硕。从组织层面看,包括社会、学校等;从内容层面看,包括网络应用程序、心理健康急救课程等。

(1)社会干预活动

世界卫生组织在内的许多机构建议开展教育和公众意识提升活动,旨在消除与精神疾病相关的污名化现象,防止对受影响者的歧视,提升公众的心理健康素养,并积极促进其求助行为。③早在1995年,乔姆等人就在澳大利亚进行了首次全国心理健康素养调查,调查对象涵盖了全科医生、精神疾病医生和临床心理学家。随着研究的深入,心理健康素养概念已经对澳大利亚的国家政策产生了一定的影响。澳大利亚政府开始支持对国民心理健康素养进行监测,并随后在2003年和2011年进行了后续调查。这项监测显示,自1995年以来,公众的心理健康知识普及程度有了显著改善,普通民众与专业人士在心理健康问题上的认识差异大幅缩小。此外,澳大利亚的一个重要举措是在2000年成立了著名的抗抑郁机构(Beyond Blue),这是一个致力于讨论澳大利亚抑郁症、焦虑症和相关心理疾病的非政府机构。该机构最初的目标之一是促进社区对抑

---

① WINCESLAUS J, FURNHAM A. Psychiatric literacy and the personality disorders.[J]. Psychopathology, 2011:29.
② FURNHAM A, KIRKBY V, MCCLLELLAND A.Non-expert's theories of three major personality disorders [J].Personality and Mental Health,2011(1):43.
③ KOHLS E, COPPENS E, HUG J, et al. Public attitudes toward depression and help-seeking: Impact of the OSPI-Europe depression awareness campaign in four European regions[J].Journal of affective disorders, 2017: 252.

郁症的认识和理解,也就是所谓的"抑郁素养"。对抗抑郁机构的评估表明,该机构在提升心理健康素养方面发挥了积极作用。①

其他一些国家或组织也开展了类似的干预活动,如欧洲反抑郁联盟在2008—2013年期间,在德国、匈牙利、爱尔兰和葡萄牙开展了"优化自杀预防计划"。它的目的是评估在四个具有不同文化背景的欧洲国家(德国、匈牙利、爱尔兰和葡萄牙)实施的基于多个社区的自杀预防方案的有效性。该方案包括培训初级保健医生、培训社区促进者、支持患者及其亲属、限制获得致命手段等,旨在增加公众对抑郁症及其治疗的了解,并通过公共媒体运动来减少对污名化的态度。目前,有关在四个欧洲国家发起的公共媒体运动如何改变对抑郁症的耻辱感和对寻求帮助的态度的报告已经发布。②此类活动还有英国的挫败抑郁和思想变化运动、新西兰的"同心同德"运动、德国的心理健康意识运动等,这些活动都对个体的知识、态度以及求助行为有一定改变。

(2)学校干预

乔姆和安东尼(Anthony)认为,学校担负着教育使命,中小学和大学处于提升心理健康素养的重要位置。③麦克卢基(Mcluckie)等人认为提升青少年的心理健康素养是心理卫生专业人员和教育工作者日益关注的焦点。学校是解决青少年心理健康知识普及问题的理想场所。教师在课堂上讲授心理健康课程,能够有效改善学生对心理健康的认识和态度。④米勒(Mille)对66名教师和6679名高中生的抑郁症和病耻感进行了前后干预研究,结果表明,教师的抑郁知识水平与学生的抑郁知识水平之间存在显著的相关性,然而,教师的抑郁知识水平与学生感受到的污名化并无关联。这项研究强调了提升教师抑郁知识

---

① JORM A F. Why We Need the Concept of "Mental Health Literacy"[J].Health Communication,2015(12):1166.
② KOHLS E,COPPENS E,HUG J,et al. Public attitudes toward depression and help-seeking:Impact of the OSPI-Europe depression awareness campaign in four European regions[J].Journal of affective disorders,2017:252.
③ JORM A F. Why We Need the Concept of "Mental Health Literacy"[J].Health Communication,2015(12):1166.
④ MCLUCKIE A,KUTCHER S,WEI Y F,et al. Sustained improvements in students' mental health literacy with use of a mental health curriculum in Canadian schools[J]. BMC Psychiatry,2014:379.

水平的重要性，目的是尽可能地提高学生的抑郁知识水平。[1]有学者对日本9所小学的662名5—6年级学生进行了45分钟的课程干预研究，课程内容包括生活中常见的心理健康问题以及如何寻求成年人的可靠帮助等。研究结果显示，小学生的心理健康知识、对心理健康状况的认知、帮助同伴意愿以及寻求帮助意愿都有显著提高。[2]还有学者通过对79名参加心理健康教育课程培训的教育者进行调查发现，心理健康素养培训对提高教育者的知识和态度具有潜在价值。[3]

（3）网络应用程序

近年来，通过互联网提供的心理治疗服务迅速崛起。其最大的优势在于低成本、易获得，用户既可以选择自助服务，也可以接受由心理治疗师通过电话、电子邮件以及私人论坛等进行的远程协助。例如，澳大利亚国立大学心理健康研究中心研发的"情绪健康房"是一个基于认知行为疗法的网络软件，旨在帮助用户自主训练，缓解抑郁和焦虑等问题。[4]当前，随着智能手机的广泛应用，大规模地提供心理健康教育干预措施成为可能。2017年的一项研究通过分析22款智能手机应用程序和18个合格的随机对照试验发现，使用手机应用程序治疗抑郁症效果更好。研究者甚至认为智能手机设备是一种更有前途的抑郁症自我管理工具。[5]此外，关于网络干预的元分析表明，无论是线性、静态网站，还是高度互动的网络干预，如社交媒体游戏，如果干预措施包括结构化项目、为特定人群定制、提供循证研究、促进互动和学习体验等，那么干预措施更有可能成

---

[1] MILLER L, MUSCI R, D'AGATI D, et al. Teacher Mental Health Literacy is Associated with Student Literacy in the Adolescent Depression Awareness Program[J]. School Mental Health, 2019(2):357.

[2] OJIO Y, FOO J C, USAMI S, et al. Effects of a school teacher-led 45-minute educational program for mental health literacy in pre-teens[J]. Early Intervention in Psychiatry, 2019(4):984.

[3] WEI Y F, KUTCHER S, BAXTER A, et al. The program evaluation of 'Go-To Educator Training' on educators' knowledge about and stigma toward mental illness in six Canadian provinces[J]. Early Intervention in Psychiatry.

[4] TWOMEY C, O'REILLY G, BYRNE M, et al. A randomized controlled trial of the computerized CBT programme, MoodGYM, for public mental health service users waiting for interventions[J]. British Journal of Clinical Psychology, 2014(4):433.

[5] FIRTH J, TOROUS J, NICHOLAS J, et al. The efficacy of smartphone-based mental health interventions for depressive symptoms: a meta-analysis of randomized controlled trials[J]. World Psychiatry, 2017(3):287.

功。①智能手机应用程序在提高质量和增加获得心理健康保健方面的潜力越来越明显。然而,即使在全球心理健康危机的背景下,诊所或消费者对现实世界中智能手机应用的使用率仍然偏低。当前最大的问题在于,应用程序的设计没有考虑到服务用户的需求,不能解决用户最关心的问题,不尊重隐私,被视为不值得信赖,在紧急情况下无法提供帮助。②

(4)心理健康急救课程

心理健康急救(MHFA)课程于2000年开发,旨在向社区成员传授急救技能,以帮助有心理问题的人。该课程由澳大利亚教育工作者贝蒂·基奇纳(Betty Kitcherner)和心理健康研究员乔姆合作开发,他们将传统物理急救培训的模式拓展至心理健康领域,开创了心理健康急救的新篇章。心理健康急救是指向正在产生心理问题或处于心理危机中的人提供帮助,直到其得到适当的专业帮助或危机解决为止。该课程教授如何识别不同心理障碍和心理危机的症状、如何提供初步帮助,以及如何指导一个人接受适当的心理治疗和其他支持性帮助。③

心理健康急救课程最大的特点是普及心理健康知识,提升公众对心理障碍的理解,减轻公众对心理疾病的污名化,培养公众的心理求助行为和习惯。课程主要内容包括对抑郁、焦虑、药物滥用、自残和自杀行为等精神健康问题的认识。该课程每个模块的设置都是基于科学证据、全面的文献梳理或者在专业证据不存在的情况下,根据德尔菲法达成的专家共识。目前,该课程包含12小时的训练内容,分为4次进行,每次持续3小时。主要急救步骤包括评估自杀或受伤害的风险、不加评判地倾听、给予安慰和信息、鼓励人们得到适当的专业帮助、鼓励自助式的策略。这些步骤可以用于处理抑郁、焦虑、精神疾病和药物使

---

① BRIJNATH B, PROTHEROE J, MAHTANI K R, et al. Do Web-based Mental Health Literacy Interventions Improve the Mental Health Literacy of Adult Consumers? Results From a Systematic Review[J].Journal of Medical Internet Research,2016(6):e165.
② TOROUS J, NICHOLAS J, LARSEN M E, et al. Clinical review of user engagement with mental health smartphone apps: evidence, theory and improvements[J].Evidence Based Mental Health,2018:116.
③ MORGAN A J, ROSS A, REAVLEY N J, et al. Systematic review and meta-analysis of Mental Health First Aid training:Effects on knowledge, stigma, and helping behaviour[J].PLOS ONE,2018(5):e0197102.

用障碍等。[1]大量的评估研究发现,该课程确实提升了公众的心理健康素养。研究证明,心理健康急救课程能有效减少药学和非药学专业学生的污名化信念。这些研究成果凸显了关注患者体验和采用人性化教学方法的重要性。[2]哈德拉克基(Hadlaczky)等人通过对心理健康急救课程的相关研究成果进行系统梳理发现,心理健康急救课程提高了参与者对心理健康的认识,减少了他们的消极态度,增强了对心理健康问题个体的支持行为。[3]该课程在推广方面取得了新进展,目前已有超过1%的澳大利亚成年人接受了心理健康急救课程的培训。澳大利亚约有350名心理健康急救课程教师,他们服务于地区卫生服务机构、非政府组织、政府部门,或作为私人医生工作。该课程已经拓展至澳大利亚的各个州,并在国际上推广至包括美国、苏格兰、爱尔兰以及中国香港在内的20多个国家或地区。[4]

(三)研究现状述评

总体来看,国内外关于心理健康素养的研究已经相当深入,并且取得了一系列的研究成果。这些成果涵盖了心理健康素养的内涵、测量工具、现状调查、影响因素、干预措施等多个方面。这些成果为进行高校辅导员心理健康素养的研究提供了宝贵的参考思路和模式。然而,目前针对高校辅导员心理健康素养的研究仍存在一些不足之处。

一是高校辅导员心理健康素养评估指标体系缺乏。近年来,心理健康素养测量工具不断丰富,但这些测量工具的稳定性、有效性和适用性仍需进一步检

---

[1] KITCHENER B A, JORM A F. Mental health first aid training: review of evaluation studies[J]. Australian and New Zealand Journal of Psychiatry, 2006(1):6.
[2] MCCORMACK Z, GILBERT J L, OTT C, et al. Mental health first aid training among pharmacy and other university students and its impact on stigma toward mental illness[J]. Currents in Pharmacy Teaching and Learning, 2018(10):1342.
[3] HADLACZKY G, HÖKBY S, MKRTCHIAN A, et al. Mental Health First Aid is an effective public health intervention for improving knowledge, attitudes, and behaviour: a meta-analysis[J]. International Review of Psychiatry, 2014(4):467.
[4] KITCHENER B A, JORM A F. Mental health first aid training: review of evaluation studies[J]. Australian and New Zealand Journal of Psychiatry, 2006(1):6.

验。同时,跨文化的测量工具使用相对较少。在国内进行心理健康素养评估研究时,研究者更多是将国外心理健康素养测量工具进行汉化处理后,再对公众进行测试,而较少考虑中国人的文化特点和心理健康素养特点。在构建评估指标体系时,研究者也往往是针对心理健康素养的某一方面,如心理健康知识知晓率或对心理疾病的态度,缺乏一个综合测量工具来整合心理健康知识、技能、态度和人格等各个因子。笔者在编制辅导员心理健康素养问卷时,整合了辅导员心理健康素养的各个内部因子,并在构建辅导员心理健康素养指标体系时,从积极心理学和教育学的研究视角出发,专注于高校辅导员积极心理健康素养的研究,不仅包含高校辅导员的自主素养,而且更突出其助人素养,这也与以往专注于心理疾病素养的研究有所不同。

二是高校辅导员心理健康素养的作用机制需要进一步探究。以往研究认为,个体的心理健康素养会影响其心理健康水平,但是二者之间的作用机制并未明确。比如,在不同文化背景下,心理健康素养如何影响心理健康状况;在心理健康素养各个因子中,哪些因子是核心因子,哪些是次要因子;心理健康素养各个因子与心理健康状况之间的关系是否存在中介或者调节变量,作用效果如何;等等。这些问题都缺乏深入研究。本研究探讨了高校辅导员心理健康素养与心理健康状态之间的作用机制,分析了高校辅导员心理健康素养及其内部各个因子对心理健康状态的影响,并进一步研究高校辅导员心理健康素养在工作压力与工作满意度之间的中介作用,从而验证心理健康素养的作用机制,并为心理健康素养的相关研究领域增添新的内容。

三是高校辅导员群体心理健康素养的研究范围有待扩展。首先,从职业分工来看,目前研究对象主要是针对学生、科技工作者、军人、医务人员、教师等职业,而对于其他职业群体的心理健康素养研究相对缺乏,没有体现时代性。其次,从年龄分布来看,虽然青少年和老年人的心理健康问题已得到一定程度的关注,但对儿童和成年人的研究却相对较少,尤其是儿童的心理健康素养需要格外重视。最后,从研究内容来看,主要集中在常见的心理疾病识别上,如抑郁症、焦虑症和精神分裂症等,而关于心理健康促进方面的研究则相对较少,未来研究需要进一步深化。本研究对高校辅导员心理健康素养的人口学特征差异进行了比较分析,总结和归纳出了高校辅导员心理健康素养的特点。这不仅为不同群体间心理健康素养的比较研究提供了宝贵的参考,也为提升辅导员心理健康素养的策略制定提供了科学依据。

四是高校辅导员心理健康素养干预措施研究需要加强。从研究方法来看,目前关于心理健康素养的横断面研究较多,而缺乏纵向跨时间段研究,导致干预措施缺乏连续性的纵向比较。从干预措施来看,目前我国对心理健康素养的干预还处于起步阶段,更多是依靠传统的学校干预,如心理健康课程干预等,而缺乏有效的实验干预以及网络干预方式,如通过移动互联终端开发有效的App自助应用程序等,这些措施及其效果研究有待进一步深化。本研究根据高校辅导员心理健康素养的影响因素,有针对性地提出了高校辅导员心理健康素养提升的具体对策。当前,关于国民心理健康素养的研究相对较少,这与我国走向社会主义现代化的发展目标不相适应。心理健康素养的研究应服务于国民心理健康促进需求,以提高民众的生活质量和健康水平。因此,本研究明确提出以习近平新时代中国特色社会主义思想为指导,构建面向高校全体的心理健康服务体系,完善相关制度,提升高校辅导员工作价值;构建高校辅导员心理健康素养提升的支持体系,提升高校辅导员的心理健康素养;利用现代网络技术,开展线上课程培训等,对高校辅导员心理健康素养进行系统干预。

除此以外,心理健康素养已经被认为是一项跨学科研究,但现有研究通常将精神科的诊断标准或精神科专家的判断作为衡量心理健康素养水平的标准,这种做法容易忽视个体心理卫生行为的客观规律。本研究综合运用思想政治教育学、心理学、统计学等研究方法对高校辅导员心理健康素养的内部结构和内容进行了探讨,将质性研究和实证调研相结合,从多层次多角度对高校辅导员心理健康素养结构进行了论证,确保了研究的科学性和有效性。

三、研究思路及方法

研究思路是对研究的整体把握与理论构建,研究思路往往是由研究主题、研究对象决定,是对研究主题和研究内容的深化与发展。

(一)研究思路

本研究以习近平新时代中国特色社会主义思想为指导,以"高校辅导员心理健康素养"为主要研究内容,在借鉴学术界关于心理健康素养研究成果的基础上,综合运用思想政治教育学、心理学等学科方法,对高校辅导员心理健康素养的内涵、特征、价值进行深入分析。通过对高校一线辅导员进行个案访谈,笔者自主编制了新时代高校辅导员心理健康素养问卷,并利用其对当前高校辅导员心理健康素养现状进行了大样本调查。通过数据分析,本研究揭示了我国当前高校辅导员心理健康素养现状以及存在的主要问题,并围绕高校辅导员心理健康素养与工作压力、工作满意度、社会支持、心理健康状况等相关议题,借助心理学建模技术,进一步探讨高校辅导员心理健康素养的复杂作用机制。基于相关研究结果,本研究提出了切实可行的策略,旨在有效提升高校辅导员的心理健康素养。

本研究的整体研究思路为"理论模型—测量工具—现状调查—作用机制—提升策略"。

1.理论模型

认真梳理心理健康素养的相关理论,尤其是实证研究的相关成果,在对新时代、高校辅导员、心理健康素养等相关概念进行科学辨析的基础上,提出高校辅导员心理健康素养的科学内涵、主要特征与价值。

2.测量工具

采用定性与定量相结合的方法,做好前期访谈与调研工作,以保证测量工具的信效度。对问卷进行预测试验,基于预测试验的结果,编制正式的"新时代高校辅导员心理健康素养问卷",并对其进行信效度检验。

3.现状调查

通过问卷发放以及数据分析,运用量化手段分析高校辅导员心理健康素养现状。调查内容包括知识、技能、态度、人格四个方面。"知识"包括心理健康维护的相关知识、大学生心理危机干预的相关知识、心理咨询的相关知识、团体心理辅导的相关知识等;"技能"包括心理危机识别与处置技能、积极心理品质培育技能、心理健康宣传与组织技能等;"态度"包括心理健康自助态度、心理健康助人态度等;"人格"包括辅导员的尽责性、严谨性、利他性等。

4.作用机制

从影响高校辅导员心理健康素养的内部因素和外部环境出发,全面审视当前高校辅导员心理健康素养的影响因素。外部环境包括工作环境、社会环境等,而内部因素则着重研究高校辅导员的情绪调节对其心理健康素养的影响。同时,利用心理建模技术探究高校辅导员心理健康素养在工作压力与工作满意度之间所起的中介作用,以期深化对高校辅导员心理健康素养相关研究的理解。

5.提升策略

从高校构建心理健康服务体系这一重要背景出发,探讨提升高校辅导员心理健康素养的必要性,并建议将其纳入高校思想政治体系的构建中,实现一体化发展。具体策略包括坚持健康第一的教育理念,加强高校心理健康服务体系建设,重视提升高校辅导员工作的内在价值,开展覆盖职业生涯全周期的心理健康素养培训,有针对性地提升辅导员心理健康素养的各个方面。

(二)研究方法

本研究的研究方法包括文献研究法、个案访谈法、问卷调查法、实证统计法等。

1.文献研究法

文献研究法是指通过查找、阅读和分析国内外各类研究文献资料和成果,形成对研究内容的科学认识,从而进一步聚焦研究主题,明确研究对象的方法。本研究一方面通过梳理国内外关于心理健康素养的研究文献,分析了当前心理健康素养研究的成就与不足;另一方面通过梳理有关高校辅导员的制度、文件、政策以及高校思想政治工作的相关政策文件,并在全面把握文献资料的基础上,逐步形成了主要研究内容和研究假设。

2.个案访谈法

个案访谈法是指通过选取典型个案,实地观察某种社会现象或社会问题、社会群体,总结规律的方法。与其他方法相比,个案访谈法能够揭示深层的信息,当研究者关心的是个体对某种客观事物或自身行为的理解时,个案访谈法往往是最为必要、有效,而且可行的方法。本研究通过对一线辅导员进行深入访谈,初步获取了关于高校辅导员心理健康素养的原始资料。

3.问卷调查法

问卷调查法是一种以问卷为工具进行资料收集的调查方法。本研究聚焦于高校辅导员心理健康素养的探讨,主要通过问卷调查法进行。基于对高校辅导员心理健康素养的理论基础和测量模型的深入理解,并严格遵循统计学和心理测量学的原则,笔者编制了"新时代高校辅导员心理健康素养问卷"。利用此问卷,本研究对全国范围内的高校辅导员进行了大规模的调查研究,旨在深入了解他们的心理健康素养现状以及存在的主要问题。此外,通过运用科学的建模技术,本研究进一步分析了高校辅导员心理健康素养的影响因素及其作用机制。

4.实证统计法

采用SPSS 25.0统计软件进行统计分析,主要运用描述性统计法。定量资料采用多因子方差分析、卡方检验、独立样本t检验、线性回归等方法。中介效应和模型构建使用SPSS 25.0或Mplus软件。

四、研究重难点及创新点

对于本研究而言,研究重难点和创新点不仅为深化研究内容指明了方向,而且也是在开展研究时所要思考和解决的核心与关键。

(一)研究重点

第一,新时代高校辅导员心理健康素养科学内涵界定以及结构模型构建。

对高校辅导员心理健康素养进行清晰界定是开展高校辅导员心理健康素养研究的前提。本研究在前期研究的基础上,结合高校辅导员心理健康素养的职业特征和新时代高校思想政治工作的要求,对高校辅导员心理健康素养进行了综合界定。

第二,对高校辅导员心理健康素养的现状调查、影响因素和作用机制分析。深入开展高校辅导员心理健康素养调查,了解高校辅导员心理健康素养的影响因素,同时根据调查结果对其作用机制进行分析,重点揭示高校辅导员心理健康素养的特点以及在其工作环境中所发挥的实际作用。

(二)研究难点

第一,在能够反映真实的情况下,如何提高问卷的有效性和质量。

第二,如何构建高校辅导员心理健康素养影响因素模型和高校辅导员心理健康素养有效培育体系。

第三,如何进行跨学科综合性研究,将思想政治教育学、心理学等不同研究范式有效整合,以形成符合思想政治教育学学科规范的研究成果。

(三)研究创新点

第一,摆脱以往对心理健康素养研究的疾病观视角,从心理健康维护与促进以及积极品质培育的视角对高校辅导员心理健康素养开展研究。同时采用跨学科视角对高校辅导员心理健康素养进行综合研究。

第二,以高校辅导员心理健康素养为研究内容。目前学术界关于高校辅导员心理健康素养的研究还相对较少。本研究做了大胆尝试,提出高校辅导员心理健康素养的内涵以及内在结构,自主编制了高校辅导员心理健康素养的测量工具,为高校辅导员心理健康素养研究提供了内容参考。

第三,注重研究方法的系统性与综合性。综合运用文献研究法、个案访谈法、问卷调查法、实证统计等研究方法,广泛借鉴教育学、心理学、统计学等学科理论知识,遵从理论问题实践化,再将实践问题理论化的研究逻辑,进行综合研究,确保了研究的科学性和有效性。

第一章 新时代高校辅导员心理健康素养的内涵与价值阐释

概念是反映事物本质属性及其特征的思维形式,是实现从感性认识上升到理性认识的必备工具。新时代高校辅导员心理健康素养这一概念,涉及"新时代""高校辅导员""心理健康素养"等关键词,如果没有清晰的概念界定,在研究过程中容易引起混乱,影响人们对于该研究的接受和认同。因此,对相关概念进行明确界定是开展研究的基本前提和首要任务。

一、新时代高校辅导员心理健康素养的相关概念辨析

任何理论都有其产生的时代背景,对于新时代高校辅导员心理健康素养概念的整体把握,离不开其产生的时代条件。只有把握住新时代、新特征、新变化,高校辅导员心理健康素养的研究价值才能得到彰显,高校辅导员心理健康素养才能够真正发挥其作用。新时代既是本研究的起点,也是其根本立足点。

(一)新时代的科学内涵

"时代"这个词含义丰富,既有广义和狭义之分,又有长期和短期之别。在通常情况下,时代是指历史上以经济、政治、文化等状况为依据而划分的某个时期。比如,根据政治制度划分为奴隶时代、封建时代等;根据生产力发展水平划分为石器时代、农耕时代、工业时代、信息化时代等。总体而言,时代的发展呈现出量变与质变的相互作用和交织。党的十九大报告指出:"经过长期努力,中国特色社会主义进入了新时代,这是我国发展新的历史方位。"[①]党的二十大报告进一步强调,中国特色社会主义进入新时代是对党和人民事业具有重大现实意义和深远历史意义的大事。[②]这里的"新时代",应当从中国特色社会主义事业的发展、从党和国家所取得的成就角度来进行解读。新时代是中国特色社会主义属性下的时代,不能脱离这一背景孤立地、静止地理解新时代。具体而言,新时代的科学内涵主要包括以下四个方面。

---

① 习近平.决胜全面建成小康社会 夺取新时代中国特色社会主义伟大胜利:习近平同志代表第十八届中央委员会向大会作的报告摘登[N].人民日报,2017-10-19(2).
② 习近平.高举中国特色社会主义伟大旗帜 为全面建设社会主义现代化国家而团结奋斗:在中国共产党第二十次全国代表大会上的报告[M].北京:人民出版社,2022:4.

第一，从中国特色社会主义发展的历史脉络来看，这个新时代，是承前启后、继往开来、在新的历史条件下继续夺取新时代中国特色社会主义伟大胜利的时代。中国共产党成立以来，始终将为中国人民谋幸福、为中华民族谋复兴的初心和使命扛在肩上、印在心中。中国特色社会主义伟大事业，是中国共产党领导人民在烽火硝烟中、在浴血战场上，通过百折不挠、殊死搏斗中换来的，是在新民主主义革命、社会主义革命和建设的伟大成就基础上形成的。特别是改革开放以来，党带领人民走中国特色社会主义道路，解放思想、实事求是，创造了中国特色社会主义的伟大成就，使社会主义在中国展现出更强大的生命力。如今进入新时代，我们党的全部主题仍然是坚持和发展中国特色社会主义，通过自信自强、守正创新，继续推进这一伟大事业不断取得新的伟大成就。

第二，从中国特色社会主义的实践主题来看，这个新时代是决胜全面建设社会主义现代化国家，进而全面建成社会主义现代化强国的时代。这个定位明确了新时代要完成什么任务，进行怎样的战略安排，实现什么样的战略目标。站在"两个一百年"奋斗目标历史交汇点上，在以习近平同志为核心的党中央坚强领导下，全党全国各族人民砥砺奋进，实现了第一个百年奋斗目标，在中华大地上全面建成了小康社会。在这一基础上，党的二十大明确提出："从现在起，中国共产党的中心任务就是团结带领全国各族人民全面建成社会主义现代化强国、实现第二个百年奋斗目标，以中国式现代化全面推进中华民族伟大复兴。"[1]在新时代，中华民族伟大复兴的宏伟蓝图已经绘制，这是新时代中国特色社会主义发展的必然要求和历史任务。

第三，从人民对美好生活的向往来看，这个新时代是人民群众通过自身的拼搏奋斗，朝着共同富裕的目标逐步迈进的时代。当前，共同富裕已经成为全社会关注的焦点和热点话题。党的十九届六中全会通过的《中共中央关于党的百年奋斗重大成就和历史经验的决议》再一次强调了在21世纪中叶"全体人民共同富裕基本实现"。[2]共同富裕既是社会主义的本质要求，也是中国式现代化

---

[1] 习近平.高举中国特色社会主义伟大旗帜 为全面建设社会主义现代化国家而团结奋斗：在中国共产党第二十次全国代表大会上的报告[M].北京：人民出版社，2022：21.
[2] 中国共产党第十九届中央委员会第六次全体会议文件汇编[M].北京：人民出版社，2021：102.

的重要特征。实现共同富裕不仅关乎解决经济发展的问题,更是与中国共产党执政基础的稳固性紧密相连的重大政治问题。它涉及中国特色社会主义发展的方方面面,需要全民参与、全面推动、共创共享。从其根本上说,共同富裕离不开党的集中统一领导,离不开党所发挥的总揽全局、协调各方的重要作用,这既是社会主义制度优越性的集中体现,也是新时代的重要内容。

第四,从中国与世界关系来看,这个新时代是中国日益融入世界发展进程中,不断推动构建人类命运共同体,实现人类文明互鉴的时代。新时代,中国的发展离不开世界,世界的发展需要中国。随着中国日益走近世界舞台的中央,国际影响力也在与日俱增。百年未有之大变局给全球发展带来了巨大的不稳定性和不确定性。放眼全世界,没有哪个国家能在困难面前独善其身,和平、发展、合作依然是当今时代的主题。中国特色社会主义进入新时代意味着中国作为负责任的大国,要承担起自身应承担的大国责任,继续引领人类进步潮流,弘扬和平、发展、公平、正义、民主、自由的全人类共同价值,为人类繁荣发展作出更大贡献。

总而言之,新时代是一个内涵丰富、战略深远的重大政治判断和科学结论。党的二十大报告对新时代十年的伟大变革进行了深刻总结。中国特色社会主义进入新时代,标明了高校思想政治工作发展的历史方位,为高校辅导员心理健康素养研究提供了理论基础。新时代,高校思想政治教育也发生了一系列深刻变化,育人主体更加多元,教育方式更加多变,育人场域更加多样,育人对象个性更加鲜明,这些不断发生的新变化和新特点,要求高校辅导员必须能认清形势发展,顺势而为,尤其是在培育时代新人过程中,能够了解大学生身心发展特点,把握好成长规律,建立平等互动的师生关系,帮助大学生保持理性平和的健康心态,进而促进其全面发展。由此可见,开展高校辅导员心理健康素养研究既是应对新时代高校思想政治教育发展新挑战,又是满足新时代高校思想政治教育高质量发展的必然要求。

（二）高校辅导员的发展脉络及其概念界定

高校辅导员是本研究的主要研究对象，对其发展脉络进行梳理可以全面准确地把握研究对象，同时对其内涵进行科学界定以确定具体研究范围。

1.高校辅导员的发展脉络

高校辅导员制度的萌芽，也就是高校辅导员建设的历史起点问题，目前学术界尚未达成一致意见。但有一点可以肯定的是，高校辅导员制度的建立与中国共产党的成立与发展密切相关。有学者认为，我国高校辅导员制度的建立可以追溯到新中国成立以前中国共产党在军政干部院校实行的"政治指导员"制度。①当时制定的《本校政治部政治指导员条例》，规定政治部配备政治指导员，政治指导员主要负责加强学生的政治训练。政治指导员制度是中国共产党历史上的一大创举，是新民主主义革命时期共产党对军队进行思想政治教育工作的制度创新。②还有学者认为，在20世纪30年代，中国共产党早期创建的高等院校中，在基层单位即配备有专门的政治工作干部——政治指导员，这应该是高校辅导员的缘起。③

目前，学术界普遍认同的一种观点是：高校辅导员制度建立于20世纪50年代初。新中国成立后，文化教育的一个重要目标就是培养"又红又专"的新型人才。为此，根据形势发展和德育实践的需要，高校逐步建立起专门的德育队伍、德育机构和德育制度。1951年，时任教育部部长马叙伦在《关于全国工学院调整方案的报告》中提出各院校实行政治辅导员制度，选拔专门教师和干部从事对学生的思想教育，积极主动了解学生思想状况，管理学生的学习、生活、社会活动以及毕业分配。1952年，教育部又发布了《关于在高等学校有重点地试行政治工作制度的指示》，再次明确提出设立"政治辅导处"，即通过制度性安排来实现常态化地开展思想政治教育工作，提升高校师生的思想政治水平。1953年，为了加强学生的思想政治工作，培养一支"又红又专"的干部队伍，清华大学

---

① 李蘭.新时代高校辅导员工作发展与变革研究[M].长春:吉林科学技术出版社,2019:2.
② 黄广谋.新时期高校辅导员工作的理论与实践研究[M].北京:新华出版社,2017:1.
③ 朱正昌.高校辅导员队伍建设研究[M].北京:人民出版社,2010:12.

在高校中率先建立了学生政治辅导员制度,选拔思想觉悟较高、业务素质好的高年级学生,"半脱产"做同学的思想政治工作。这种政治辅导员制度被形象地称为"双肩挑",即一肩挑业务学习,一肩挑思想政治工作。[1]清华大学这一制度在高校辅导员制度建设史上具有开创性意义。自此之后,全国高校普遍设立了学生专职辅导员。1961年,中共中央颁布的《教育部直属高等学校暂行工作条例(草案)》明确要求:"为了加强思想政治工作,在一、二年级设政治辅导员或者班主任,从专职的党政干部、政治理论课教师和其他青年教师中挑选有一定政治工作经验的人担任。同时,要逐步培养和配备一批专职的政治辅导员。"1965年,教育部制定了《关于政治辅导员工作条例》,该条例以法规的形式将政治辅导员的地位、作用和学生工作等一系列问题作出了明确规定,这标志着我国高校辅导员制度已经形成。至此,全国各类高校普遍建立并逐步完善政治辅导员制度。[2]

1980年,教育部、共青团中央印发《关于加强高等学校学生思想政治工作的意见》,其中明确提出:"必须建立一支坚强的、有战斗力的政治工作队伍……各校要根据具体情况建立政治辅导员制度或班主任制度……"1984年,"思想政治科学化"命题的提出以及思想政治教育专业的设置为高校辅导员队伍专业化发展奠定了理论基础。同年,中央中宣部、教育部颁发了《关于加强高等学校思想政治工作队伍建设的意见》,其中明确强调思想政治工作队伍必须实行专职与兼职相结合的工作机制,对工作人员的来源、政治素质、知识水平、培训、发展方向都作了详细规定。[3]

随着我国改革开放的不断深入,经济全球化、世界多极化、文化多样化等都对我国高校思想政治工作提出了新的挑战,高校辅导员工作也面临着一系列新要求。同时,高校辅导员队伍建设也出现了一些新问题,如队伍状态不稳定、学历层次和知识结构跟不上发展需求、职责和权限没有清晰界定、管理制度落后等影响了高校辅导员工作的质量和水平。为了切实推动高校辅导员职业化和

---

[1] 朱正昌.高校辅导员队伍建设研究[M].北京:人民出版社,2010:14.
[2] 刘沧山.中外高校思想教育研究[M].北京:人民出版社,2008:209.
[3] 黄蓉生.大学生思想政治教育若干论题研究[M].北京:人民出版社,2016:701.

专业化建设,2004年,中共中央、国务院发布《关于进一步加强和改进大学生思想政治教育的意见》,这不仅顺应了新时代高校思想政治教育发展的新形势,也为高校辅导员队伍建设提供了指导思想,为高校辅导员队伍职业化和专业化发展提供了遵循。在这一纲领性文件的推动下,2006年,教育部发布了《普通高等学校辅导员队伍建设规定》,其中明确了加强高校辅导员队伍建设的意义和目的,解决了高校辅导员队伍建设中长期存在的身份困惑和制度困境。《普通高等学校辅导员队伍建设规定》的出台吹响了辅导员队伍职业化和专业化建设的号角。在党的十八大之前,高校辅导员队伍的职业化和专业化建设已经全面铺开。教育部及各省市纷纷出台了一系列配套政策,旨在进一步完善高校辅导员的职业能力培训体系。比如,通过建立辅导员协会,逐步推进辅导员工作的职业化进程;推动建立辅导员培训基地,以提高辅导员的学历水平;推动制定辅导员培训规划;等等。

2012年,党的十八大胜利召开,在以习近平同志为核心的党中央坚强领导下,中国教育事业发生了深刻变革。党中央立足于世界发展大势和国家发展战略全局,着眼于民族复兴,紧紧围绕"培养什么人、怎样培养人、为谁培养人"这个根本问题,牢牢把握立德树人根本任务,作出了一系列关于教育改革发展的重要论述。对于高校思想政治工作以及辅导员队伍建设,更是多次作出重要批示和指示。2017年,中共中央、国务院印发了《关于加强和改进新形势下高校思想政治工作的意见》,同年教育部修订了《普通高等学校辅导员队伍建设规定》,这两份文件进一步明确了新时代高校辅导员的要求与职责、配备与选聘、发展与培训、管理与考核等内容。另外,中共教育部党组在2017年印发了《高校思想政治工作质量提升工程实施纲要》,其中明确提出建设高校思想政治工作队伍的新举措。2018年,全国教育大会在北京召开,为加快推动教育现代化,建设教育强国指明了方向。2019年,习近平总书记在北京主持召开学校思想政治理论课教师座谈会,此次会议不仅对高校思想政治理论课教师提出了新要求,也对高校思想政治工作队伍提出了新要求。

2.高校辅导员的概念界定

"辅导员"全称应为思想政治辅导员，是我国在新中国成立后为进一步加强和改进高校思想政治工作而产生的。2017年，教育部修订的《普通高等学校辅导员队伍建设规定》中指出："辅导员是开展大学生思想政治教育的骨干力量，是高等学校学生日常思想政治教育和管理工作的组织者、实施者、指导者。"该文件还进一步指出："专职辅导员是指在院（系）专职从事大学生日常思想政治教育工作的人员，包括院（系）党委（党总支）副书记、学工组长、团委（团总支）书记等专职工作人员，具有教师和管理人员双重身份……高等学校可以从优秀专任教师、管理人员、研究生中选聘一定数量兼职辅导员。"在本研究中所讨论的新时代高校辅导员专指上述文件中所规定的高校专兼职辅导员。根据教育部统计（本次统计未包含港澳台地区高等学校），截至2024年6月20日，全国高等学校共计3117所，其中，普通高等学校2868所，含本科学校1308所、高职（专科）学校1560所；成人高等学校249所。[1]另据统计，当前，全国高校专兼职辅导员增至26.4万人，专职辅导员达20.1万人。[2]

当前，我国高校辅导员队伍建设正逐步进入高质量发展的新阶段。在构建"大思政"格局的过程中，高校辅导员发挥着前哨作用。他们不仅是高校培育时代新人的主力军，也是"三全育人"体系的践行者和推动者，更是提升高校思想政治工作质量的骨干力量。新时代，党和国家对高校思想政治工作队伍建设高度重视，习近平总书记指出："培养高素质教师队伍。要把加强教师队伍建设作为建设教育强国最重要的基础工作来抓，健全中国特色教师教育体系，大力培养造就一支师德高尚、业务精湛、结构合理、充满活力的高素质专业化教师队伍。""广大教师要做学生锤炼品格的引路人，做学生学习知识的引路人，做学生创新思维的引路人，做学生奉献祖国的引路人。""今天的学生就是未来实现中

---

[1] 中华人民共和国教育部.全国高等学校名单[EB/OL].[2025-4-10].http://www.moe.gov.cn/jyb_xxgk/s5743/s5744/202406/t20240621_1136990.html.
[2] 中华人民共和国教育部.以铸魂育人担起民族复兴大任：教育战线牢记总书记嘱托加快建设教育强国综述之二[EB/OL].(2024-05-28)[2025-04-10].http://www.moe.gov.cn/jyb_xwfb/s5147/202405/t20240528_1132859.html.

华民族伟大复兴中国梦的主力军,广大教师就是打造这支中华民族'梦之队'的筑梦人。"在新时代的历史方位中,高校辅导员队伍建设必须站在党和国家事业发展的高度来推进。全面加强高校辅导员队伍职业化和专业化建设是适应高等教育走内涵式发展道路的必然要求。职业化和专业化建设的核心是全面提高人才培养能力,以思想教育和价值引领为核心内容,打造高校辅导员成长共同体,构建分类分层的高校辅导员培养体系和评价考核机制。在百年未有之大变局中,将立德树人作为根本任务,不断坚守初心使命,亮出政治底色,强化思想引领和政治担当,及时化解矛盾问题,助力学生全面成长成才,在固本培基的同时,实现创新发展。

(三)素质、素养、健康素养与心理健康素养

心理健康素养是本研究的主要研究内容,心理健康素养虽然与素质、素养以及健康素养存在一定相关性,但其自身也存在一定特殊性。

1.素质与素养

"素质"一词本身在现代汉语中有多重含义。如在《辞海》中,素质即有四种含义。其一,白色的质地。如杜甫的《白丝行》:"已悲素质随时染,裂下鸣机色相射。"其二,本质。如张华的《励志诗》:"虽劳朴斫,终负素质。"其三,素养。如政治素质;思想素质。其四,在心理学上,指人的先天的解剖生理特点,主要是感觉器官和神经系统方面的特点。是人的心理发展的生理条件,但不能决定人的心理内容和发展水平。某些素质上的缺陷可以通过实践和学习获得不同程度的补偿。[1]学者们在对"素质"概念进行解读时,认为《辞海》中对素质的定义更偏向于狭义的解读。在日常生活中,人们较少谈论这种从生理或心理解剖方面的素质,而更多是谈论素质的另一层含义,即主体的未来性,一种发展的潜力或潜能。与原本的定义强调先天不同,这种关于"素质"的定义更强调未来发展的可能性。然而还有一种更为宽泛的定义,它更多地指代个体的整体现实性,认为素质是先天条件与后天培养相结合的产物。比如,国民素质、民族素质、干

---

[1] 夏征农,陈至立.辞海:第六版彩图本[M].上海:上海辞书出版社,2009:2167.

部素质、教师素质等,强调的是在先天条件的基础上,通过后天培养习得的比较稳定的品质。

"素养"在古代汉语中,更多是指经常修习涵养。如《汉书·李寻传》:"马不伏历(枥),不可以趋道;士不素养,不可以重国。"亦指平日修养。如艺术素养;文学修养。[1]这里的"素养"更多是指通过后天习得而形成的内在品质。与传统文化相比,作为舶来品的"素养"在当前更为研究者所重视。"素养"与其对应的英文单词"Competence"之前被翻译为"能力",之后又被翻译为"胜任特征",指的是学生应具备的、能够适应终身发展和社会发展需要的必备品格和关键能力。

进入21世纪后,国际教育的主题逐渐演变为五大支柱,即学会求知、学会做事、学会共处、学会发展、学会改变。我国的教育改革也开始关注作为完整的人及其所蕴含的教育意蕴。在这一背景下,2003年经济合作与发展组织(OECD)发布"素养的界定与遴选:理论与概念的基础"的总报告《为了成功人生和健全社会的核心素养》(*Key Competencies for a Successful Life and a Well-functioning Society*),在该份研究报告中,将核心素养定义为:"特定情境中,通过调动认知与非认知的心理社会资源,成功满足复杂需要的能力。"[2]作为舶来品,"素养"在国际教育背景下,更多强调的是"养",即态度、品格、能力的养成。有学者提出素养是行为能力,是行为指向或实践导向的,是知识、技能、态度的统整与融合,是一整套可以被观察、教授、习得和测量的行为。或者说,素养是完成某一情境工作任务所必需的一系列行为模式,这些行为与绩效表现密切相关。[3]

如果仅从素质和素养的可教性方面来看,似乎"素养"与"素质"可以通用,但是这种看法有一个前提条件,即素质被定义为一种先天条件与后天培养相结

---

[1] 夏征农,陈至立.辞海:第六版彩图本[M].上海:上海辞书出版社,2009:2167.
[2] 张良,靳玉乐.核心素养的发展需要怎样的教学认识论?——基于情境认知理论的勾画[J].教育研究与实验,2019(5):32.
[3] 褚宏启.核心素养的国际视野与中国立场:21世纪中国的国民素质提升与教育目标转型[J].教育研究,2016(11):8-9.

合的产物。除此以外,有学者从字面意义上分析,提出:"'素质'讲的是人的'质',即人的'质量'或'品质';同时,还突出了一个'素'字,说明这里讲的'质'不是某一方面的质量,也不是一时一事所表现出的现象,而是相对稳定的综合性的质量。人的素质,就是人原本具有的、相对稳定的、综合性的质量和品质,具有本源性、根基性、潜在性、综合性等特征。"[1]素养的核心在于,不仅要求个体能够掌握相关知识、技能与情感等心理社会资源,而且能够进行情境性、迁移性、批判性的调动与运用,进而实现问题的顺利解决和胜任复杂情境的挑战。这一关键特征与信息时代的发展密切相关,因为信息时代要求学习者要具备信息的识别、获取、分析和运用能力,而且运用与转化是其最终目标。从当前来看,素养被赋予教育意义后,其自身至少包含三种特征,即情境性、可迁移性、功能性。

2. 健康素养与心理健康素养

"健康素养"一词,属于舶来品,其英文词汇"healthy literacy"最早出现于1974年一篇标题为《健康教育和社会政策》(Health Education as Social Policy)的论文中。[2]目前,国际上关于"健康素养"被引用最为广泛的是美国《健康国民2010》中所提出的定义,即健康素养是指个人获取、理解、处理基本的健康信息和服务,并利用这些信息和服务,做出有利于提高和维护自身健康决策的能力。[3]从国外关于健康素养的定义中,不难看出其更加注重两个方面的能力:一是个体对基本医疗信息的读取能力,即能够读懂和了解基本的健康信息;二是利用健康医疗资源帮助个体维护健康的行为能力,即对医疗服务资源的利用。

国内关于健康素养的研究,离不开党和国家的重视。中国政府于2007年开始启动健康素养相关政策制定工作。2008年,卫生部发布了《中国公民健康素养——基本知识与技能(试行)》《中国公民健康素养促进行动工作方案(2008—2010年)》,同年,在参考国内外健康素养研究基础上,组织专家编写了《健康66

---

[1] 柳夕浪.从"素质"到"核心素养":关于"培养什么样的人"的进一步追问[J].教育科学研究,2014(3):8.
[2] 佟丽,胡俊峰,侯培森.健康素质与健康素养[J].中国健康教育,2006,22(4):294.
[3] 李长宁,李英华.健康素养促进工作现状及展望[J].中国健康教育,2015,31(2):233.

条——中国公民健康素养读本》。2016年,中共中央、国务院印发了《"健康中国"2030规划纲要》。2019年,国家卫生健康委员会发布了《健康中国行动(2019—2030年)》,其中明确指出,到2022年和2030年,全国居民健康素养水平分别不低于22%和30%。也就是说,在2030年要达到每100人中有30人具备基本的健康素养。在健康素养研究中,与国外强调个体对健康信息的获取、理解、甄别和应用能力不同,我国健康素养的研究更偏重个体健康知识的储备、个体的健康行为和健康技能的养成。具体来讲,我国评价一个人是否具备健康素养主要从三个方面来考察:一是是否具有基本的健康知识和理念;二是是否具有健康的生活方式与行为;三是是否具有维护和促进健康的基本技能。[①]

心理健康素养这一概念是澳大利亚学者乔姆根据世界卫生组织对于健康素养的定义而引申出的,并将其定义为帮助人们认识、处理或者预防心理疾病的相关知识和观念。心理健康素养这个概念在澳大利亚被广泛使用,并作为一种国家政策而出现在大量的政府文件当中。

国内于2000年之后,开始关注心理健康素养方面的研究,最早将其引入时翻译为"精神卫生认识能力""精神健康素养""心理卫生素养"等。早期的学者主要从医学角度审视心理健康素养,重点关注公众对心理疾病知识的认知、对心理疾病的态度以及求助意愿,并进行了大量实证研究。国内学者将乔姆关于心理健康素养的概念引入国内后,将其与中国国情相结合,并借鉴积极心理学的相关理论,重新将心理健康素养定义为:个体在促进自身及他人心理健康,应对自身及他人心理疾病方面所养成的知识、态度和行为习惯。[②]从广义上看,心理健康素养指综合运用心理健康知识、技能和态度,保持和促进心理健康的能力。[③]

从健康素养与心理健康素养的关系来看,健康素养在广义上涵盖了心理健康素养。从狭义的角度来看,健康素养更多地强调医学上的身体素养,而并没有具体囊括心理健康素养。无论是健康素养还是心理健康素养,这两个领域都

---

① 李长宁,李英华.健康素养促进工作现状及展望[J].中国健康教育,2015,31(2):233.
② 江光荣,赵春晓,韦辉,等.心理健康素养:内涵、测量与新概念框架[J].心理科学,2020,43(1):235.
③ 明志君,陈祉妍.心理健康素养:概念、评估、干预与作用[J].心理科学进展,2020,28(1):2.

相对较新,且具有跨学科的特性。二者不仅都关注个体对健康"知晓什么"的问题,而且还涉及现实情境中个体为了维持健康"能做什么"的问题。

3.心理素质与心理健康素养

从概念的内涵来看,由"心理素质"到"心理健康素养",内涵越来越丰富。具体而言,"心理素质"的内涵更宽泛,不仅包括先天条件,还包括后天培养,是先天条件与后天培养相结合的产物;心理健康素养侧重于后天培养所形成的能力。从概念的外延来看,心理素质通常表现为一种静态形式,是一种结果性指标;心理健康素养则不仅含有培养、教育的结果,还特别强调了培养、教育的动态过程。这说明心理健康素养是可教可学的,并且它突出了实现目标的方法和路径。

从相同点来看,无论是心理素质,还是心理健康素养,都受到环境因素的后天塑造,都具有可塑性和可改造性。然而,它们之间也存在差异。首先,重心不同。心理素质最终落脚点在"质",即稳定的、可靠的心理品质的形成。心理健康素养则强调"养",即知识和技能的养成,从而能够转化和应用。其次,表现不同。心理素质往往具有内隐性的特点,心理健康素养则更具有外显性。最后,评价不同。心理素质的高低通常通过测量个体的内在人格、智力、认知等方面来评价,而心理健康素养的评价则更侧重于个体对心理健康相关知识、技能、态度的全面理解和掌握。

4.辅导员心理素质与辅导员心理健康素养

由以上分析可知,辅导员心理素质与其心理健康素养研究应有所区别。前者的研究侧重于辅导员内在心理品质的形成,尤其是对辅导员的认知能力、智力水平、情感品质等方面的培养。后者更聚焦于辅导员助力时代新人健康成长所需要具备的心理知识、技能、态度以及人格。从二者的关系来看,辅导员具备一定心理健康素养是其心理素质良好发展的基础,而辅导员心理素质是心理健康素养的升华与发展。二者的目标都是促进辅导员职业化和专业化发展,为高校思想政治工作服务,推动辅导员队伍建设,促进人的全面发展。

二、新时代高校辅导员心理健康素养的内涵与特点

如何界定新时代高校辅导员心理健康素养,关系着研究的整体把握和内容指向,对其特征和价值进行分析则关系着高校辅导员心理健康素养层次和作用探究。因此需要对高校辅导员心理健康素养的内涵、特点及价值进行科学界定。

(一)科学内涵

对于如何把握新时代高校辅导员心理健康素养的科学内涵,本研究认为,应从以下四个方面进行思考。

第一,应体现辅导员这一职业的特殊性,反映出辅导员独特的本质。高校辅导员身份比较特殊,它兼具教师和管理人员的双重身份,其心理健康素养应既有教师属性,又有管理属性。

第二,辅导员心理健康素养与辅导员工作职责密切相关。新时代高校辅导员的根本任务就是立德树人,培育时代新人。因此,高校辅导员的心理健康素养内涵应该围绕立德树人任务来构建。

第三,辅导员心理健康素养不仅是简单地由知识、能力、态度、人格构成,更不应该单独培养或发展,而应该体现其整体功能性和综合性。

第四,辅导员心理健康素养需要能够为育人实践以及教育培训提供指导,具有现实可操作性。

综合以上四点,本研究在遵循学术界对于心理健康素养的经典定义之下,遵从高校辅导员职业特性和育人规律的基础上,将高校辅导员心理健康素养定义为高校辅导员在日常思想政治教育实践中生成的,能够满足高校心理育人工作需要,以及促进时代新人健康成长所必备的心理健康知识、技能、态度与人格。这里需要强调的是,高校辅导员心理健康素养应该是一个整体,对其界定时要注重整体性,而不能以偏概全。高校辅导员心理健康素养贯穿于辅导员职业生涯的始终,根本目标在于促进辅导员自身的全面发展和队伍素质的整体提升。

(二)主要特点

素养总是与一定情境相联系,更多强调在特定情境中,通过利用和调动心理社会资源(包括技能和态度),以满足复杂需要的能力。[①]新时代高校辅导员的心理健康素养,应与新时代高校思想政治教育场域紧密相连,以确保高校辅导员胜任不同的工作情境,并在面对工作压力时保持内心的和谐与稳定。具体来看,高校辅导员心理健康素养包括以下五个特点。

1.专业性

高校辅导员的心理健康素养不同于一般群体的心理健康素养,它不仅有一般群体的心理健康素养所具有的共同性特点,还应该具备高校辅导员的专业特点。主要包括在高校辅导员职业发展过程中,能够成功完成自身工作任务,特别是助力大学生健康成长所须具备的心理健康知识、技能、态度以及人格特征。

高校辅导员的心理健康素养更侧重于职业的本位特征和结果导向,主要面向辅导员这一特定群体。比如,《高等学校辅导员职业能力标准(暂行)》规定高校辅导员在心理健康教育与咨询方面的职责包括能协助心理教育机构完成心理筛查的组织实施;能了解大学生的心理特点,熟悉大学生常见的发展性心理问题,掌握倾听、共情、尊重等沟通技能;能够与大学生建立积极有效的师生关系,帮助学生调适一般的心理困扰;能组织开展形式多样的心理健康教育宣传活动;能组织学生参加陶冶情操、磨炼意志的课外文体活动;等等。相比于一般的心理健康素养,这些显然在知识、技能和态度方面都显示出专业性。而一般的心理健康素养则更多体现在普通大众的具体生活情境中,包括在维护自身心理健康和帮助他人的过程中所须具备的知识、技能、态度以及价值观等,其更多是强调教育特征和过程导向,面向的是社会大众。

[①]张华.让学生创造着长大:2022年版义务教育课程方案和课程标准核心理念解析[M].北京:教育科学出版社,2022:51.

2. 发展性

这里说的发展性,更强调辅导员心理健康素养的持续性和阶段性。高校辅导员心理健康素养的养成是一个需要不断学习和实践的过程,具有终身学习的特点。高校辅导员自身的职业发展需要经历一个由低到高,逐步递进的过程。2014年,教育部制定并印发了《高等学校辅导员职业能力标准(暂行)》,其中明确将辅导员的职业等级划分为初级、中级、高级三个层次。同时,该文件对初级、中级、高级辅导员的要求依次递进,并规定高级别包括低级别的要求。另外,该文件还规定了相应级别的辅导员的工作年限和所需掌握的知识以及具备的相应技能。

高校辅导员的心理健康素养会随着辅导员工作年限的增长以及参与相关培训的情况而有所差异。比如,在初级阶段,辅导员的心理健康素养可能表现出对知识和技能的敏感性,更多强调的是外显的心理健康素养,因为知识和技能是可以通过学习尽快掌握的;而在中高级阶段,则应该更多强调态度和行为以及健康人格的培养,因为经过工作的磨炼和持续的学习,中高级水平的辅导员在心理健康知识和技能方面已经积累了丰富的经验,此时的心理健康素养更多体现在自助助人的态度和价值观,以及在维护和促进心理健康过程中的行为表现。另外,高校辅导员心理健康素养的发展性还体现在对辅导员个人成长规律的尊重,这也与人的心理健康状态是相适应的。因为人的心理健康并不是一直稳定不变的,而是一个动态和持续发展的过程。因此,必须按照辅导员的成长周期来逐步提升其心理健康素养,避免跨越发展阶段,更不能期望通过几次培训就能实现长期的心理健康维护。

3. 教育性

教育性是指辅导员心理健康素养能够通过教育得以发展和改变。高校辅导员心理健康素养的形成和发展与特定的教育情境紧密相关。高校辅导员不仅要根据自身以往的心理健康知识和经验来重构自己的认知,还要不断与周围情境产生互动,尤其是要在与大学生的思想政治教育互动过程中,不断获得和应用相关心理健康的知识、技能和态度。这里的教育情境既是心理健康素养的来源(比如,高校辅导员在协助心理健康教育教师开展心理健康宣传中所获得的心理健康知识,以及在心理育人培训过程中所掌握的心理健康知识和技能),也是展现心理健康素养的平台。

无论是在学习上,还是在生活中,高校辅导员与大学生的关系都极为密切。高校辅导员的一言一行都会对学生的成长产生一定影响。心理健康素养水平较高的高校辅导员,往往会主动维护自身的心理健康,积极面对各种心理问题,并在人际交往中展现出接纳和尊重他人的行为,从而赢得学生的信任。高校辅导员的心理健康素养会以一种榜样教育的方式传递给学生,这不仅可以增强学生社交的意愿,提升学生的自信心和自尊心,帮助学生正确地认识自我,还能引导学生积极面对问题,塑造健全的人格。

4.保障性

心理健康素养的核心特点应该是具有保障性。研究发现,高校辅导员如果能主动进行自我调适,掌握心理调节的方法,学会适应变化,接纳自我以实现心理平衡,将对克服职业倦怠和角色冲突产生显著的积极作用。当前,高校辅导员职业化和专业化发展过程中常遇到的职业困境分别是职业倦怠和职业角色冲突,这两类问题与辅导员角色定位的多重性以及工作内容的多样性密切相关,且在高校辅导员群体中较为普遍,尤其是职业倦怠和职业角色冲突产生的心理冲击,容易使高校辅导员产生悲观、失望、焦虑、恐慌、麻木等不良情绪,若不能进行及时合理的疏导,严重时甚至可能会引发精神类疾病,影响高校思想政治工作的成效。

从心理健康素养的定义和内涵来看,研究者在提出心理健康素养这一概念时,是希望能够通过增加人们对心理疾病知识的了解,包括识别几种常见的心理疾病,来消除人们对于心理疾病的病耻感,增加普通大众对心理健康服务资源的利用,增强其求助意愿,进而实现人们态度和行为的改变,帮助人们更加理性地看待心理疾病,不断提升人们的心理健康水平。

对于高校辅导员而言,低水平的心理健康素养常常表现为缺乏维护心理健康的意识和相关知识,不能有效识别相关心理疾病问题,更为严重的是,即使清楚心理状态不好,也没有积极的求助意愿,不会主动向他人求助并带有强烈的病耻感,害怕让人知晓自身的心理健康状况,较少参与心理健康的相关活动,自身没有持久维持心理健康的动力。拥有较高水平的心理健康素养,不仅意味着其可以识别心理疾病与问题,减少或避免危害心理健康的因子,还能够帮助其不断调控自我心理健康的状态和行为,掌握维护心理健康的技能,保持健康的生活方式。这对于高校辅导员队伍职业化和专业化建设具有保障作用,是保障高校辅导员队伍健康发展的重要基石。

5.激励性

激励,就是持续地激发人们的行为动机,使其心理过程始终保持在兴奋的状态之中,维持一种高昂的工作热情。[①]心理健康素养作为一种维护和促进个体心理健康的能力,其主要任务是保持个体的心理健康状态,帮助个体及早发现并识别心理健康问题,增强其主动求助意愿,消除病耻感。在遇到心理问题时,心理健康素养水平较高的个体往往会主动及时地关注自身的心理问题,并向家人、朋友或专业机构寻求帮助。在得到心理支持和援助后,他们的心理问题往往能够得到缓解,这对于个体来说是一种正向激励,使得个体在面对类似的情况时,具有了信心和毅力。

心理健康素养的激励性特点主要体现在心理健康素养学习和培育的过程当中,表现为内在激励和外在激励。所谓内在激励是指利用目标对动机的刺激,自身产生发自内心的一种激励力量。高校辅导员掌握心理健康素养本身具有一定的目的性,这种目的性符合他们健康成长的期望。这种期望并非高不可攀,通过后天的学习也可以掌握和获得,且不仅能够为自身,也能够为社会和集体带来利益。这种激励来自内心对心理健康的认同,坚信通过后天的努力可以改善心理健康状况。外在激励主要是来自外部环境的刺激,尤其是高校辅导员在面临需要运用心理健康素养来解决问题的工作情境时。通过提高心理健康素养,高校辅导员能够有效应对挑战,解决大学生的心理问题,获得学生的认可

---

① 杨芷英.思想政治教育心理机制研究[M].北京:红旗出版社,2005:76.

和尊重,从而提升工作的价值。这些正面反馈进一步加强了高校辅导员提升心理健康素养的积极性。

三、新时代高校辅导员心理健康素养的价值意蕴

新时代高校思想政治工作的根本任务是立德树人,高校辅导员的使命与担当就是围绕"立德"和"树人",着力培养能够担当民族复兴大任,全面发展的中国特色社会主义建设者和接班人。新时代需要高素质人才,而高素质人才的培养离不开高素质的教师队伍。高校辅导员心理健康素养的价值不仅蕴含在高校辅导员队伍职业化和专业化建设当中,还蕴含在人的全面发展的教育意蕴当中。高校辅导员心理健康素养的价值应当从高校思想政治教育质量、辅导员职业化和专业化水平、辅导员队伍发展三个方面进行解读。

(一)有利于推动高校思想政治教育高质量发展

党的二十大胜利召开为高校思想政治教育注入了新的发展动力,也提出了新的发展期待。新时代高校思想政治教育的重要任务就是为全面建成社会主义现代化强国而培养造就大批德才兼备的高素质人才。高校思想政治教育必须遵循党的教育方针,紧密结合时代发展特征,紧贴大学生思想特点,在理论和实践的交互作用下实现自身的创新发展。从本质上讲,思想政治教育是一种培养人的实践活动。它始终围绕"培养什么人、怎样培养人、为谁培养人"进行主题设置以及开展实践教育,重塑教育对象,最终使之形成符合社会主流的道德品质。总体来看,新时代高校思想政治教育的发展表现为两个方面:一方面是要求高校思想政治教育必须遵循育人规律性,即能够探索时代新人成长的普遍规律,构建精准高效的育人体系和工作体制;另一方面是能够激发教育对象的内生动力,满足新时代新人的健康成长需求。

高校辅导员作为高校思想政治教育的重要力量,必须认清形势,主动求变,积极应变。从高校辅导员工作职责来看,高校辅导员工作的核心职责是思想理论教育理想与价值引领。从辅导员制度创建之始就能够看出,高校辅导员的主

要作用是帮助大学生坚定共产主义理想信念,提升政治觉悟以及建立正确的世界观、人生观和价值观。高校辅导员的政治性不仅是其核心特性,也是其在学生中立足的基础。虽然绝大多数高校辅导员已经认识到引领学生坚定理想信念的重要性,但是在现实中往往会出现机械化倾向,强硬灌输道德理想,机械化照搬照抄政治话语,忽视了学生双向度的主体间交流互动,把学生看作是被改造和支配的对象,忽视其愿望和要求,甚至让学生产生逆反心理和怀疑心态。有些高校辅导员在对学生开展思想教育与价值引领过程中,由于自身知识和能力储备不足,还存在只讲大道理,忽视生活小道理的情况。比如,高校辅导员在开展爱国主义教育过程中能够对学生晓之以理、动之以情,而对于寝室人际关系、如何与人正确交往等现实生活中的小问题反而无能为力,这样就导致思想政治教育实效性不够,也削减了立德树人的效果。从发展心理学的角度来看,高校大学生心智正处于逐步成长和健全的关键时期,其价值观也正处于"拔节孕穗期",情感心理尚未完全成熟,特别需要关心和关爱。

高校辅导员心理健康素养与其职业密切相关,尤其是与辅导员在心理育人方面的职责有内在联系。这使得高校辅导员能够科学把握学生心理特征与行为特点,通过协助学生解决心理困惑、人际交往问题,帮助学生正确看待群与己、利与弊、得与失,从而解决价值观这个人生总开关的问题,同时也能够以这种润物细无声的方式将理想信念灌输给学生。提升高校辅导员心理健康素养,一方面可以满足新时代思想政治教育对育人规律认识的期待,另一方面可以激发学生的内生成长动力,满足学生健康成长的需求。

(二)有利于提升高校辅导员职业化和专业化水平

习近平总书记在全国高校思想政治工作会议上强调:"高校教师要坚持教育者先受教育,努力成为先进思想文化的传播者、党执政的坚定支持者,更好担起学生健康成长指导者和引路人的责任。"这段话指明了新时代高校辅导员的发展方向和使命期待。辅导员是高校思想政治工作体系的重要支撑力量,其职业化和专业化水平与新时代学生发展需求紧密相关。新时代学生的成长需求呈现出多样化和多元化的特征。

从教育对象的角度来看,教育个体的生命整体性和人的发展能动性需要得到确认。目前,当代大学生思维活跃、可塑性强,正处于人生发展的黄金阶段,其发展需求随着时间和环境的变化而变化,且从人生成长来看,呈现出明显的阶段性特征。为了促进学生的健康成长,教育不应仅关注学生某一方面的发展,而是要针对整个人的健全教育。教育不应当是"畸形"或"瘸子",而是要顾及生命体成长的各个方面。其中,心理健康无疑是整个生命体向上发展的基础。主动回应学生面向未来的发展需求,观照当代学生的现实处境,是加快推进高校辅导员队伍职业化和专业化建设的逻辑起点和未来归宿。

从职业化和专业化的角度来看,开展心理健康教育与咨询是高校辅导员的重要职责。2017年,教育部修订的《普通高等学校辅导员队伍建设规定》中将新时代高校辅导员的心理健康教育与咨询工作规定为三个方面:一是协助学校心理健康教育机构开展心理健康教育,对学生心理问题进行初步排查和疏导;二是组织开展日常心理健康知识普及宣传活动;三是培育学生理性平和、乐观向上的健康心态。这三个方面的内容虽然内容简短,但实际要求却非常高。比如,对于协助学校心理健康教育机构开展心理健康教育,对学生心理问题进行初步排查和疏导,要求高校辅导员必须具备一定的识别心理问题的知识与技能,如果不具备这方面的知识与技能,那么高校辅导员可能就无法识别出需要重点关注的学生,进而影响学校心理健康排查的结果,更有可能导致学生心理危机不能及时得到发现和干预。对于组织开展日常心理健康知识普及宣传活动,要求高校辅导员要能够掌握心理健康相关知识以及心理咨询的技能,更要了解一些心理健康活动的组织形式,包括如何开展心理团体辅导、排练心理剧、拍摄心理健康微视频等。对于培育学生理性平和、乐观向上的健康心态,要求高校辅导员必须拥有较高的心理健康素养,此外,心态的培育对时空条件有着更为严格的要求,高校辅导员主要是通过助人来实现学生的自助,帮助他们学会成长。

(三)有利于促进高校辅导员队伍健康发展

任何思想政治教育,都是以人为主体和对象的活动,因而教育者与受教育者,是构成思想政治教育的两个基本要素,也是思想政治教育的主要关系。[①]从高校思想政治教育实践来看,高校辅导员与大学生是思想政治教育活动中的两个基本要素,在思想政治教育共同体中构成了两极。在理想状态下,教育者与受教育者之间应实现教学相长,相互促进。这不仅有助于大学生的健康成长,也有助于促进高校辅导员自身的全面发展。

近年来,高校辅导员的健康问题日益受到重视,特别是心理健康问题再次成为焦点。回顾历史,高校心理健康教育的开展较早,大学生的心理健康教育在制度和政策层面都得到了相应的支持。然而,与之形成对比的是,教育者自身的心理健康状况,无论是在理论研究还是在实际心理健康活动的开展上,都显得相对滞后。尽管高校辅导员在高校育人体系中的关键作用已经得到广泛认可,但他们所面临的压力和挑战却未得到足够的关注。研究者对上海市高校辅导员开展的调查显示,上海市高校辅导员职业倦怠总体处于中度偏高水平,这和国内其他地区的研究结果比较接近。[②]当前,高校辅导员普遍存在的心理问题,主要包括工作有焦虑、工作目标定位不清、职业倦怠、心理微创伤等。[③]这些问题困扰着高校辅导员的健康成长,如果不能及时进行合理的调节和疏导,长期累积可能会严重影响高校辅导员的身心健康,更有甚者会导致极端事件的发生,对高校辅导员自身成长十分不利。为了确保高校辅导员的健康成长,也为了实现高校辅导员队伍的可持续发展,高校辅导员必须不断提升心理健康素养,主动掌握心理调适以及自我调节的方法,正确地认识和评价自我,学会与人沟通,善于调节和控制自身消极情绪,适应高强度的工作压力,在面对困难与问题时能够积极向家人、朋友、领导、同事等寻求支持与帮助,这样不仅能保证个人事业的长期发展,也有助于培养出德才兼备的高素质人才。

---

① 彭晓宽.大数据时代思想政治教育创新发展研究[M].长春:吉林出版集团股份有限公司,2020:86.
② 郭佩佩,高凯,叶俊.上海市高校辅导员职业倦怠与心理健康现状及相关性分析[J].中国职业医学,2020,47(6):679.
③ 王敬川,徐明波,徐国兴.高校专职辅导员心理健康水平的提升策略[J].教师教育研究,2018,30(5):26.

第二章 新时代高校辅导员心理健康素养的研究依据与构成要素

在第一章构建起高校辅导员心理健康素养的科学内涵,即认为高校辅导员心理健康素养是高校辅导员在日常思想政治教育实践中生成的,它不仅满足新时代高校心理育人工作的需求,还包含促进时代新人健康成长所必备的知识、技能、态度与人格。本章主要是通过理论分析与实证调查两条路径来对高校辅导员心理健康素养研究进行深化。一方面,理论分析旨在挖掘高校辅导员心理健康素养的研究基础,汲取马克思主义科学理论,特别是习近平新时代中国特色社会主义思想的理论精华,并以高校辅导员相关政策文件及新时代高校心理健康教育相关政策为本研究提供政策支持;另一方面,实证调查主要通过一对一访谈高校一线辅导员,收集相关信息并对信息进行初步整理,以初步验证理论构想。基于此,本研究设计问卷,开展调研,进一步对理论进行实践探索,最终确立新时代高校辅导员心理健康素养的构成要素。

一、新时代高校辅导员心理健康素养研究的理论依据

学者们在开展心理健康素养研究的过程中发现,心理健康素养只有与本国国情相适应,与文化特征相吻合,才能使得其发挥维护心理健康和帮助民众提升心理自助意识的作用。新时代高校辅导员心理健康素养研究必须与中国国情相适应,其理论基础始终是建立在马克思主义理论指导之下,尤其是坚持以习近平新时代中国特色社会主义思想为指导,同时吸收和借鉴国内外的相关研究成果,以提高研究的理论性和科学性。

(一)马克思主义关于人的全面发展理论

人的全面发展理论是马克思主义的一种价值追求,也是其最终诉求。在马克思主义诞生以前,绝大多数思想家对于人的本质包括人性的认识已经有非常深刻的洞察,但是由于受到时代和阶级的局限性,都未能全面揭示人的全面发展的本质。马克思、恩格斯正是在对前人思想科学扬弃的基础上,形成了对于人的全面发展的科学认识,从根本上深刻揭示了人的全面发展的本质。

1. 马克思主义关于人的全面发展理论的内涵阐释

在马克思看来,资本主义制度虽然极大地推动了生产力的发展,拓展了人们的交往范围,但是资本主义内在所固有的生产社会性与生产资料私人占有之间的矛盾始终无法得到根本解决。这种矛盾映射在人身上就表现为社会分工越精细,就越会造成人的某一方面畸形发展,人被各种各样的片面性所束缚。同时,还表现为社会追求财富的最大化,导致一部分人的发展以牺牲另一部分人的发展为代价,最终形成贫富分化的两个极端,使得一切发展都是以牺牲工人个人来实现的,这种牺牲是全面性的、多样性的,以压榨个体自由时间为代价。马克思认为:"人的本质不是单个人所固有的抽象物,在其现实性上,它是一切社会关系的总和。"[①]基于以上论断,笔者认为,人的全面发展理论应该包括四个方面。

第一,人的实践属性和社会属性的全面发展。在马克思看来,尽管费尔巴哈已经从社会关系来确定人的现实本质,但是他也仅仅是指出而已,却没有对人的这种现实本质进行"批判",因此他的观点还只是抽象的而非历史的。也就是说,费尔巴哈对人的本质的认识还局限在感性直观的自然主义的水平。[②]相较于费尔巴哈,马克思强调从实践认识人的本质,并将实践这种自由自觉的活动作为人的本质所在。人的全面发展包括人的实践本质和人的社会本质两个方面。从马克思主义的实践观来看,人的社会实践活动的丰富性和发展性是人的本质的体现。人以及人类本身就是在实践中形成以及不断发展的。同样,人的全面发展的本质决定了人的社会实践活动的全面发展。当前,人的社会实践活动形式日益丰富,这种形式不仅表现为体力劳动与脑力劳动、物质劳动与精神劳动的统一,还表现为虚拟劳动与现实劳动的统一。此外,人的社会属性的全面发展也是人的本质的重要体现。人的社会属性强调的是人作为社会主体所具有的形态和特征。与人的自然属性不同,马克思认为,人的自然属性,即人

---

① 中共中央马克思恩格斯列宁斯大林著作编译局.马克思恩格斯选集(第一卷)[M].北京:人民出版社,2012:135.

② 曾永成.人的本质:从费尔巴哈到马克思——对《关于费尔巴哈的提纲》中一个重要观点的理解[J].现代哲学,2004(2):12.

的类特性,仅仅是把人与动物相区别,而人真正的本质应该是其社会特质,尤其是表现为社会关系的不断丰富与发展,即不仅是人与自然,还有人与社会以及人与他人。这里马克思已经站在唯物主义历史观来探寻人的本质和社会性之间的关系。在《德意志意识形态》中,马克思认为,社会关系实际上决定着一个人能够发展到什么程度。[①]在《1857—1858年经济学手稿》中,马克思第一次从社会形态的视角,提出"三种社会形态"理论。第一阶段,人的依赖关系,起初完全是自然发生的,是最初的社会形式,在这种形式下,人的生产能力只是在狭小的范围内和孤立的地点上发展着。第二阶段,以物的依赖性为基础的人的独立性,在这种形式下,才形成普遍的社会物质变换、全面的关系、多方面的需要以及全面的能力的体系。[②]但由于私有制占统治地位以及在此基础上形成的两极分化,最终导致人的发展不可避免受物化世界的束缚和压抑。第三阶段,建立在个人全面发展和他们共同的、社会的生产能力成为从属于他们的社会财富这一基础上的自由个性。[③]第三阶段是建立在人们所广为熟知的共产主义社会基础之上,物质财富极为丰富,社会高度发展,实行的是高度发达的产品经济。总而言之,只有在共产主义社会中,才能实现人的自由和全面发展。由此推断,人的全面发展是一个持续的过程,它伴随着人们不断克服片面发展,消除旧式社会分工,解除对人的压迫和束缚,以及不断丰富和发展的社会关系,正如马克思所谈到的交往及其意义。

列宁在继承马克思主义关于人的实践属性和社会属性全面发展的理论基础上,结合时代特征提出了在社会主义社会中,人的全面发展必须与消除文盲、克服官僚主义、关心和爱护群众等相结合起来以实现社会全体人员的体力和智力的全面发展。[④]可以说,列宁将马克思主义关于人的实践属性和社会属性的

[①] 中共中央马克思恩格斯列宁斯大林著作编译局.马克思恩格斯全集(第三卷)[M].北京:人民出版社,1960:295.
[②] 中共中央马克思恩格斯列宁斯大林著作编译局.马克思恩格斯文集(第八卷)[M].北京:人民出版社,2009:52.
[③] 中共中央马克思恩格斯列宁斯大林著作编译局.马克思恩格斯文集(第八卷)[M].北京:人民出版社,2009:52.
[④] 彭升,傅华丽.论列宁"人的全面发展"理论的实践性特征及其体现[J].湖湘论坛,2016(4):46.

全面发展理论引入现实,并对其进行了深化和发展。

　　第二,人的需要的全面发展。马克思建立唯物主义的历史前提就是现实的人及其需要。正是因为有人的需要,从而才有生产劳动,进而在生产劳动中产生分工。在分工的基础上,私有制及其根源被发现,进而揭示了生产力与生产关系之间的矛盾运动规律,从而创立了唯物史观。在《德意志意识形态》中,马克思明确把"需要"定义为人的本质,他指出,由于他们的需要即他们的本性,以及他们求得满足的方式,把他们联系起来(两性关系、交换、分工),所以他们必然要发生相互关系。[①]之所以把人的需要定义为人的本质,是因为人的需要是从事一切生产实践的原始出发点,正是通过不断地劳动使得人的需要得到满足。同时,人的需要也在不断推动人自身的发展,人的发展是人的需要的发展,具体表现为需要的丰富性和层次性。比如,按照需要的客体可以分为物质需要和精神需要。物质需要是人们对衣食住行等物质产品的需要。精神需要更多是包括知识、情感、信仰等精神生活的需要。物质需要与精神需要,并不是简单二分,而是具有辩证统一的内在联系。物质需要是人的最基本的需要,人的其他需要的基础,而精神需要是人的更高一层次的需要,也是人的本质的重要体现。物质需要和精神需要相互影响,精神需要是物质需要的调节和引导,而物质需要是精神需要的基础和保障。按照需要的主体又可以分为社会需要和个人需要。社会需要更多是站在群体的角度为了个体的共同需要。人的需要还表现为丰富的层次性,按照马斯洛需要层次理论来看,人有五种需要,由低到高分别为生理需要、安全需要、社交需要、尊重需要以及自我实现的需要。与人本主义研究方法不同的是,马克思则是从历史唯物主义的视角,从生产实践中,从现实的人的基础上来看待人的需要,从而表现为层次性。马克思、恩格斯强调人有三种需要:生存需要、享受需要和发展需要,这是一个有机联系与动态发展的系统,是人性的内在规定。列宁认为,资本主义创造了一个与旧式农民完全不同的特殊的居民阶级,这个阶级具有不同于旧式农民的另外生活制度、另外

---

① 中共中央马克思恩格斯列宁斯大林著作编译局.马克思恩格斯全集(第三卷)[M].北京:人民出版社,1960:514.

的家庭关系制度以及比较高的物质需要水平与精神需要水平。[1]相较于资本主义制度,社会主义制度则更重视人的各方面需要,尤其是将人民对美好生活的向往作为自己的奋斗目标,体现出社会主义制度的巨大优越性。只有在社会主义制度下,人的需要丰富性和全面性才能得到彰显。

第三,人的个性的全面发展。个性即作为个体的人的特性,它是相对于人的类特性而言的。[2]与类特性强调人与动物的差别不同,个性更强调人与人之间的差别,它是人的社会性在人身上的具体体现。在《政治经济学批判(1857—1858年)手稿》中,马克思指出,取代资本主义物的统治形式的新的社会形态是建立在个人全面发展和他们共同的、社会生产能力成为从属于他们的社会财富这一基础上的自由个性。[3]根据马克思关于人的历史发展的"三阶段"理论,人的全面发展并不仅仅是一个量化的概念,它更加强调个性的多样性。这意味着,构成人的个性的各个方面,如体力、智力等,都应当得到充分发展。人的个性本身就具有多层次和多方面,它体现了个体的整体精神面貌。个性不仅是个体的综合体现,而且是个体独特性的集合。它主要包括个体的外在特征和内在特征,其中,外在特征更多是以兴趣、理想、信仰等体现出来,而内部特征则主要体现在气质、性格和能力等方面。有学者认为,人的个性全面发展应包括个体的类特性、社会特性以及个体特性的发展。任何个人作为人,都应从上述三个方面的有机统一中得到说明。[4]人的个性全面发展依靠社会生产,可以说,社会生产孕育了人的个性,而个性的本质就是社会性。有学者认为,个人是隶属于一定阶级的,阶级群体的发展不断制约着个人及其个性的发展。在资本主义社会中,资本的发展和独立,使得人没有个性和自主性。要实现人的个性自由发展必须消除私有制,废除旧有的分工和阶级结构。人类最终发展的落脚点应该建立在社会生产力发展之上,实现每个人的个性能力发展。换言之,在未来的

---

[1] 中共中央马克思恩格斯列宁斯大林著作编译局.列宁全集(第三卷)[M].北京:人民出版社,1984:502.
[2] 汪信砚.论马克思的"自由个性"概念[J].学习与探索,2004(5):12.
[3] 中共中央马克思恩格斯列宁斯大林著作编译局.马克思恩格斯文集(第八卷)[M].北京:人民出版社,2009:52.
[4] 韩庆祥.论人的个性及其全面发展的规律[J].北京大学学报(哲学社会科学版),1992(1):21.

共产主义社会中,人的个性将得到充分发挥,人们将摆脱物质的依赖和限制,形成一个每个人都能自由发展的联合体。

第四,人的素质与潜能的全面发展。人的素质是先天条件与后天培养相结合的产物。素质与能力相关,但又不仅仅是能力,它还指向人的价值与态度,具有方向性。人的素质内涵丰富,从内容来看,既有身心健康素质,也有思想道德素质,其中,身心健康素质是思想道德素质的基础。人的素质全面提高是人的全面发展的重要表现,具体来看包含以下三个方面。

一是人的素质完整发展。一个人的完整性体现在其自然属性、社会属性与精神属性的和谐统一,而在素质方面,则应展现为生理素质与思想素质的均衡发展,以及德智体美劳的全面进步。人的素质完整发展强调的是作为人的整体性,是一种价值取向和理想目标。虽然人的素质各方面可以有程度上的差异,但是缺一不可,这之中蕴含着基本和基础的含义。素质是现代人在社会发展中所必需的和应有的,从教育的角度来看,这种完整性是全面的,不容忽视,更不能突破底线。列宁曾非常强调教育在人的全面发展中的重要作用,他主张社会成员都应该接受教育,并指出应保证每个人都有升学的机会,绝不容许有资产阶级享受任何法律上和事实上的特权。[1]

二是人的素质协调发展。"和谐"是自古以来哲学家们不断追求的社会理想,它强调个体与自我、他人、环境的和谐发展。以往的教育更注重知识的灌输与技能的训练,更多地强调智力发展,而忽视人的其他素质,尤其是心理素质等。这些素质的缺失,当表现在个人身上时,个人的发展就会失衡,呈现出畸形状态。当表现在个人与他人关系上时,就会表现出社会发展的失衡,如社会中的歧视、偏见以及冲突。当表现在生态环境上时,就会出现人与自然的不协调以及人与自然关系的紧张。从教育的角度来看,这也是学校对于生态素养教育的缺失所导致的。

三是人的素质全面发展。马克思认为,任何人的职责、使命、任务就是全面地发展自己的一切能力。[2]恩格斯也指出要使社会全体成员的才能得到全面发

---

[1] 列宁.列宁全集(第三十五卷)[M].北京:人民出版社,2017:30.
[2] 中共中央马克思恩格斯列宁斯大林著作编译局.马克思恩格斯全集(第三卷)[M].北京:人民出版社,1960:330.

展。①人们参与社会实践活动的广度和深度取决于自身的能力,同时这个能力也是不断促进和发展着的。个人素质是在改造自身与外部环境过程中不断开发出来的多种力量的综合,也是对自身的潜能的深度开发。根据马克思主义的基本观点,人的全面发展就是个人实践活动范围不断扩大,人的本质力量由潜在转为现实,人自身获得素质和能力的自由、全面、充分、协调地发展,从而实现自由个性,获得满足人的发展各方面需要。

2.中国共产党人对马克思主义关于人的全面发展理论的创新发展

在马克思主义基本原理同中国具体实际相结合的过程中,马克思主义关于人的全面发展理论也在不断深化和发展。毛泽东同志曾在民主革命时期和社会主义建设时期就人的全面发展思想展开过系统论述。其内容概括起来主要包括以下两个方面。一是突出人的全面发展目标。他认为,我们的教育方针,应该使受教育者在德育、智育、体育几方面都得到发展,成为有社会主义觉悟的有文化的劳动者。②二是强调人的全面发展的实现路径。在民主革命时期,毛泽东同志提出要实现人民的解放和自由,就必须推翻压在中国人民头上的"三座大山"。他指出:"目前中国人民战争自由的目标,首先地和主要地是向着日本侵略者。但是国民党政府剥夺人民的自由,捆起人民的手足,使他们不能反对日本侵略者。不解决这个问题,就不能在全国范围内动员和统一一切抗日的力量。"③新中国成立后,为了尽快摆脱落后面貌,毛泽东同志又提出了教育与劳动相结合的方针。他认为,高等学校应抓住三个东西:一是党委领导;二是群众路线;三是把教育与生产劳动结合起来。④

作为党的第二代领导集体核心,邓小平同志认为,实现人的全面发展,应重视"四有新人"培育。他指出:"我们在建设具有中国特色的社会主义时,一定要坚持发展物质文明和精神文明,坚持五讲四美三热爱,教育全国人民做到有理

---

① 中共中央马克思恩格斯列宁斯大林著作编译局.马克思恩格斯文集(第一卷)[M].北京:人民出版社,2009:689.
② 中共中央文献研究室.毛泽东文集(第七卷)[M].北京:人民出版社,1999:226.
③ 毛泽东.毛泽东选集(第三卷)[M].北京:人民出版社,1991:1069.
④ 程水栋.高校"办好讲好学好"思政课的整体性研究[M].北京:人民出版社,2024:212.

想、有道德、有文化、有纪律。这四条里面,理想和纪律特别重要。"①在改革开放过程中,邓小平同志始终认为,贫穷不是社会主义,他还认为实现人的全面发展应建立在生产力高度发达的基础上,为此,他提出了共同富裕的发展目标。其具体要求是要让一部分地方先富裕起来,搞平均主义不行。②党的十一届三中全会后,立足中国国情,纵观世界大势,邓小平同志提出"小康社会"这一具有中国特色的新概念,他指出:"所谓小康社会,就是虽不富裕,但日子好过。我们是社会主义国家,国民收入分配要使所有的人都得益,没有太富的人,也没有太穷的人,所以日子普遍好过。"③

党的十三届四中全会以后,以江泽民同志为主要代表的中国共产党人,立足中国实际,加深了对"什么是社会主义、怎样建设社会主义"和"建设什么样的党、怎样建设党"的认识,形成了"三个代表"重要思想。"三个代表"重要思想是对马克思主义理论的继承与发展,它不仅是关于党的建设的学说,更是从经济基础与上层建筑之间的辩证关系对人的全面发展思想进行了阐释。江泽民同志指出:"推进人的全面发展,同推进经济、文化的发展和改善人民物质文化生活,是互为前提和基础的。人越全面发展,社会的物质文化财富就会创造得越多,人民的生活就越能得到改善,而物质文化条件越充分,又越能推进人的全面发展。"④

党的十六大以后,在面对世情、国情、党情的深刻变化,以胡锦涛同志为主要代表的中国共产党人,持续推进实践创新、理论创新、制度创新,深刻认识和回答了新形势下"实现什么样的发展、怎样发展"等重大问题,形成了科学发展观。科学发展观突出强调坚持以人为本。坚持以人为本是对马克思主义关于人的全面发展思想的继承和发展,其中在教育方面的表现就是"坚持育人为本,德育为先,能力为重,全面发展"。⑤

---

① 邓小平.邓小平文选(第三卷)[M].北京:人民出版社,1993:110.
② 邓小平.邓小平文选(第三卷)[M].北京:人民出版社,1993:52.
③ 邓小平.邓小平文选(第三卷)[M].北京:人民出版社,1993:161-162.
④ 江泽民.江泽民文选(第三卷)[M].北京:人民出版社,2006:295.
⑤ 胡锦涛.在庆祝清华大学建校100周年大会上的讲话[M].北京:人民出版社,2011:7.

党的十八大以来,以习近平同志为核心的党中央,对马克思主义关于人的全面发展思想进行了创新性阐释,使得其在新时代焕发出新的理论生机与活力。具体表现为以下四个方面。

首先,坚持以中国特色社会主义制度保障人的全面发展。人的全面发展,是在解决人所遭遇的具体问题过程中实现的。在当前国际形势深刻变化、世界格局重大调整的背景下,中国人民在中国共产党的坚强领导下,坚定信念、勇往直前、科学谋划,积极应对前进道路上的各种风险挑战,中国特色社会主义制度在波澜壮阔的实践检验中屹立不摇,彰显出其无比的优越性,为推动共同富裕、促进人的全面发展奠定了坚实的制度基础。党的二十大已经明确提出了社会主义现代化强国建设的时间表和路线图,随着改革开放的深入推进,中国特色社会主义制度必将进一步巩固发展,为人的自由而全面发展提供更加坚实可靠的制度保障。

其次,坚持以人民为中心的发展思想来引领人的全面发展。习近平总书记认为,践行以人民为中心的发展思想就是要"坚持人民主体地位,顺应人民对美好生活的向往,不断实现好、维护好、发展好最广大人民的根本利益,做到发展为了人民,发展依靠人民,发展成果由人民共享。"[1]党的十八大以来,党中央始终着眼于人民群众对美好生活的殷切期望,在社会和民生领域持续加大力度,推动社会治理创新,致力于增强人民群众的获得感、幸福感和安全感,为新时代人的全面发展奠定了坚实的基础。人民群众的需要层次得到极大地拓展,需要内容得到极大地丰富,这进一步证明了马克思主义关于人的全面发展理论的科学性与现实性。以人民群众为中心的发展理念,目前正引领着中国共产党继续奋勇前进,不断为谋求每个人的幸福、全体人民的共同发展而努力。

再次,坚持以新发展理念来统筹人的全面发展。人的发展不是外在于社会历史而是在社会历史之中,在人与人、人与社会、人与自然的辩证矛盾关系中实现。人的全面发展离不开社会实践,人的本质力量在实践活动中对象化于外部

---

[1] 李义平.着力践行以人民为中心的发展思想(深入学习贯彻习近平新时代中国特色社会主义思想)[N].人民日报,2022-02-08(7).

世界。这不仅是一种创造性活动,更使得作为个体的人在自身能力方面获得展现与提升。[1]人的全面发展既受到其所在社会关系的影响与制约,又离不开实践本身的发展,从而呈现出一定的局限性。这种局限性体现在个体身上即表现为人的能力和潜能不能得到全面发展,人成为被束缚的、片面的人,而体现在社会身上则表现出社会发展的畸形与盲目,最终导致社会危机与矛盾冲突。党的十八大以来,针对我国发展中的突出矛盾和片面发展带来的系列问题,党中央在深刻总结国内外发展经验的基础上,提出了"创新、协调、绿色、开发、共享"的新发展理念。新发展理念的提出既是基于我国的现实国情,也是解决新时代社会主要矛盾的行动指南。当前,我国在发展中还存在一些深层次的结构性问题,比如,在社会发展过程中,物质和精神发展不协调;在经济发展过程中,出现了粗放式发展和低水平发展的问题;在生态环境发展中,出现了污染和浪费严重的问题;等等。这些问题的根源在于对发展内容及发展方式的根本问题尚未得到清晰界定。只有坚持新发展理念,才能更好满足人民在各个方面日益增长的美好生活需要,才能更好推动人的全面发展以及社会的全面进步。

最后,坚持以共同富裕来助推人的全面发展。共同富裕是社会主义的本质要求,是社会主义现代化的重要特征。党的十九届五中全会指出:"到二〇三五年基本实现社会主义现代化远景目标……人民生活更加美好,人的全面发展、全体人民共同富裕取得更为明显的实质性进展。"[2]共同富裕是马克思对社会主义胜利之后的未来社会所提出的一个基本目标。中国共产党始终坚持把实现共同富裕作为自己的奋斗目标。习近平总书记强调:"促进共同富裕与促进人的全面发展是高度统一的。"[3]共同富裕为人的全面发展提供了自由的时间和空间,它不仅彰显了物质产品的极大丰富,还构建了一个全面满足人民群众多样化、多层次需求的有机体系。共同富裕的实现,意味着社会各个领域各个方面都得到了充分、全面的发展,体现了文明和谐的内在统一、公平与正义的内在统

---

[1] 张亲霞,赵桐羽.社会主义现代化基本实现:人的全面发展取得实质性进展[J].中学政治教学参考,2021(36):10.
[2] 中共中央党史和文献研究院.十九大以来重要文献选编(中)[M].北京:中央文献出版社,2021:789-790.
[3] 习近平.扎实推动共同富裕[J].共产党员,2021(21):6.

一。新时代的共同富裕最显著的特征就是全面性、协调性以及可持续性。从需要层面来看,共同富裕不仅彰显了物质产品的极大丰富,还包括了人的精神生活的极大丰富和发展,人的获得感、幸福感、安全感得到了极大提升。从社会关系来看,共同富裕涵盖了社会各领域的和谐、自由、有序发展,拓展了人的社会交往范围,重塑了人的交往形态,提供了人的全面发展的空间和自由度。从人的个性来看,共同富裕的实现依赖于每个人的奋斗,依赖于每个人的知识、能力和创新。同时,共同富裕也保障了每个人的才能和潜能得到开发,尊重了每个人的个性和创造,也鼓励了每个人通过奋斗实现自己的价值和创造自己的美好生活。马克思在谈到人的解放时,也曾多次谈到人的解放的现实条件,实现共同富裕,本身就是对马克思主义关于人的全面发展思想的呼应。

3. 马克思主义关于人的全面发展理论的研究启示

心理健康素养对个体心理健康维护具有促进作用,而心理健康是人的全面发展的基础。之所以开展高校辅导员心理健康素养研究,从根本上说是为了促进高校辅导员以及青年大学生的全面发展。因此,马克思主义关于人的全面发展理论不仅为新时代高校辅导员心理健康素养研究奠定了思想基础,同时也提供了价值遵循。

首先,应坚持用全面的观点看待高校辅导员心理健康素养。这里的"全面"更多是相对的意义,而不具有绝对的内涵,全面并不是一切,而是基本方面。从教育的角度来看,全面发展的教育并不是要求学生成绩全部都是优,也不是说德智体美劳样样都好,全面更强调的是底线,不可偏废但可以偏移。这就启示我们在开展高校辅导员心理健康素养研究时,不应要求高校辅导员在心理健康素养方面的发展高于其他素养,而是要强调高校辅导员作为自然人和社会人,所应有的基本心理健康素养。这里包括两个方面:一是高校辅导员作为一个完整的人,一个普通公民,所应具备的基本心理健康素养,即维持其自身心理健康所应有的素养;二是高校辅导员作为特定职业群体的成员,在履行职责时,所需要具备的基本心理健康素养。这两个方面的心理健康素养从要求上看应是守护高校辅导员心理健康的底线。

其次,应坚持用发展的观点看待高校辅导员心理健康素养。关于高校辅导员心理健康素养的研究,不应仅仅从理论上探讨其应然状态,更应关注其实然状态,尤其是辅导员作为高校思想政治教育活动的组织者与实践者,辅导员自身的心理健康素养也是动态的、发展的过程。素养总是与情境相关,高校辅导员具备一定的心理健康素养,意味着现实中在面临各种心理问题时,其能够发挥心理健康素养的功能与作用。高校辅导员心理健康素养不仅具有结果性,还具有动态性与发展性,尤其是强调其可迁移性和可转换性。正如马克思在考察人的全面发展时是站在现实中的个人来思考的。在《德意志意识形态》中,马克思指出:"我们开始要谈的前提不是任意提出的,不是教条,而是一些只有在臆想中才能撇开的现实前提。这是一些现实的个人,是他们的活动和他们的物质生活条件,包括他们已有的和由他们自己的活动创造出来的物质生活条件。"[1] 这个现实的个人应该是有生命的、历史中行进的、社会中的个人。在探索高校辅导员心理健康素养的研究路径时,我们不仅要关注高校辅导员的育人环境,还必须针对其职业特性和发展需求进行系统的构建。

最后,应坚持用联系的观点来看待高校辅导员心理健康素养。马克思认为,人的全面发展应包含自由发展,而自由发展是全面发展的必要条件。自由发展必须以全面发展为基础,这里的自由更多强调的是个性的自由。这种个性的实现必须是生产力的高度发展以及人们需要的极大丰富和多样化,才能为自由个性创造条件。从人类历史发展的一般进程来看,没有人的全面充分的发展,自由就没有选择的余地,只能是单调和灰色的。因此,在提升高校辅导员心理健康素养的过程中,我们应坚持联系的观点,重视高校辅导员素养的全局性。也就是说,若没有高校辅导员素养的全面提升,心理健康素养的提升便无从谈起。只有在高校辅导员素养整体提升的基础上,心理健康素养才能实现自身的飞跃。此外,高校辅导员心理健康素养的提升既与辅导员自身相关联,还离不开外在的支持体系,包括学校、家庭、社会的支持,良好的家庭氛围,高校心理健

---

[1] 中共中央马克思恩格斯列宁斯大林著作编译局.马克思恩格斯选集(第一卷)[M].北京:人民出版社,2012:146.

康服务体系的构筑以及社会大众对于心理健康素养的关注,这些都是影响高校辅导员心理健康素养提升的重要外在因素。只有将内在和外在因素结合起来,才能有效提升高校辅导员心理健康素养。

(二)习近平总书记关于高校思想政治工作的重要论述

党的十八大以来,以习近平同志为核心的党中央高度重视高校思想政治工作,将其置于全面建成社会主义现代化强国和实现中华民族伟大复兴的战略全局中进行整体性谋划,并作出了一系列重大部署,提出了一系列新思想、新观点和新战略。这些重要论述内容丰富、思想深邃,不仅有理论深度,还有实践广度,更有时代高度;不仅从内部揭示了高校辅导员心理健康素养研究的内在规律,还从外部为加强和提升高校辅导员心理健康素养提供了方向指引。

1.习近平总书记关于高校思想政治工作的重要论述的主要内容

总体而言,习近平总书记关于高校思想政治工作的重要论述是对长期以来党在高校中建立起的优良传统的继承和发展,是立足于新时代我国高等教育的新发展,出现的新问题以及面临的新挑战所提出的重要科学理论。这些重要论述重点回答了新时代高校思想政治工作的价值要求、内容体系以及方法路径,清晰地阐述了新时代高校思想政治工作的本质、目的和实施策略,形成了具有原创性的科学理论。

(1)新时代高校思想政治工作的战略地位

首先,教育是国之大计,党之大计。高校是人才培养的重要阵地,立足于中华民族伟大复兴的战略全局和世界百年未有之大变局,习近平总书记强调:"高校思想政治工作关系高校培养什么样的人、如何培养人和为谁培养人这个根本问题。"[1]其中,"培养什么样的人"是"如何培养人"和"为谁培养人"的前提。对于这个根本问题,习近平总书记多次在不同场合进行过强调。习近平总书记强调:"培养什么人,是教育的首要问题。"[2]"培养什么样的人"从根本上决定了高

---

[1] 习近平.习近平谈治国理政(第二卷)[M].北京:外文出版社,2017:376.
[2] 中共中央党史和文献研究院.十九大以来重要文献选编(上)[M].北京:中央文献出版社,2019:647.

校的办学方向,是人才培养的现实出发点和最终落脚点。高校教育实践过程中如果淡化这个根本问题,就会出现方向性偏差,就会产生思想政治弱化以及虚化现象。加强高校思想政治工作关系着中国特色社会主义事业的接续发展,关系着党和国家前途命运,是一项基础性战略性工程。

其次,高校思想政治工作是学校各项工作的生命线。生命线理论是中国共产党在百年发展历程中的重要理论创新,也是党的优良传统和政治优势。早在民主革命时期,当时的党中央提出:"政治工作是军队的生命线。"[1]新中国成立后,毛泽东同志又提出:"政治工作是一切经济工作的生命线。"[2]改革开放后,邓小平同志对于思想政治教育高度重视,尤其是在1989年政治风波之后指出:"十年最大的失误是教育,这里我主要是讲思想政治教育,不单纯是对学校、青年学生,是泛指对人民的教育。"[3]党的十三届四中全会以后,江泽民同志对生命线理论进行了进一步概况:"党的思想政治工作,是经济工作和其他一切工作的生命线,是团结全党全国各族人民实现党和国家各项任务的中心环节,是我们党和社会主义国家的重要政治优势。"[4]胡锦涛同志在2005年的全国加强和改进大学生思想政治教育工作会议上强调:"把加强和改进大学生思想政治教育工作作为提高党的执政能力、巩固党的执政地位的一项重要工作,摆在更加突出位置,切实担负起政治责任。"[5]党的十八大以来,习近平总书记对党的生命线理论进行了深入的丰富与拓展。特别是在教育领域,习近平总书记将思想政治工作定位为学校各项工作的生命线,进一步强调了高校思想政治工作的重要性,并深化了党对高校思想政治工作规律性的认识。党中央也指示各级党委、教育主管部门及学校党组织必须高度重视思想政治工作,从人力资源、物质资

---

[1] 中共中央文献研究室,中国人民解放军军事科学院.周恩来军事文选(第二卷)[M].北京:人民出版社,1997:110.
[2] 中央档案馆,中共中央文献研究室.中共中央文件选集.一九四九年十月~一九六六年五月.(第50册)[M].北京:人民出版社,2013:391.
[3] 邓小平.邓小平文选(第三卷)[M].北京:人民出版社,1993:306.
[4] 江泽民.江泽民文选(第三卷)[M].北京:人民出版社,2006:74.
[5] 进一步加强和改进大学生思想政治教育工作 大力培养造就社会主义事业建设者和接班人[N].人民日报,2005-01-19(1).

源、制度建设等多方面予以大力支持,从而凸显了思想政治工作作为生命线理论的重要地位。

最后,高校思想政治工作事关社会主义建设事业的持续发展和未来接班人的培养。习近平总书记提出:"把青年一代培养造就成德智体美劳全面发展的社会主义建设者和接班人,是事关党和国家前途命运的重大战略任务,是全党的共同政治责任。"[1]新时代高校思想政治工作对党的教育事业保障作用更加凸显,不仅体现为人才发展质量的保障,更体现为人才培养方向的保障。只有不断加强高校思想政治工作,才能使得青年大学生不断坚定理想信念,担负起时代重任。

(2)新时代高校思想政治工作的目标与任务

思想政治工作的目标是指为了适应国家的需要、社会的需求和个体的期望,所要达到的总的设想。目标来源于实践,但又高于实践,对实践具有指引和导向作用。思想政治工作的目标在整个实践过程中起着导向、调控和激励的作用。对于新时代高校思想政治工作总的目标,习近平总书记认为,我国高等教育发展方向要同我国社会主义发展的现实目标和未来方向紧密联系在一起,那就是"四为",即"为人民服务,为中国共产党治国理政服务,为巩固和发展中国特色社会主义制度服务,为改革开放和社会主义现代化建设服务"。[2]从具体目标来看,习近平总书记提出:"要努力构建德智体美劳全面培养的教育体系,形成更高水平的人才培养体系。"[3]由此可以看出,提出培养社会主义建设者和接班人以及实施"五育并举"策略,使得新时代高校思想政治教育的目标更为全面和完善。

当今世界正遭遇百年未有之大变局。从国内情况来看,我国社会主要矛盾发生新的变化,改革开放不断向纵深推进,对外开放日益加深。当前,中国经济发展与世界高度融合,同时也受到双重影响,使得我国发展面临着一些新的外部挑战。国家现代化进程遭遇新的阻力,对国家治理能力和水平提出了严峻考

---

[1] 中共中央党史和文献研究院.十九大以来重要文献选编(中)[M].北京:中央文献出版社,2021:33.
[2] 习近平.习近平谈治国理政(第二卷)[M].北京:外文出版社,2017:377.
[3] 中共中央党史和文献研究院.十九大以来重要文献选编(上)[M].北京:中央文献出版社,2019:653.

验。国际国内遭遇的现实困境,更彰显了人才培养的重要价值。新时代,国家对于人才的渴求比任何时候都更为迫切,针对人才的培养,习近平总书记强调:"学校教育、育人为本,德智体美、德育为先。"[①]这就要求我们要把道德认知、养成以及实践紧密结合起来,筑牢道德根基,不断修身立德,要能够做到明大德、守公德、严私德,在面对当前历史虚无主义、拜金主义、极端个人主义等错误思想方面,能够明辨是非,抵制低俗,追求高尚的品位和人生境界。

(3)新时代高校思想政治工作的原则与方法

高校思想政治工作,既要讲原则,也要讲方法。方法以原则为依据,原则以方法为基础。

首先,对于如何做好新时代高校思想政治工作,习近平总书记坚持问题导向,着重识别并解决当前高校思想政治工作中的薄弱环节和实际障碍,提出了一系列富有思想政治工作规律性和价值性的原则。这些原则渗透于思想政治工作各个环节,贯穿于思想政治工作始终,确保了思想政治工作能够有序开展。具体来看,习近平总书记强调:"思想政治工作从根本上说是做人的工作,必须围绕学生、关照学生、服务学生。"[②]这是高校思想政治工作的根本原则。从思想政治工作实践来看,思想政治工作主体是人,对象也是人,无论是在出发点还是在落脚点,始终以"人"为核心。此处所指的人,既包括历史中的人,也涵盖现实社会中的人,是生活在特定社会关系之中,受制于一定社会生产关系的人。其本质在于坚持以人为本,强调人的发展,彰显深刻的人文关怀和对现实的密切关注。

其次,习近平总书记强调:"做好高校思想政治工作,要因事而化、因时而进、因势而新。要遵循思想政治工作规律,遵循教书育人规律,遵循学生成长规律,不断提高工作能力和水平。"[③]这"三因""三规律"分别体现了理论和实际相结合的原则,以及科学性与思想性相结合的原则。高校思想政治工作是一项以

[①] 中共中央党史和文献研究院.习近平关于社会主义精神文明建设论述摘编[M].北京:中央文献出版社,2022:120.
[②] 习近平.习近平谈治国理政(第二卷)[M].北京:外文出版社,2017:377.
[③] 习近平.习近平谈治国理政(第二卷)[M].北京:外文出版社,2017:378.

马克思主义科学理论为指导而开展的实践工作。一方面高校思想政治工作者要运用马克思主义理论分析和解决思想政治工作中的实际问题，另一方面还要把思想政治工作中的实践经验，不断丰富和创新并提升到理论研究高度，这样才能保证高校思想政治工作具有无限的生命力和强大的影响力，同时也是避免教条主义和经验主义的根本所在。此外，做好高校思想政治工作还要遵循规律，尤其是要保证指导思想的科学性、方法的科学性以及工作过程的科学性。在科学性的基础上，还要有价值取向性，即对人的价值引领和灵魂塑造。

最后，关于高校思想政治工作的具体方法，习近平总书记站在全局视角指出："学校思想政治工作不是单纯一条线的工作，而应该是全方位的。要完善课程体系，解决好各类课程和思政课相互配合的问题，鼓励教学名师到思政课堂上讲课，解决好推动其他教职员工和思政课教师相辅相成的问题，推动思想政治工作贯通人才培养体系，发挥融入式、嵌入式、渗入式的立德树人协同效应。"[1]"融入式"体现在高校思想政治工作与日常生活的融入，尤其是发挥文化育人的重要作用，通过开展格调高雅的校园文化活动，形成对社会主义核心价值观的认同和践行，将思想政治工作融入日常，深入个人。"嵌入式"强调发挥计算机网络技术的重要作用，将计算机网络技术嵌入思想政治工作当中，推动思想政治工作传统优势同信息技术的高度融合，增强其吸引力和感染力。"渗入式"既体现在充分利用课堂教学这一主渠道，持续加强思政课程建设，确保其他课程与思政课程同向同行，共振共频，也体现在高校思想政治工作注重全员育人，全方位育人，全过程育人，发挥协同效应，实现育人效果最大化。

(4)新时代高校思想政治工作的队伍建设

高校思想政治工作队伍是思想政治工作的实践主体，在思想政治工作实践过程中占据核心地位，并发挥着引领作用。

首先，对高校思想政治工作队伍给予了高度肯定。习近平总书记指出："长期以来，高校思想政治工作队伍兢兢业业、甘于奉献、奋发有为，为高等教育事业发展作出了重要贡献。"[2]

---

[1] 习近平.论党的宣传思想工作[M].北京：中央文献出版社，2020：389.
[2] 习近平.习近平谈治国理政(第二卷)[M].北京：外文出版社，2017：379—380.

其次，对高校思想政治工作队伍建设提出了总体要求。习近平总书记指出："要拓展选拔视野，抓好教育培训，强化实践锻炼，健全激励机制，推动专业化、职业化建设，整体推进高校党政干部和共青团干部、思想政治理论课教师和哲学社会科学课教师、辅导员班主任和心理咨询教师等队伍建设……"①另外，习近平总书记还提出："按照政治强、情怀深、思维新、视野广、自律严、人格正的要求，加强思想政治理论课教师队伍建设。"②

再次，对高校思想政治工作者的使命担当提出了明确要求。习近平总书记提出："努力成为先进思想文化的传播者、党执政的坚定支持者，更好担起学生健康成长指导者和引路人的责任。"③另外，习近平总书记还强调："高校教师要坚持教育者先受教育……要加强师德师风建设，坚持教书和育人相统一，坚持言传和身教相统一，坚持潜心问道和关注社会相统一，坚持学术自由和学术规范相统一，引导广大教师以德立身、以德立学、以德施教。"④

最后，对高校思想政治工作队伍发展提供了重要保障。习近平总书记强调："要精心培养和组织一支会做思想政治工作的政工队伍……"⑤"要保证这支队伍后继有人，源源不断。"⑥为此，党中央指出，高校思想政治工作队伍和党务工作队伍具有教师和管理人员双重身份，要纳入高校人才队伍建设总体规划，形成一支专职为主，专兼结合、数量充足、素质优良的工作力量。

（5）新时代高校思想政治工作的政治保证

党的十九届六中全会指出："中国共产党是领导我们事业的核心力量。中国人民和中华民族之所以能够扭转近代以后的历史命运、取得今天的伟大成就，最根本的是有中国共产党的坚强领导。"⑦始终坚持党的领导是引领中国特色社会主义事业不断向前的最大政治优势，是实现全面建成社会主义现代化强

---

① 习近平.论坚持党对一切工作的领导[M].北京：中央文献出版社，2019：167.
② 中共中央党史和文献研究院.十九大以来重要文献选编（中）[M].北京：中央文献出版社，2021：317.
③ 习近平.习近平谈治国理政（第二卷）[M].北京：外文出版社，2017：379.
④ 习近平.习近平谈治国理政（第二卷）[M].北京：外文出版社，2017：379.
⑤ 习近平.论坚持党对一切工作的领导[M].北京：中央文献出版社，2019：279.
⑥ 习近平.论坚持党对一切工作的领导[M].北京：中央文献出版社，2019：167.
⑦ 中国共产党第十九届中央委员会第六次全体会议文件汇编[M].北京：人民出版社，2021：94-95.

国的政治保证。对于教育事业而言,坚持党的领导也是办好中国特色社会主义大学的根本保证。一方面,党的领导决定了社会主义大学的办学方向,同时也为高校思想政治工作提供了根本政治保证。只有坚持党的领导,高校思想政治工作才能够被重视,并且才能发挥"生命线"的重要作用。另一方面,只有重视党对高校思想政治工作的绝对领导,才能保证党的方针政策在高校得以实现。

对于如何通过坚持党的领导保证高校思想政治工作顺利开展,首先,各级党委要把高校思想政治工作摆在重要位置,加强领导和指导,形成党委统一领导、各部门各方面齐抓共管的工作格局。其次,高校党委要能够把握全局,尤其是要把重点放在方向引领、科学决策、督促落实上。最后,党的基层组织要构建一个纵向贯穿、横向联结的思想政治工作网络,并不断提升自身在思想政治工作方面的能力。

2. 习近平总书记关于高校思想政治工作重要论述的时代价值

党的十八大以来,习近平总书记着眼于建设教育强国,坚持问题导向,围绕高校思想政治工作提出了一系列新观点、新论断,对高校思想政治工作进行了顶层设计和整体规划,具有重要的时代价值。

首先,指明了新时代高校思想政治工作的根本遵循。党的十八大以来,习近平总书记从战略地位、目标与任务、原则与方法、队伍建设、政治保证等方面对高校思想政治工作进行了系统论述。这些重要论述不仅成为习近平新时代中国特色社会主义思想的重要组成部分,也成为新时代高校思想政治工作的重要指导思想。高校辅导员要准确把握习近平总书记关于新时代高校思想政治工作重要论述的精神实质和核心要义,统一思想认识、提高政治站位、把好政治方向,保证高校思想政治工作的鲜明政治底色。同时,高校辅导员还要立足中国国情,坚持马克思主义理论指导地位,全面贯彻党的教育方针,回应学生现实关切,围绕立德树人根本任务,改进领导和工作方式,善于运用新技术、新手段,精准、灵活开展工作。

其次,回应了新时代高校思想政治工作的现实关切。坚持问题导向是习近平总书记关于新时代高校思想政治工作重要论述的重要理论品格。这些重要论述始终聚焦于高校思想政治工作中的现实境遇和瓶颈难题,围绕关键点和突破口进行有效破解。随着当前国际国内形势的深刻变化,高校思想政治工作也呈现出一系列新特征,最为明显的变化就是教育对象可塑性、能动性更强,相对而言受控性更弱,时代新人培育的难度更大。除此以外,思想政治工作的时空场域、方式途径都呈现出新变化,使得高校思想政治工作不确定因子增加,这些矛盾问题需要高校管理者关注与回应。关于高校思想政治工作的实施方式、内容以及方法,不仅需要从理论上破解,更需要从现实中给予解答。面对新形势、新要求,习近平总书记既肯定了高校思想政治工作所取得的重要成就,又指出了现实中存在各种矛盾问题;既聚焦于新时代高校思想政治工作的顶层设计,又对各方面、各领域、各环节的具体内容作出了重要指导。不断在育人体制、质量评价、课程建设以及治理体系等方面持续发力,持续提升高校思想政治工作治理效能,进而实现创新发展。

最后,推动了新时代高校思想政治工作的创新发展。理论创新每前进一步,理论武装就跟进一步。马克思指出:"人们自己创造自己的历史,但是他们并不是随心所欲地创造,并不是在他们自己选定的条件下创造,而是在直接碰到的、既定的、从过去承继下来的条件下创造。"[1]站在新的历史方位,习近平总书记深刻把握时代特征,强调遵循规律,不断探寻高校思想政治工作的新路,为新时代高校思想政治工作者如何创新高校思想政治工作做了榜样示范。总体来看,新时代高校思想政治工作主要呈现出三个方面的新变化。一是高校思想政治工作更加注重以文化人、以文育人的价值导向。习近平总书记曾多次强调文化所具有的涵育德行,滋养心灵的重要作用,强调要坚定文化自信,青年大学生要自觉树立和践行社会主义核心价值观,善于从中华民族传统美德中汲取道德滋养。高校要开展形式多样、健康向上、格调高雅的校园文化活动。二是形成系统化的协同育人工作格局。习近平总书记将思想政治工作看作是一项系统性工程,强调要打破高校内部条块分割、部门各自为政的局面,实现高校内部

---

[1] 中共中央马克思恩格斯列宁斯大林著作编译局.马克思恩格斯选集(第一卷)[M].北京:人民出版社,2012:669.

育人主体协同、元素融合、资源共享,最终形成同向同行的工作格局。三是不断畅通思政课主渠道。习近平总书记高度重视思政课在高校立德树人中所发挥的主渠道作用,强调思政课要实现内涵式发展,必须从价值理念、课程建设、支持保障等方面一体化推进,要深化思政课改革创新,形成全党全社会努力办好思政课的良好氛围。

3.习近平总书记关于高校思想政治工作重要论述的现实启示

习近平总书记关于高校思想政治工作的重要论述不仅是高校辅导员开展思想政治工作的理论指引,也是促进高校辅导员队伍职业化和专业化的行动指南。高校辅导员心理健康素养研究必须坚持以习近平总书记关于高校思想政治工作的重要论述为指导,努力体现新时代新要求,提升研究的时效性。

第一,为新时代高校辅导员心理健康素养研究提供方向指引。高校的和谐稳定离不开师生积极健康心态的培育。习近平总书记曾强调高校要加强人文关怀和心理疏导,要重视师生积极向上健康心态的培育。习近平总书记关于高校思想政治工作的重要论述为新时代高校辅导员心理健康素养研究指明了方向,那就是要始终坚持高校立德树人根本任务,坚持为人民服务,为中国共产党治国理政服务,为巩固和发展中国特色社会主义制度服务,为改革开放和社会主义现代化建设服务。高校辅导员在培育担当民族复兴大任的时代新人时,首先自身要有远大理想,尤其是要做共产主义远大理想和中国特色社会主义共同理想的坚定信仰者和忠诚践行者。思想政治教育心理学认为,人们的思想意识与心理相互影响,心理是思想意识形成的基础,思想意识是心理的高级形式。思想意识的形成与发展受心理的影响和制约,而心理活动的方向和内容又受思想意识的支配。高校辅导员心理健康素养是形成其理想信念的基础,同时理想信念又会对高校辅导员心理健康素养产生支配与推动作用。因此,开展高校辅导员心理健康素养研究,应注重学理性与政治性相统一,坚持以习近平总书记关于高校思想政治工作的重要论述为指导,确保研究成果能够服务于高校立德树人根本任务。

第二,为高校辅导员心理健康素养研究提供内容参考。当前,高校思想政治工作正在发生新的演变,尤其是随着高校思想政治工作宏观环境呈现出复杂性与多样性交织、动态性与开放性并存、多维性与开创性重塑等特点,使得高校辅导员工作面临着新的转型。①高校辅导员的工作范围向心理、资助、网络、学业、安全等方面进行延伸,工作性质也由管理型、教育型向服务型转变,高校辅导员的"内功"修炼比以往更为迫切。习近平总书记认为,做好高校思想政治工作要因事而化、因时而进、因势而新。②从研究内容而言,高校辅导员心理健康素养要努力与新时代高校思想政治工作相匹配,满足新时代大学生健康成长的新需求。心理健康素养应该与高校育人价值相统一,重在塑造个体的健康人格,培养其正确的自我认知、自我管理以及良好的情感态度,进而形成对社会负责,对国家奉献的有用人才。

第三,为提升高校辅导员心理健康素养提供决策依据。党的十八大以来,习近平总书记高度重视高校思想政治工作制度化和体系化建设。高校辅导员心理健康素养的提升是一个系统化工程,应将其纳入高校辅导员的职业发展当中进行一体化建设。总体而言,系统完备、运行有效的培养机制对于高校辅导员心理健康素养的提升更具有基础性和长远性。从现实考量,高校辅导员的职业发展仍然面临着一些窘境和困惑,比如,"多部门使用,多部门管理"常常让高校辅导员找不到职责归属;"双线晋升"面临着双重困难;职称和职级晋升面临着双重夹击;评价标准单一,激励政策同质;等等。这些问题在不断消解着高校辅导员工作的积极性和主动性。而对于这些问题的破解,应该遵循循序渐进、动态调整的方式。目前,关于高校辅导员的职业发展的制度性文件已经出台,但是如何贯彻落实就需要高校整体谋划,加强系统内部协调联动,确保其有效运行。从机制建设来看,应该遵循高校辅导员自身发展规律、育人规律和工作规律,围绕高校辅导员选拔、配备、培训、考核、激励、流动等建立系统连贯的培养机制,从整体上优化高校辅导员心理健康素养研究,以保持高校辅导员队伍的可持续发展。

---

① 王璐.新时代高校辅导员工作转型的三重维度[J].教育探索,2019(5):86—89.
② 习近平.习近平谈治国理政(第二卷)[M].北京:外文出版社,2017:378.

(三)国外相关理论借鉴

关于素养研究,国内学者在研究方法上更多借助于胜任力理论开展相关研究,同时随着积极心理学的兴起,人们对心理健康素养的研究也更加重视,并从心理健康维护与促进的视角加以研究。本研究分别借鉴了胜任力理论的研究方法与积极心理学的研究视角,因此有必要对这两个内容加以系统介绍。

1.胜任力理论

胜任力,这个概念源自拉丁语"competere",意为"恰当的"。这个概念起初被运用于教育领域,后被广泛使用于管理领域。1973年,美国著名心理学家麦克利兰(McClelland)在其标志性论文《测量胜任力而不是智力》(*Testing for Competence Rather Than for Intelligence*)中提出了"胜任力"这一概念。最初,麦克利兰采用了"competence"一词,即胜任力,它也被译作能力、素质、特征、才能等。随后,一些研究者开始使用"competency"一词,即胜任特征,而某些研究者则在二者之间交替使用。还有研究者把胜任力模型,称为素质模型。麦克利兰认为,"competence"实指个体履行工作职责和取得绩效的能力,而"competency"则集中关注个体在一个特定情境下的实际行为表现和绩效。[1]关于胜任力的定义,大多数人普遍接受的定义是绩效者所具备的知识、技能、能力和特质。这一定义将个人素质与实际岗位特征联系起来,强调的是在实际岗位中解决问题的能力,能够将绩效优秀者和一般人员区分开来。

(1)胜任力模型的主要类型

胜任力模型根据研究对象不同,可以划分为三个主要研究取向:一是个人层面,涉及心理学理论以及人力资源管理理论;二是组织行为层面,如企业管理或战略理论;三是行业体系层面,如行业协会等。有学者通过比较分析认为,胜任力模型应具有五方面特征:一是能够区分工作绩效,将一般和优秀区分出来;二是不仅包括知识、技能等表层因子,也包括态度、价值观等深层次因子;三是与行业有着密切联系,不同的专业对应不同的胜任力要素;四是胜任力构建方

---

[1] 陈云川,雷轶.胜任力研究与应用综述及发展趋向[J].科研管理,2004,25(6):141.

法具备一致性,方法偏差较小;五是能够呈现不同阶段性特征,岗位要求的胜任力随着环境、时间的改变而改变。

当前,国际上提出的胜任力理论经典模型包括冰山模型和洋葱模型两种。冰山模型(见图2-1a)由麦克利兰提出,认为个体的胜任力犹如一座冰山。其中,"冰山以上部分"(显性能力)包括基本知识、基本技能,是外在表现,是容易了解和测量的部分,相对而言也比较容易通过培训来改变和发展。而"冰山以下部分"(隐性能力)包括社会角色、自我形象、特质和动机,是人内在的、难以测量的部分。它们不太容易通过外界的影响而得到改变,但却对人员的行为与表现起着关键性的作用。[①]洋葱模型(见图2-1b)则是由美国学者博亚特兹(Boyatzis)在麦克利兰胜任力理论研究的基础之上提出的,展示了胜任力特征由内到外的构成。洋葱表层为知识和技能,洋葱中间为态度、价值观和自我形象,洋葱里层为个性和动机。表层因素易于培养,里层因素难以测评和后天习得。[②]从本质上看,洋葱模型与冰山模型的核心本质是一致的,都强调核心素质,只不过洋葱模型体现层次性,而且洋葱模型其实质就是对冰山模型的深化。

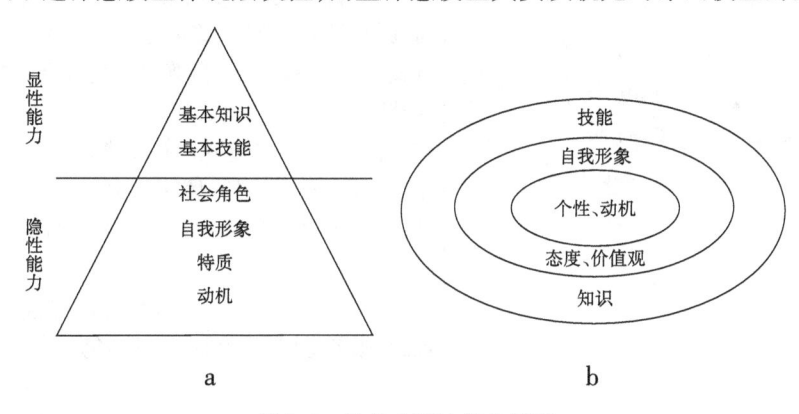

图2-1　胜任力理论经典模型

(2)高校辅导员心理健康教育胜任力研究

随着大学生心理健康问题的日益凸显,高校辅导员的心理健康教育职责也逐渐引起研究者的重视。学者们认为,新形势下提升高校辅导员心理健康教育胜任力,是加强和改进大学生心理健康教育工作的重要途径,是打通心理育人

---

① 冀翠萍.新媒体时代党员干部媒介素养提升路径研究[M].北京:人民出版社,2024:132.
② 于洪生.中国领导学研究[M].北京:人民出版社,2014:316.

"最后一公里"的重要一环,也是推进辅导员专业化职业化发展、提升高校思想政治工作水平的重要保证。[①]部分学者通过借鉴胜任力模型对高校辅导员心理健康教育职责的内在结构进行了分析研究,取得了一系列理论成果,代表成果如表2-1所示。

表2-1　高校辅导员心理健康教育胜任力研究成果(部分)

研究者	高校辅导员心理健康教育胜任力构成	
	二阶因子	一阶因子
李丹,马喜婷	心理问题识别、深度辅导干预、关爱学生、自我效能感,总计4个二阶因子	心理问题识别:实践知识、理论基础、观察判断 深度辅导干预:表达沟通、协同资源 关爱学生:倾听共情、责任认同、亲和包容 自我效能感
陈建文,杨一平	知识、技能、自我概念、特质、动机,总计5个二阶因子	知识:心理学基础、心理辅导、教育学、思想政治、法律、管理学、医学 技能:语言表达、人际沟通、观察与理解、分析与判断、引导与鼓励、移情与体谅、建议与指导 自我概念:自我认识、自尊、自信、自我克制、自我鼓励 特质:善解人意、有爱心、有同情心、有亲和力、宽容大度、有耐心的、情绪稳定的、反应快的、敏锐的、做事有条理的、积极的、理智的、热情的、乐观的 动机:责任心、事业心、上进心、精力充沛、利他观念、服务意识、成就感、职业道德
郑丹丹	知识技能、能力、自我概念、人格特质、动机,总计5个二阶因子	知识技能:知识结构、教育观念、心理辅导技巧 能力:一般能力、特殊能力 自我概念:自我定位、自我效能感、自我监控 人格特质:性格、情感 动机:外在动机、内在动机

---

① 李丹,马喜婷.高校辅导员心理健康教育胜任力研究[J].学校党建与思想教育,2022(6):90.

(3)胜任力模型理论对本研究的启示

在本研究中,高校辅导员心理健康素养的定义涵盖了高校辅导员为胜任心理育人工作所必备的综合能力。胜任力模型理论为高校辅导员心理健康素养研究提供了方法参考。为了使得研究更具有针对性和实效性,本研究采纳了胜任力特征模型构建的经典路线。首先,选择一线辅导员进行个案访谈,其次,在数据收集方法上采用内容分析法和问卷调查法收集数据,最后,通过实证研究方法来检验模型的信效度,确立新时代高校辅导员的心理健康素养模型。

2.积极心理学概况

积极心理学是20世纪末在心理学领域兴起的一股研究思潮。二战后,心理学的主要任务是研究战争带来的心理创伤,治疗心理障碍,以及寻找心理疾病的治疗和缓解方法。可以说,在20世纪,对于心理疾病的关注在心理学中占了主导地位。然而,对于心理疾病的过分重视导致了一系列弊端,其中最为明显的就是缺乏对正常人群的研究,包括对人的幸福、愉悦、成就的研究。这种现象导致了心理学研究的失衡,也使得人们对于心理健康的认识产生了误解,认为没有心理疾病就是心理健康。以美国心理学家马丁·塞利格曼为首的心理学家提出积极心理学的概念后,人们又重新开始关注一些曾经在古代就被谈论起的关于幸福和健康的话题。如果用一句话来定义积极心理学,有人把它定义为研究人类发展潜力和美德等积极心理品质的一门科学。[1]

(1)积极心理学的主要内容

相比较于传统心理学对消极、疾病的关注,积极心理学最基本的假设就是,人们的美好和卓越,与疾病、混乱、悲痛同样都是真实存在的。[2]积极心理学的核心价值在于,它不仅关注心理疾病的治疗和问题的解决,而且致力于探索和促进人类的积极面和美好特质。其主要研究内容包括三个层面:一是主观情绪层面,涉及积极的主观体验,如幸福、愉悦、感激和成就;二是个体特质层面,包括个性力量、天分、兴趣、价值;三是社会支持层面,包括家庭、学校、社区以及社

---

[1] 周国韬,盖笑松.积极心理学与教师心理调适[M].北京:中国轻工业出版社,2012:2.
[2] 刘视湘,朱小茼,贺双燕.团体心理辅导实务[M].北京:首都师范大学出版社,2015:158.

会。积极心理学不仅强调修补功能,更强调积极建设功能,它以积极的价值观来解读人的心理,试图激发人类内在的积极力量和优秀品质,帮助个体最大限度地挖掘自己的潜能并获得美好的生活。[1]

积极心理学从提出至今虽然仅有二十多年的时间,但其影响力已经扩展至教育和管理领域中。有学者根据积极心理学的理念,提出"积极教育"的概念,其主要宗旨是让教育过程成为学生的积极求知过程、让师生获得积极的情绪体验、培养学生积极的人格品质与人生态度。[2]积极心理学与学校教育的融合,适应了新时代教育发展的新要求,即注重对学生积极人格特质的培养和幸福感的提升,教师积极的情感体验和自身价值的实现以及对教师积极品质的挖掘,从而实现教育共同体的构建,为教育发展提供了一种新的研究视角以及行动方案。

(2)积极心理学的研究启示

通过对积极心理学的深入研究发现,积极心理学的基本理论与主张目前已经渗透到教育实践当中。首先,积极心理学不仅为高校辅导员心理健康素养提供了新的研究视角,即摆脱以往仅仅对心理健康素养中心理问题的知晓和识别,还强调了高校辅导员积极心理品质的塑造,尤其是积极人格的塑造,这也是当前积极心理学的研究趋势。其次,积极心理学为高校辅导员心理健康素养研究增添了新的研究内容,即高校辅导员心理健康素养应关注辅导员自身积极心理体验,包括工作价值、主观幸福感、工作满意度等。最后,积极心理学为提升高校辅导员心理健康素养提出了新的方向,即要将高校辅导员的心理健康素养和行为纳入整个社会生态系统进行考察。积极心理学强调,人的积极品质的形成与良好的社会、积极的社区以及积极的组织有一定关系。因此,在进行积极心理研究时,不能忽视这些外部因素。同样,在研究高校辅导员心理健康素养时,也必须积极关注社会文化生态系统的影响。

---

[1] 朱永新,孙云晓.科学,让家庭教育更有魅力[M].长沙:湖南教育出版社,2018:165.
[2] 陈振华.积极教育论纲[J].华东师范大学学报(教育科学版),2009,27(3):31-33.

二、新时代高校辅导员心理健康素养研究的政策依据

近年来,从国家出台的关于高校辅导员队伍建设的政策文件来看,对学生开展心理健康教育,培育大学生的健康心态成为高校辅导员的重要工作职责。心理健康素养逐渐成为新时代高校辅导员开展思想政治教育工作所必备的职业素养。对相关政策进行系统梳理,有利于从宏观上整体把握党和国家对高校辅导员心理健康素养的总体要求。

(一)高校辅导员心理健康教育职责要求的相关政策

本研究主要关注党的十八大以来出台的关于高校辅导员的制度文件。高校辅导员的职责使命与时代发展和实践要求紧密相关,因此对新时代高校辅导员心理健康素养的研究,主要围绕新时代高校辅导员的职责要求进行探讨。

1.高校辅导员心理健康教育职责的相关规定

首先,在2017年9月修订并通过的《普通高等学校辅导员队伍建设规定》中,辅导员的角色定位经历了重要调整。从原先的"辅导员应当努力成为学生的人生导师和健康成长的知心朋友",转变为"辅导员应当努力成为学生成长成才的人生导师和健康生活的知心朋友"。这一变化体现了"两个改变"和"一个不变"。"两个改变"表现为在"学生"后面加了一个限定词,即"成长成才",这凸显了辅导员立德树人的工作职责;将"健康成长"改为"健康生活",这体现出辅导员工作要全程参与、全方位融入,围绕"健康"做好思政文章,以促进学生全面发展。"一个不变"体现在最终落脚点仍然是知心朋友。这要求辅导员不仅要能够对大学生进行思想引领和价值引导,还要能够真正了解和把握大学生的思想特点和成长规律,以便真正地与大学生建立心灵上的联系。

其次,在辅导员的主要工作职责方面,上述文件针对心理健康教育与咨询工作提出了具体要求,即协助学校心理健康教育机构开展心理健康教育,对学生心理问题进行初步排查和疏导,组织开展心理健康知识普及宣传活动,培育理性平和、乐观向上的健康心态。从心理健康素养的角度来分析,这意味着辅

导员须具备维护和促进心理健康的相关知识与技能、识别心理问题的相关知识与技能,以及心理咨询方面的相关知识与技能。

最后,在辅导员应当符合的基本条件方面,上述文件提到了"甘于奉献""强烈的事业心和责任感""为人正直""作风正派"等。从心理健康素养的角度来分析,这意味着辅导员应具有担当奉献、理性正直的人格特征。

2.高校辅导员职业能力标准的相关规定

为进一步推动高校辅导员队伍职业化和专业化建设,教育部在2014年印发了《高等学校辅导员职业能力标准(暂行)》,这是规范辅导员职业发展的第一个正式指导文件。该文件对辅导员职业名称、职业定义、职业等级、职业能力特征、职业知识、职业能力标准等进行了明确规定。其中,在职业能力标准中,该文件指出:"本标准对初级、中级、高级辅导员要求依次递进,高级别包括低级别的要求。"该文件还明确提出了辅导员在心理健康教育与咨询方面的职业能力标准,具体内容如表2-2所示。

表2-2 辅导员在心理健康教育与咨询方面的职业能力标准

职业功能	职业级别	工作内容	能力要求	相关理论和知识要求
心理健康教育与咨询	初级(工作年限1—3年)	(一)协助学校心理健康教育机构开展心理筛查 (二)对学生进行初步心理问题排查和疏导 (三)组织开展心理健康教育宣传活动	能协助心理健康教育机构完成心理筛查的组织实施、能了解大学生的心理特点,熟悉大学生常见的发展性心理问题,掌握倾听、共情、尊重等沟通技能,能够与大学生建立积极有效的师生关系,帮助学生调适一般的心理困扰 能组织开展形式多样的心理健康教育宣传活动,如举办讲座、设计宣传展板等;能组织学生参加陶冶情操、磨炼意志的课外文体活动,提高学生心理健康水平	心理咨询的方法、技巧心理异常的判断标准、原则

续表

职业功能	职业级别	工作内容	能力要求	相关理论和知识要求
心理健康教育与咨询	中级（工作年限4—8年）	（一）心理问题严重程度的识别与严重个案的转介	具备三级心理咨询师资质或具有心理健康教育相关专业硕士学位 能对一般心理问题、心理障碍和精神疾病进行初步识别，了解转介到心理咨询中心或精神卫生医院的适用条件和相关程序	心理问题、神经症、精神病识别知识
		（二）心理测验的实施	能根据工作需要，正确实施各种心理测验量表、问卷，并能在专业人士指导下对结果进行正确解读和反馈	各类测验的功能与使用范围，施测手段
		（三）有效开展学生心理疏导工作	能与求助学生建立良好的信任关系，有效开展心理疏导工作，帮助学生调节情绪	教育心理学基础知识
		（四）初步开展心理危机的识别与干预	能识别大学生心理危机的症状并进行初步评估，能协助专家开展相关的危机干预工作	
		（五）相对系统地组织开展心理健康教育活动	能通过培养心理委员、宿舍长、班干部等方法，培养学生自我管理、自我救助和朋辈互助的能力；能有效设计相对系统的院系心理健康教育整体方案，并能指导学生社团开展形式多样的心理健康教育活动	

续表

职业功能	职业级别	工作内容	能力要求	相关理论和知识要求
心理健康教育与咨询	高级(工作年限8年以上)	总结凝练实践工作经验,深入研究把握心理健康教育的规律,成为心理健康教育专家	具备二级心理咨询师资质 能进行危机评估、实施干预、妥善预后及跟踪回访 能够为学生提供心理咨询服务 在具有影响力的学术期刊以第一作者身份发表5篇以上心理健康教育相关领域学术论文 能够熟练利用理论和实际经验指导辅导员开展心理健康教育工作 能够为高校辅导员提供有效的心理健康教育培训 能讲授心理健康教育公共选修课	心理学相关理论 应用心理学相关理论 思想政治教育心理学相关理论

通过对《高等学校辅导员职业能力标准(暂行)》的梳理可以发现,不论辅导员职业等级处于哪一级别,都要具备相应的心理健康素养,只是在水平上有所差异。从心理健康素养的角度来分析,该文件要求辅导员具备的知识素养包括了解大学生心理健康的标准、心理健康普测的知识、大学生常见心理问题及其表现、心理咨询的知识、心理危机干预流程等;能力素养包括对一般心理问题、心理障碍和精神疾病的识别,了解转介的基本技能,掌握倾听、共情、尊重等沟通技能,掌握心理调适基本方法、心理干预的技能、心理健康宣传与组织能力等。这里需要强调的是,辅导员的心理健康素养与一般心理健康教育教师以及心理咨询教师是有所区别的。辅导员的主要职责应是心理助人工作,更多地扮演心理健康教育的宣传者和协助者角色,发挥日常心理健康教育的预防作用,主要面向的是大多数正常学生群体,而不仅仅是少数心理有问题的学生。在遇到严重心理问题时,辅导员的角色更多是协同参与者和管理者。因此,与心理咨询师、心理健康教育教师相比,辅导员的心理健康素养更具有专业性、发展性、教育性、保障性和激励性等特点。

(二)高校心理健康教育工作的相关政策

党的十八大以来,为全面提升高校思想政治工作质量,建立健全育人体系,增强育人实效性和针对性,教育部围绕高校"心理育人"体系建设出台了一系列政策文件,通过分析这些政策文件,我们可以从另一个角度了解当前高校辅导员应具备的心理健康素养。

1.关于心理育人体系建设的相关内容

2017年,中共教育部党组印发了《高校思想政治工作质量提升工程实施纲要》。该文件明确提出构建"心理育人"体系,并将其纳入"十大育人"体系中进行一体化构建,其主要内容包括加强知识教育、强化咨询服务、加强预防干预、完善工作保障四个方面。结合辅导员心理健康素养,辅导员要胜任这些工作需要具备相应的知识、能力、态度及健康人格,同时,应从促进心理健康和预防心理疾病两个方面构建工作框架。在心理健康促进方面,辅导员必须掌握扎实的心理健康知识,以确保心理健康教育的普及与宣传。在能力方面,辅导员不仅需要具备一般的心理健康活动组织、宣传以及协调能力,还需要具备维护大学生身心健康的心理保健能力。在心理疾病预防方面,辅导员应能构建有效的心理预警系统,定期对学生进行心理健康筛查,及时实施心理危机干预,并完善干预方案,以便及时识别并转介学生的心理问题。

该文件还明确指出,心理育人质量提升体系要坚持育心与育德相结合,加强人文关怀和心理疏导,着力培育师生理性平和、积极向上的健康心态,促进师生心理健康素质与思想道德素质、科学文化素质协调发展。这要求辅导员自身必须拥有健康的心态,并通过个人的人格魅力去感染学生,影响学生。

2.心理健康教育工作的指导纲要

2018年,中共教育部党组印发了《高等学校学生心理健康教育指导纲要》。该文件进一步明确了心理健康教育的重要地位,将其作为高校人才培养体系的重要组成部分以及高校思想政治工作的重要内容。从总体目标来看,该文件指出:"心理健康教育的覆盖面、受益面不断扩大,学生心理健康意识明显增强,心理健康素质普遍提升。常见精神障碍和心理行为问题预防、识别、干预能力和水平不断提高。学生心理健康问题关注及时、措施得当、效果明显,心理疾病发生率明显下降。"从基本原则来看,心理健康教育要实现"四个结合",即科学性与实效性相结合、普遍性与特殊性相结合、主导性与主体性相结合、发展性与预防性相结合。该文件的出发点就是为了能够切实推动高校思想政治工作体系建设,进一步提升高校整体心理育人质量,促进学生全面健康发展。从主要任务来看,心理健康教育主要是推进知识教育、开展宣传活动、强化咨询服务、加强预防干预。从队伍建设来看,各高校要建设一支以专职教师为骨干、以兼职教师为补充,专兼结合、专业互补、相对稳定、素质良好的心理健康教育师资队伍。该文件特别谈到要重视对班主任、辅导员以及其他从事高校思想政治工作的干部、教师开展心理健康教育知识培训。从组织管理来看,各高校要将心理健康教育纳入学校改革发展整体规划,纳入人才培养体系、思想政治工作体系和督导评估指标体系。

总体而言,该文件明确了心理健康教育与思想政治工作的内在关系,尤其是对于高校辅导员而言,提升心理健康素养是做好大学生心理健康教育的前提,也是做好大学生思想政治教育工作的基础。

3.关于高校学生心理健康素养的相关要求

(1)《关于加强学生心理健康管理工作的通知》

2021年,为进一步提升学生心理健康素养,教育部办公厅发布了《关于加强学生心理健康管理工作的通知》。该文件明确提出要加强源头管理,全方位提升学生心理健康素养。这表明心理健康素养已经成为学校心理健康工作的重要组成部分。该文件从源头、过程、结果以及保障四个方面对加强学生心理健康管理作了具体规定。在源头方面,主要包括加强心理健康课程建设,大力培育学生积极心理品质,及早分类疏导各种压力,增强学校、家庭和社会教育合力。在过程方面,主要包括做好心理健康测评工作、强化日常预警防控、加强心理咨询辅导服务。在结果方面,主要包括大力构建家校协同干预机制、积极争取专业机构协作支持、妥善做好学生突发事件善后工作。在保障方面,主要包括配齐建强骨干队伍、落实场地和经费保障。

针对配齐建强骨干队伍,从辅导员心理健康素养提升方面来看,该文件指出:"加大心理健康教育培训力度,对新入职的辅导员、研究生导师开展心理健康教育基本知识和技能全覆盖培训,对所有辅导员每3年至少开展1次心理健康教育专题培训。"从辅导员的学历支持来看,该文件指出:"支持辅导员攻读心理学相关专业第二专业硕士学位,适当增加思想政治工作骨干在职攻读博士学位专项计划心理学相关专业名额,为一线思想政治工作队伍提升心理健康教育专业化水平创造更好保障。"

总体而言,该文件体现出了三个突出特点:一是将心理健康素养作为维护学生心理健康的重要内容;二是相关措施符合心理健康素养提升的一般规律,注重以培育学生积极心理品质为主,面向大多数学生开展心理健康素养的提升工作,措施具有实际可操作性;三是注重协同、融合、贯通,有效构建社会支持体系,推动心理健康素养提升。

(2)《全面加强和改进新时代学生心理健康工作专项行动(2023—2025年)》

2023年,为认真贯彻党的二十大精神,贯彻落实《中国教育现代化2035》《国务院关于实施健康中国行动的意见》,全面加强和改进新时代学生心理健康工作,提升学生心理健康素养,教育部等十七部门联合印发了《全面加强和改进新时代学生心理健康工作专项行动(2023—2025年)》。该文件明确提出要提升学生心理健康素养。

从指导思想来看,该文件明确了党的二十大后,要坚持以习近平新时代中国特色社会主义思想为指导,全面贯彻党的教育方针,坚持为党育人、为国育才,落实立德树人根本任务。同时,该文件提出要坚持健康第一的教育理念,切实把心理健康工作摆在更加突出位置,统筹政策与制度、学科与人才、技术与环境,贯通大中小学各阶段,贯穿学校、家庭、社会各方面,培育学生热爱生活、珍视生命、自尊自信、理性平和、乐观向上的心理品质和不懈奋斗、荣辱不惊、百折不挠的意志品质,促进学生思想道德素质、科学文化素质和身心健康素质协调发展。

从主要任务来看,该文件提出通过加强心理健康教育来帮助学生提升心理健康素养,如结合大中小学生发展需要,分层分类开展心理健康教学,关注学生个体差异,帮助学生掌握心理健康知识和技能,树立自助、求助意识,学会理性面对困难和挫折等。该文件还对建强心理人才队伍作出了具体规定。从提升人才培养质量方面来看,该文件规定:"支持高校辅导员攻读心理学、社会工作等相关学科专业硕士学位,适当增加高校思想政治工作骨干在职攻读博士学位专项计划心理学相关专业名额。"从畅通教师发展渠道方面来看,该文件规定:"面向高校辅导员面向中小学校班主任和少先队辅导员、高校辅导员、研究生导师等开展个体心理发展、健康教育基本知识和技能全覆盖培训,定期对心理健康教育教师开展职业技能培训。多措并举加强教师心理健康工作,支持社会力量、专业医疗机构参与教师心理健康教育能力提升行动,用好家校社协同心理关爱平台,推进教师心理健康教育学习资源开发和培训,提升教师发现并有效处置心理健康问题的能力。"

该文件的最大特色在于视野广,思路新,格局大。视野广体现为健全多部门联动和学校、家庭、社会协同育人机制,聚焦影响学生心理健康的核心要素、关键领域和重点环节,补短板、强弱项,系统强化学生心理健康工作。思路新体现为统筹大中小学的一体化推进,通过五育并举来育心,不断优化社会心理服务体系,营造良好健康氛围,提升人们的心理健康观念,以实际行动促进学生全面发展。格局大体现为将心理健康素养提升纳入社会主义现代化建设进程中,从培养担当民族复兴大任的时代新人高度来看待学生心理健康素养提升,将学生心理健康教育贯穿德育思政工作全过程,融入教育教学、管理服务和学生成长各环节,纳入"三全育人"大格局。

三、新时代高校辅导员心理健康素养的个案访谈

个案是一种能够清晰界定研究对象和内容的分析单元。通过深入细致地探索这些个案,研究者能够达到理论构建的目的。近年来,个案研究方法也被广泛引入思想政治教育领域,学者们利用这一方法对思想政治教育现象开展了

深入研究。本节内容主要通过个案访谈的方式,对高校辅导员的心理健康素养进行深入探索。

(一)研究设计

本研究采用目的性抽样方法,选取具有代表性的高校辅导员进行深入访谈。依据前期对高校辅导员心理健康素养结构、特征以及影响因素等研究结果,研究者于2021年12月至2022年1月期间,从重庆市某高校选取了6名辅导员作为访谈对象。为了确保个案访谈的科学性和规范性,提高信度和效度,本研究主要通过以下方式进行:首先,创设良好的访谈氛围,确保整体轻松愉悦,以鼓励和支持受访者积极回答问题,分享他们的观点;其次,对同一问题采取多角度的资料收集方式,比如在探讨影响高校辅导员心理健康的因素时,通过询问影响他们心理健康的具体事件以及他们处理过的极端情况来进行深入分析;再次,在访谈过程中注意围绕提纲,但不拘泥于提纲,并根据访谈对象不同进行灵活调整;最后,在分析资料时,综合运用情境分析和类属分析方法,将分析与归纳相结合,力求使研究结果更贴近受访者的实际情况。

(二)访谈过程

在征得受访者同意的情况下,研究者向其说明访谈的目的、过程和要求后,开始开展个案访谈。研究者结合访谈提纲所列的问题,主要涉及对心理健康素养的认识、对自身心理健康状况的评价、对心理有问题学生的识别与态度、对心理健康素养提升的认识等内容,与受访对象一一展开问答。与每位受访者的访谈时间大约为40—50分钟,访谈地点为受访者所在学院的办公室,并在征得受访者同意的情况下进行录音。在访谈过程中,研究者尽量创设轻松、愉快的谈话氛围,降低受访者的拘谨和阻抗,使受访者能够轻松、愉快、自如地表达自己的观点;尽量使用通俗、生活化的语言,使受访者充分理解问题。在受访者出现遗漏或表述不清晰时,研究者应耐心倾听并及时澄清和确认信息,必要时给予提示或补充,以保证访谈信息的准确性。在必要的情况下,研究者还可以就收集到的信息,向受访者进行求证。另外,受访者有权因任何原因拒绝或中途退出;受访者在访谈过程中如果出现情绪困扰,研究者应对其进行情绪疏导和提供心理支持。个案访谈结束后,研究者还应对受访者的参与表示真诚感谢。

(三)访谈对象

本次个案访谈的对象选取自重庆市某教育部直属综合性大学的一线辅导员,受访对象包括了不同的性别、年龄、工作年限、专业背景等,基本情况如表2-3所示。

表2-3　个案访谈对象的基本情况

代号	性别	年龄	工作年限	专业背景	职称	所带学生人数	是否获得过校级及以上优秀辅导员称号
A	女	33岁	8年	教育学	讲师	232人	否
B	男	33岁	7年	分析化学	讲师	340人	是
C	女	32岁	4年	戏剧与影视学	讲师	212人	是
D	女	30岁	6年	交通工程	讲师	160人	是
E	女	28岁	3年	公共关系学	讲师	229人	否
F	男	32岁	6年	马克思主义中国化研究	讲师	310人	否

(四)访谈记录

1.高校辅导员对心理健康素养的认识

高校辅导员心理健康素养包含了对心理健康的认识和标准的把握。在问到"您对心理健康素养是怎么理解的?"时,受访者A认为:"心理健康素养就是不论遇到什么事情都能保持一种比较稳定的情绪状态的能力。同时,心理健康素养能够使人保持一种开放的心态,愿意向别人求助,进而达到自己跟外界的一种平衡。"受访者B认为:"我觉得心理健康素养就是一种你明明知道前面有很多困难,但是你没有任何畏惧感,也没有任何的压力感,反而满怀期待或信心十足。"受访者 D 认为:"与人的个性相关,表现为积极向上的状态,能够清醒地认识自己,能够协调自身。"由于采访的辅导员都不是心理学专业背景,所以从主观经验来看,大家普遍认为,心理健康素养是一种能力,是一种能够平衡,适应稳定状态的能力。

当进一步问到"您认为心理健康素养的标准是什么?"时,受访者 E 认为:"首先个人意识应该是主流的,至少不应该是反社会的,要有比较理智的判断,而不是偏激的,与人交往是能够融入集体的,具备一定的社交能力,总而言之,就是能够进行自我调节!"

从整体来看,辅导员对心理健康素养有一定的认识,但是对于心理健康相关的知识掌握得不够系统和全面,他们仅仅凭借工作经验和个人主观认识来判断什么是心理健康。

2.高校辅导员对自身心理健康状况的评价

高校辅导员心理健康素养包含对自身心理健康的认知和觉察。在问到"如果心理健康状况满分是 100 分,您愿意给自己目前的心理健康状况打多少分?"时,受访者 A 回答:"觉得自己目前压力比较大,能够给自己打 70 分。"受访者 C 回答:"觉得可以给自己打 70—75 分,主要扣分项目还是在于自己非常容易着急,尤其是在遇到事情时,会很急躁,这种急躁给自己带来了情绪问题。"受访者 D 回答:"觉得自己目前的状况在 70—80 分之间。"受访者 F 回答:"觉得自己目前心理健康状况,就是及格多一点,70 分左右吧。"

研究者发现,大多数辅导员对于自己目前的心理健康状况评分在 70 分左右,反映出辅导员目前心理健康状况总体比较好,但是也存在一些不良因子影响着辅导员心理健康。

3.压力对高校辅导员心理健康的影响

诸多研究都表明影响辅导员心理健康状况的主要因子是来自工作环境与工作压力。在问到"您觉得哪些事情会影响您的心理健康状况?"时,受访者更多指向了工作中存在的各种压力。

受访者E："有一段时间看什么事情都比较消极，然后就是一个人待着待着就哭了，开车回家的路上也哭，就是毫无征兆。这种状况差不多持续了半个月，后面就没有再发生过了。"

研究者："能不能说说具体情况？"

受访者E："当时是刚开学，面临着同学们返校教育，又正好赶上筹备学院的评优评奖工作，同时我负责的一个学生又出现了心理问题。在发现学生有心理问题之后，我带他去了重庆市精神卫生中心，并与家长进行了沟通。那一段时间事情比较多，且每件事情都比较重要。另外，领导对我的期望很高，我自己也堆了很多事，加之自我施加的压力，导致神经比较紧张，觉得没有自己的空间，整天都忙碌于工作。"

有受访者谈到，与同事的人际关系也会影响辅导员心理健康状况。如受访者E："与领导之间因为工作磨合，还由于存在年龄的差距，做事情的方式不一样，有的时候做事时，领导跟自己的认知和观念有一定的冲突，自己就会不太高兴，然后又要说服自己按照领导的方式来做，就会感到很痛苦。"

还有受访者谈到，受外在环境影响，工作量增加，导致自己身心俱疲。如受访者F："学院在2020年党政领导全部更换，所以有很多工作头绪需要理顺。学院本科教务工作老师，年龄较大，还要分担一部分教务工作，整体感觉身心疲惫。"

除此以外，还有辅导员谈到工资收入、个人职业成长等也会带来很大压力。如受访者F谈道："工作这么多年，在学校各个学院之间，辅导员收入差距还是有一些的，尤其是和我们专业背景相似的学院，辅导员工作量都差不多，但是收入却有一些差别，这个不会影响我的工作，但是会影响我的心情。"受访者B谈道："目前感觉最大的压力，不是来自领导对自己的工作要求，而是来自自身。我感觉自己在职业方面的成长进步空间不大，尤其是在工作了六七年之后，开始有点职业本领恐慌。然而，我感觉自己目前得到的支持不多，进步空间也不大，这无疑增加了我的压力。"

高校辅导员心理健康素养受到多种因子影响,既有外在环境,包括工作和生活压力,也有个人主观因子的影响,包括对于工作压力的认知和个人心理健康状况等。可以看出,辅导员群体虽然遭受巨大压力,但是都具有一定心理韧性,能够理性看待各种压力,有意识进行调节,从而保持心理健康。

4.高校辅导员对有心理问题学生的识别与态度

早期的心理健康素养研究,关注的是心理问题识别的相关知识与信念。高校辅导员在助力学生成长过程中,会重点关注学生的心理健康,尤其是要识别不同学生的心理问题,并进行及时处置,这也是高校辅导员必备的心理健康素养之一。研究者通过问题"在日常生活中,您是怎么发现有心理问题的学生的?"来了解高校辅导员是否具备识别心理问题的相关素养。

受访者A:"目前,我所带的学生中存在各种心理健康问题,包括从短期的情绪波动到中度甚至重度抑郁症,乃至精神疾病。这些问题一般是通过学校开展的心理普测结果来筛查发现。通过其他同学的反馈也是一种发现途径,但是这种方式有时候不是很严谨。另外,我还会依据学校心理咨询中心提供的信息,学生在宿舍的直接表现,以及他们主动向我倾诉的情况,来发现并关注学生的心理健康状况。"

受访者B:"我在给学生上形势与政策课或者就业指导课的时候,就会在课堂上观察每一个学生的状态,如果上课的时候,学生是那种发愣或者走神的,而且是长时间的状态,那我就会重点关注。此外,我也会定期走访学生宿舍,观察学生与寝室同学相处的关系以及和我谈话时所表现出的状态,以判断他们是否存在独来独往的情况。再就是学生会主动和我进行沟通和聊天,直接展现自己的情绪。比如,昨天有个学生给我发消息说,感觉自己很累。这时我就会主动询问她原因,她就会向我倾诉昨天考完试后无缘无故落泪的经历。面对这类情况,我会进行评估,以确定学生是否存在自伤或伤害他人的倾向。"

受访者C:"我跟学生聊天比较多,会邀请学生来我办公室里面聊天或者给他们创设一个比较舒适的环境,在那里他们可以打游戏或者聊八卦。通过这些交流,我能够更好地了解学生的情况。同时,我也会跟学院的学生干部聊天,以便掌握更多相关的信息。"

受访者D:"学生的心理问题发生往往都有个时间节点,比如,在准备考研的时候就很容易爆发心理问题,还有开学以及期末考试的时候,从季节来看,春秋两季最容易产生心理问题。"

大部分辅导员都有自己识别心理问题学生的方法和经验,这些方法和经验既有相同点,也有不同点。相同点包括通过心理咨询中心的反馈来识别有心理问题的学生,通过日常主动交流来掌握学生情况,以及通过班委和班上同学的反映来关注学生情况。而不同点在于每个辅导员由于个人喜好和工作方式不同,会重点选择不同的方式来判断学生心理问题,比如,有的辅导员会根据自身工作经验在课堂中去和学生交流,有的辅导员会深入宿舍当中,还有的辅导员喜欢与学生打成一片并通过日常交往来了解学生情况。不管是哪一种方式,在实际工作中,辅导员都要具备识别心理问题的相关素养。一些辅导员分享了他们处理心理危机事件的经历,这表明具备识别心理问题的素养对于辅导员及时处置危机事件至关重要。

当进一步问到"您是否会害怕或不愿意接触有心理问题的学生?"时,受访者都表示不会害怕而且愿意去帮助学生。

受访者C:"其实面对有心理问题的学生,我们和家长的态度是一样的,家长希望孩子们能够健康快乐成长,我们也希望学生能够健康快乐成长。能够帮助到学生,看到学生恢复正常,我们其实是非常开心的,所谓的成就感,对于我来讲就是能够挽救学生。"

受访者E:"我们肯定不会嫌弃学生,但是我们并非完美无缺。有时候遇到那种棘手的事情时,需要反反复复去做工作,而效果可能也不是很明显,难以改变学生的一些想法,这可能会让我们产生一些畏难情绪,也会让我们有挫败感,感觉问题怎么还没解决好。我觉得产生这些情绪是很正常的。"

受访者F:"我之前的一个学生,有割腕的行为,而且从大一就开始了。这个孩子家庭条件不好,然后当时为了保证她的安全,我就让她来我家,当她发病的时候,我自己会陪着她,也没有感到不舒服。"

具有助人的态度以及行为是心理健康素养的重要内容。心理健康素养不仅是帮助人们维护自身的心理健康,还在于能够帮助他人,消除病耻感和污名,让公众接受和正确对待心理疾病。在访谈过程中,由于辅导员的育人职责,辅导员对于有心理问题的学生的态度更多是包容和关怀。或许是辅导员经常与有心理问题的学生打交道,能够产生共鸣,因此他们更倾向于提供帮助和支持。

5. 心理危机事件对高校辅导员心理健康素养的影响

对于高校辅导员而言,处理心理危机事件可以算作高校辅导员工作中最大的挑战之一。大学生心理危机事件往往具有突发性、危险性等特征,如果辅导员没有进行及时干预和处置会造成严重的后果,心理危机事件的爆发和处置往往需要一个较长周期,辅导员在处置过程中,会感到身心俱疲,给自己身心健康造成一定伤害。在访谈过程中,当问到"请问从事辅导员工作以来,您是否帮助过一些有心理问题的学生?"时,部分辅导员分享了他们处理过的极端心理危机事件以及这些事件对他们产生的影响。

受访者B:"我曾经有个学生有重度抑郁,这个学生的病情具有隐蔽性,时好时坏。在发现他的状况后,我与学校心理咨询中心进行了沟通。学校心理咨询中心的反馈建议是尽快与家长联系,并带学生前往精神卫生中心接受诊断。在与家长取得联系并征得他们的同意后,我陪同这位学生前往了精神卫生中心。诊断结果是,院方要求赶紧住院,但是学生有很强的病耻感,不想住院。经过与学生家长的协商,最终决定办理休学手续,让学生回老家休养。然而,这个学生就在走的当天晚上,从寝室楼上一跃而下。我当时目睹了全过程,对我造成了极大的冲击。当时学校建议我也去做心理干预,但我觉得自己还好。尽管如此,这件事确实耗费了我大量的心理能量,它令人筋疲力尽。虽然我很快就恢复了过来,但是这个事件对我产生了深远的影响。这个事情过后,我自己也进行了深刻的反思,对于如何处理类似情况、如何介入以及如何预防,我都积累了宝贵的经验。"

在此个案中,受访者B在回顾整个心理危机事件的处理过程时,特别指出,在危机识别阶段,他意识到如果自己拥有足够的心理健康素养,或许能够及时地识别并应对,从而导致结果可能会有所不同。特别是考虑到学生的各种行为具有很强的隐蔽性,需要综合运用多种判断方法才能进行精准干预,他认识到自己在处理危机时的心理健康素养还不够,因此在危机事件的应对上未能做到及时和有效。

受访者A:"在应对心理危机事件,如学生安全事故、家庭遭受重创时,自己会不自觉地感同身受,与学生共情,就会感到很难过,因此需要进行自我疏导。"

受访者C:"自己当时刚刚入职不到一年,有一个女学生因情感纠纷与男友发生争执。她背着书包,搭乘了清晨的航班前往深圳,并在下午通过朋友圈告别。得知这一情况后,我几乎要崩溃了。她的母亲给我打来电话,其他同学也向我报告了这一紧急情况。我立刻开始四处寻找,无果后选择报警。警方通过调查后发现,她一大早就飞往了深圳,我随即联系了深圳警方,甚至拨打了深圳市市长热线。由于我当时刚步入职场,感到非常害怕,我非常清楚地记得在派出所做笔录时,我的手不停地在抖。最终,我们通过打开女学生的电脑联系上了她的男友,并通过他才找到了这位女学生。当时她已经服用了大量安眠药,男友迅速带她去医院洗胃,这才算解决了这一危机。"

在此个案中,受访者C在回顾整个心理危机事件的处理过程时,特别指出:"自己当时由于缺乏工作经验,没有能够提前对问题学生进行预判。其实当时这个学生在上课的时候就表现得不正常,我把她叫到办公室还进行了谈话,她说是和男朋友分手了,当时我只是单独安慰她了几句,后面这个学生就自己走了,现在想想,就是因为自己缺乏经验。"从受访者C的反思中可以看出,辅导员在处理类似事件时,具备一定的心理健康知识可能会极为有益。

在访谈过程中,当谈到自己处置的心理危机事件时,所有辅导员都能够清晰地回忆起整个过程,以及当时自己的情绪和状态。由此可见,在帮助学生处理心理危机事件的过程中,辅导员自身也可能会遭受心理创伤,这对他们的心理健康同样产生了影响。这种心理创伤的恢复会根据辅导员自身心理健康素养水平的不同,而表现出差异性,这种差异性值得研究者进一步关注和思考。

6.情绪调节对高校辅导员心理健康素养的影响

心理健康维护的态度及方法是心理健康素养的重要内容。近几年,随着研究的深入,越来越多学者认为,心理健康素养应该摆脱早期的疾病应对模式,而应该更多地面向日常生活,不断提升个人的适应能力,促进和维护自身以及他人的心理健康。对于高校辅导员而言,提升心理健康素养,最为直接的是在观念上要摆脱病耻感,增强求助意愿,提高心理健康服务资源利用率,在方法上则要掌握维护心理健康的策略。研究者通过问题"当心情不好时,您是否会主动进行调节?"来了解高校辅导员心理健康维护的态度及方法。

受访者 A:"在遇到心情不好的时候,自己会明显地感觉到,然后也会有意识地进行自我调节。最常用的方式是找办公室同事进行倾诉,但是不会和领导说。以前我会向家人倾诉,但发现这样做有时会让他们更加担心,因此我就不愿意再这样做了。我觉得辅导员工作更多是把希望寄托在学生身上。对于我来说,让自己放松的方式就是做自己喜欢做的事情,把希望寄托在自己身上。"

受访者 C:"当工作中遇到较大压力时,我会有意识地进行自我调节,最常用的方式就是转移注意力。我有时候会给自己心理暗示,跟自己说辅导员只是我的一个角色,在白天我会扮演这个角色,我会着急,会焦虑。当我不是这个角色的时候,我会把这个情绪还给辅导员,暗示自己回家后就不要再焦虑。回家后,我更喜欢通过做家务的方式来缓解自己的工作压力,我觉得整理家务的过程,其实就是一个和自己心灵进行对话的过程,家里有些东西比较乱,在整理过程中心情就会平静下来。东西归置好了,自己的心情也就好了。做家务是我放松心情的一种方式。"

受访者 F:"一般工作压力较大时,我通常会选择利用假期,比如寒暑假,去其他地方生活一段时间。比如,去年,我就去了深圳,在那里待了一段时间,并帮助朋友处理了一些事务。在新的环境中,我感到更加轻松自在,尤其是海边的景色让我心情愉悦。另外,我最常用的方式一般是转移注意力,并给自己一些积极的心理暗示。同时,我还会告诉自己要辩证地看待问题,无论是工作角色还是生活角色,重要的是不要对自己过于苛刻。"

当进一步问到"您是否愿意找心理咨询师或者去医院？"时，受访者A谈道："还是愿意去找朋友倾诉，不愿意去做心理咨询，一方面害怕隐私泄露，另一方面是感觉被其他人知道会让别人觉得我比较脆弱，质疑自己工作能力。还有就是，我平时也会给学生做一些咨询，但是感觉心理咨询有时候不能帮助学生解决问题，有一种无力感。所以我还是选择去找朋友和同事倾诉。"类似的态度也在其他受访者的访谈中有体现，如受访者D："觉得心情不好的时候，没必要去做心理咨询，朋友就可以帮你解决。"

受访者C："我在高中的时候焦虑过，所以我去看过心理医生。现在除非是自己无法解决，实在坚持不住了，我才会去找心理医生。"

在访谈过程中，大多数辅导员表示他们不愿意去做心理咨询，除非遇到自己确实无法解决的心理问题才愿意去。同时，他们也表达了对隐私泄露的担忧，以及担心同事知晓后可能带来的负面影响。但是，也有辅导员主动谈到想要去做心理咨询，如受访者E："我觉得学生出现心理问题，可以去找学校心理咨询中心做咨询，但是谁来关心我们辅导员的心理健康呢？辅导员经常面对一些学生的不良情绪，我们在接纳他们的情绪时，也会影响我们自己的情绪状态，辅导员身上的正能量，有时候也会被耗尽，我们也需要吸取正能量。"

当再进一步问到"如果学校开设了针对教师的心理健康咨询，您是否愿意去？"时，受访者E表示："学校开设了针对教师的心理健康咨询，自己还是感觉不太方便，感觉很尴尬，都是同事，害怕隐私问题。如果是校外的话，就愿意去。自己也曾想去找一个校外的心理咨询。我曾经考取过心理咨询师资格证，也了解到过国外心理咨询服务是非常普遍的，即使没有遇到突发的紧急情况，其实日常也可以做心理咨询。"

在访谈过程中可以发现，辅导员对心理咨询的态度直接关系到心理服务资源的可及性和利用率。大家普遍认为，心理咨询是在心理出现问题且自己不能解决的时候，才会去做心理咨询。但是，如果辅导员曾经参加过心理咨询培训或者自己亲身去做过心理咨询，那么辅导员对于心理咨询服务的态度就会发生改变，也会影响辅导员对这些资源的利用率。

在访谈过程中,大部分辅导员表示,在遇到工作压力或者情绪不佳时,他们会主动进行自我调节。然而,他们调节情绪的方式主要依赖于个人喜好,如做自己喜欢的事情,通过转移注意力,与同事、朋友进行诉说,寻求家庭支持等。由此可以看出,情绪调节和领悟社会支持对辅导员心理健康素养具有重要影响。

7.高校辅导员对心理健康素养提升的认识

在访谈过程中,辅导员都觉得提升自身的心理健康素养是非常有必要的。通过问题"您是否会在生活中主动学习心理健康的相关知识?"和"您最近几年是否参与过心理健康教育培训?效果怎么样?您认为心理健康教育培训多久开展一次比较合适?"来了解辅导员提升自身心理健康的方法路径。

受访者A:"以前在上学的时候,学习过心理学的相关知识,但是工作后反而没有进行主动关注,更多是依靠工作经验。2019年参加过一次学校组织的关于心理危机论坛,2021年参加过学校组织的心理健康教育论坛,感觉还是有一定效果的。我觉得关于心理健康教育培训一年一到两次比较合适。"

受访者B:"我参加过学校组织的心理健康方面的培训,感觉这次培训不构成体系。我平时也会主动买一些相关方面的书籍,包括心理学专业方面的书籍,但是由于时间和精力原因有些书籍没有看完。我自己还会去慕课上找一些心理学的课程,但是感觉课程内容都比较零碎。尤其是在经历了一系列心理危机事件之后,我会主动去学习和接触心理学方面的内容。"

受访者C:"我平时会主动看一些关于心理健康方面的书籍,很少去关注朋友圈或者微信公众号中关于心理健康方面的内容。最近几年我有去参加过相关心理健康教育的培训,这些培训都是关于如何帮助学生的,而对个人的心理健康的培训却寥寥无几。我觉得有些培训可操作性不强,应该多传授一些实用技能,如如何帮助学生缓解紧张和焦虑情绪,如何有效应对学生心理危机事件,以及如何做好家校沟通等。目前,针对辅导员的系统学习途径仍然不足,学校举办的心理健康知识和技能培训都是零散的。"

受访者D:"我平时对心理健康方面的内容关注比较少。但是我觉得辅导员非常有必要参加关于心理健康教育方面的培训,至少一学期一次。据我了解，很多辅导员在心理健康教育方面缺乏相应的素养。你可能知道学生有问题，但是不知道怎么去帮助他。我觉得辅导员最重要的是要具备一定的洞察力，清楚知道学生想要什么。除此之外，对待学生的态度也非常重要。"

受访者E："我觉得针对辅导员的心理健康讲座培训，应更加注重其实际操作性，引入生动的案例分析，这样在遇到类似情况时不至于错过一些时机造成无法挽回的结果。我觉得高质量的培训大概一学期一次就可以了。"

受访者F："我近两年没有参加过学校组织的关于心理健康方面的培训，但是平时自己会注意这方面的内容。从我个人角度来看，我觉得有些培训学不到很多实质的内容。我觉得要提升辅导员心理健康素养，最应该做的就是学校应该做好顶层设计，要关注辅导员这个群体的健康成长。"

（五）结果讨论

本研究聚焦高校辅导员心理健康素养的现实表现、影响因素、维护与促进、心理问题的识别与干预、心理健康素养提升等内容。本研究不仅对相关内容进行了考察和记录，还对获取的信息资料进行初步整理和归类，为进一步分析高校辅导员心理健康素养结构以及现状等奠定了基础。

1.高校辅导员对心理健康素养的认识存在偏差

由于个体的专业背景、工作年限、性格特征、工作环境的差异，使得参加访谈的辅导员的心理健康素养出现了一定的个体差异。明志君等人认为，国内无论是心理健康知识知晓率，还是心理健康素养水平，虽有提升的趋势，但整体水平仍然偏低。[1]在访谈过程中发现，辅导员们对心理健康素养的认识，主要将其归纳为一种能力，即认为能够帮助学生维护心理健康以及能够维持自身心理健康状态的能力。另外，还有的辅导员将心理健康素养与心理健康混为一谈，认为心理健康素养就是个体保持心理平衡，能够做到自我协调。这表明，当前对高校辅导员心理健康素养研究还存在认识上的误区，普遍缺乏对心理健康素养与心理健康之间差异的清晰界定。

---

[1] 明志君，陈祉妍.心理健康素养：概念、评估、干预与作用[J].心理科学进展，2020,28(1):2.

2.高校辅导员心理健康知识素养分析

在访谈过程中发现,高校辅导员对心理健康知识的知晓率并不是非常高,6名受访者当中,仅有受访者A和E有着相对明确的认知,另外4人则对心理健康的认识相对比较模糊,仅仅是依靠自己生活和工作经验进行判断。目前已经有研究证明,心理健康知识对于心理健康有一定影响,且心理健康知识知晓率与心理健康呈现正相关。[①]除了掌握心理健康维护的相关知识,高校辅导员还经常需要应对学生面临的各种心理问题。因此,有效地了解和掌握各类心理问题及其相关知识,洞察心理问题的成因及其影响,对于高校辅导员在开展心理育人工作方面是至关重要的。除此以外,高校辅导员还要具备心理咨询以及心理危机事件处置的相关知识。通过对访谈内容进行分析可以发现,如果辅导员对心理咨询的知识掌握得较为全面,在面对学生的心理健康问题时,辅导员就会表现得更自信和从容,并能够最大限度地帮助学生处理心理问题。同时,对心理危机事件知识的了解越全面,辅导员在面对危机处置时越能够科学有效,并在处理心理危机事件的过程中越能够保持冷静和理性。

3.高校辅导员心理健康技能素养分析

在访谈过程中发现,具备心理问题识别能力的辅导员都能够及时发现大学生存在的心理问题,能够进行有效干预和处置,这对学生的治疗和康复具有积极影响。如果辅导员在心理问题识别方面的能力不足,就会造成大学生心理问题得不到及时关注,进而有可能导致严重的心理危机。在访谈过程中,受访者B和C都曾谈到由于没有及时发现学生的心理问题,没有进行有效干预,最终演化成了心理危机事件。

除了识别心理问题的技能之外,掌握维护心理健康的技能也非常重要。在访谈过程中,辅导员普遍能够进行自我调节。当面对工作压力时,他们能够察觉到自身情绪状态,进而寻求人际支持,有的还会进行心理暗示,比如,受访者C分享了她在工作之余如何通过有效的心理暗示来调整角色,以便更好地融入家

---

① 张茜,潘芳.中学生心理健康状况与心理健康知识知晓度的关系[C]//中国心理学会.第二十一届全国心理学学术会议摘要集.济南:山东大学基础医学院医学心理学系与伦理学系,2018:56-57.

庭生活,从而减轻压力。

总体来看,辅导员对心理健康维护的技能素养掌握不够深入和全面,更多是根据个人经历应对心理问题,缺乏有效的心理问题识别与应对以及维护心理健康的技能。

4. 高校辅导员专业性心理求助意愿分析

在访谈过程中发现,辅导员群体对心理有问题的学生表现出较低的污名化态度,以及较强的助人意愿。其主要原因可能是作为高校育人主体,辅导员的职责要求其应努力"围绕学生、关注学生、服务学生"。不论是帮助有严重心理问题的学生,还是处置心理危机事件,辅导员对学生的态度始终是希望能够帮助其尽快摆脱困境,实现健康成长。而对自身的态度,包括心理疾病的病耻感以及求助于专业服务机构的态度,辅导员群体中则出现了分化。部分辅导员对自身心理问题的专业求助意愿很低,尤其是对于参加心理咨询,他们害怕隐私泄露,也害怕被别人知道,这似乎表明辅导员对心理咨询持有某些不合理的信念。另外,还有部分辅导员也指出,当前心理服务资源不够便利,他们有时候想去做心理咨询,却发现社会上能够寻找到的资源不多,加之个人收入的限制,他们认为,做心理咨询需要一定的财力和精力。这也表明,心理服务资源的利用率与心理服务资源的可及性、便利性有一定的关系。

5. 高校辅导员心理助人意愿分析

在访谈过程中发现,辅导员在开展心理育人工作时,经常会遇到各种各样的心理问题。在进行心理帮扶的过程中,辅导员都表现出较强的奉献精神。比如,受访者D在面对有自残倾向的学生时,经常与学生保持交流,并在学生发病时一直守护在身边,甚至为防止学生自伤而将其邀请到自己家中,用温暖与关怀来帮扶学生。辅导员还都具有较强的担当精神,在面对工作中的各种挑战和困难时,都能够迎难而上。在助人的过程中,他们始终进行耐心帮扶和指导,表现出较强的责任意识。辅导员的职业人格是辅导员开展心理育人工作的重要前提,也是辅导员心理健康素养结构中最为核心和深层的部分,它决定着辅导员心理健康助人和自助行为。程海云等人提出,高校辅导员的人格表现与职业活动密切联系,当高校辅导员以职业角色出现,按照职业要求与社会期待履行职责时,逐渐形成高校辅导员独特的、相对稳定的、区别于其他职业的人格特征。[1]从访谈内容来看,高校辅导员表现出共同的职业人格特征有尽责性、奉献性、忠诚性、务实性、亲和性等。这些人格特征融合了心理健康素养的重要特征,渗透于心理健康素养内容中,影响着高校辅导员心理助人与自助行为。因此,应该将其纳入高校辅导员心理健康素养结构。

6.高校辅导员心理健康素养存在内外影响因素

在访谈过程中,6名辅导员都谈到了工作压力对于其心理健康的负面影响。较大的工作压力会给辅导员心理健康状况带来最直接的冲击,同时也会影响辅导员的工作状态以及工作满意度。同时,在访谈过程中发现,辅导员的领悟社会支持水平和情绪调节是辅导员心理健康素养的重要影响因素。能够积极领悟学校、家庭、朋友对自身支持的辅导员,会具有更高的安全感和幸福感,而且对于学生心理问题的应对态度更加积极,表现出良好的心理健康素养;善于进行个人情绪调节的辅导员也往往表现出积极的自我觉察和自我认同,从而主动维护自身的心理健康状态,体现出较高的心理健康素养水平。另外,如果辅导员表现出一般的情绪调节能力,那么他们在面对工作压力时往往不能够进行合理调节,在维护自身心理健康方面的意识和态度也较为被动,不愿意主动寻求帮助,缺乏一定主动学习的意愿。

总的来说,高校辅导员的心理健康素养与各种内在因素(如人格特质、情绪调节能力)和外在因素(工作压力、社会支持、工作满意度)密切相关。

7.接触与教育会影响高校辅导员心理健康素养的提升

在访谈过程中,6位辅导员都接触过有严重心理问题的学生,包括重度抑郁、精神分裂症、双相情感障碍等。有研究证明,教育和接触是降低心理疾病患病率、增强求助意愿的重要措施。[2]通过帮助有心理问题的学生,辅导员不仅能

---

[1] 程海云,朱平.高校辅导员职业人格形成机理与培育策略研究[J].高教探索,2021(9):34-35.
[2] 田凡,王枫,夏勉.教育和接触对减少抑郁症污名提高求助行为的干预研究[C]//中国心理学会.第二十一届全国心理学学术会议摘要集.武汉:华中师范大学心理学院,2018:118-119.

够对心理疾病持有更加积极的看法,而且能够对患有心理障碍的学生给予正面的回应。同时,辅导员自身对心理问题也会展现出积极和开放的态度。除此以外,国内外有关研究证实了学校教育干预对提升师生心理健康素养的有效性。[①]

在访谈过程中,大多数辅导员认为,开展心理健康素养的相关培训是有必要的,赞同每学期至少开展一次培训。但是对于培训的方式和内容,他们认为,应该提升内容与工作的衔接度,要有实操性,能够应用到实际工作当中,培训方式应该具有情境性。受访者E曾经考取过二级心理咨询师,这一学习和培训经历对其心理健康素养产生了重要影响。受访者E对于自身的心理健康有着明确的认识和态度,愿意主动去寻求心理咨询,能够正确看待辅导员的心理问题,表现出较少的病耻感和较强的求助意愿,对自己整体的心理健康水平也给出了80分的高分评价,这表明教育和培训对于提升个体心理健康素养有很大帮助。

8.高校辅导员心理健康素养结构

根据以上访谈内容,研究者初步构建了高校辅导员心理健康素养结构的维度,如图2-2所示。

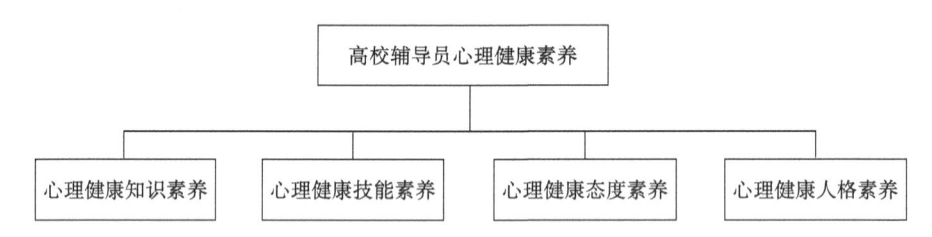

图2-2 高校辅导员心理健康素养结构的维度示意图

四、新时代高校辅导员心理健康素养实证结构探讨

本节采用问卷调查和数据统计的方法,进一步探究高校辅导员心理健康素养结构要素。在前文访谈的基础上,笔者编制出了一份具有高信效度的"新时代高校辅导员心理健康素养问卷"。

---

① 明志君,陈祉妍.心理健康素养:概念、评估、干预与作用[J].心理科学进展,2020,28(1):5.

（一）问卷的编制与测试

问卷的编制往往具有严格的程序，只有程序严格，才能保证编制的问卷具有科学性。在问卷编制过程中，最重要的是明确研究问题，通过清晰、简要地界定，才能避免产生歧义，保证测量的准确性。

1.选择目标量表

根据乔姆关于心理健康素养的经典定义，在国内外现有的心理健康素养量表中，挑选出信度和效度较为理想的工具。从整体的量表筛选结果来看，可以将其分为三个类别。

第一，借鉴澳大利亚学者奥康纳等人编制的"心理健康素养量表"。该量表共包含6个因子，35个条目。测量内容包括：常见心理障碍的识别（8个条目）、有关如何获得心理健康信息的知识（4个条目）、有关风险因素和致病原因的知识（2个条目）、有关自我治疗的知识（2个条目）、有关获得专业救治的知识（3个条目）、对于促进疾病认知或求助行为的态度（16个条目）。量表采用Likert（李克特）四分式和五分式进行评价，其中有12个条目为反向计分，量表最大分值160分，最小分值35分。目前，该量表已经被澳大利亚、英国、美国等国家的研究者使用，被认为是具有较强可操作性的心理健康素养测量工具。当前，国内有研究者结合我国的文化背景对其进行汉化与修订，中文版的"心理健康素养量表"的克龙巴赫α系数为0.811，具有良好的内容效度和结构效度，可以作为公民心理健康素养水平测量的初步测量工具。[①]

第二，选取国内已经发表的专门用来评估国民心理健康素养的工具，共有两个。第一个是由吴珏等人根据心理健康素养新概念框架编制而成的"国民心理卫生素养问卷"，共60道题目，由6个分问卷组成，分别测量心理健康相关知识和观念、心理疾病相关知识和观念、维护和促进自己心理健康的态度和习惯、应对自己心理疾病的态度和习惯、维护促进他人心理健康的态度和习惯、应对他人心理疾病的态度和习惯。把60道题目得分相加，总分越高表示心理健康

[①] 马晓欣.心理健康素养量表的汉化及信效度研究[D].杭州：杭州师范大学，2019.

素养水平越高。6个分问卷的内部一致性信度在0.64—0.76之间,重测信度为0.72。问卷总分能有效区分心理健康专业人员和普通公众。[1]第二个是由陈祉妍等人基于心理健康素养的广义概念编制而成的"国民心理健康素养问卷",共67题,包含知识、技能和意识3个因子。心理健康知识水平包括50道判断题,以百分制计分,评估内容围绕心理健康核心知识,即"心理健康素养十条"。心理健康技能主要评估情绪觉察与情绪调控的能力,包括4个分量表,内部一致性信度为0.62—0.76;心理健康意识评估个体重视心理健康的程度,内部一致性信度为0.71。该工具内容效度良好,经过全国测试验证,可以作为评估我国居民心理健康素养的指标工具。[2]

第三,选取国家卫健委在2010年编制的"精神卫生工作指标调查评估问卷"。该问卷有8个子问卷,分别以情境案例、知识性、态度性等量表形式,以心理疾病应对为主要评估内容,用于评估公众、学生、儿童、老年等群体的心理健康知识和态度,是我国调查心理健康知识知晓率最为常用的问卷,在国内使用广泛,但该问卷的信度和效度指标不明确。[3]

2.选择目标题目,创建原始题池

笔者在设计"新时代高校辅导员心理健康素养问卷"原始题池时,主要依据三个标准。

一是体现高校辅导员心理育人职责。心理育人工作是辅导员主要工作之一,是辅导员成为大学生知心朋友的重要抓手。根据《高等学校辅导员职业能力标准(暂行)》,在设计问卷题目时,笔者充分考虑了职业能力标准中对辅导员心理健康教育的具体要求,特别是初级层面,如协助学校进行心理健康筛查、对学生进行初步的心理评估,以及开展心理健康教育活动等。

二是基于胜任特征理论。高校辅导员在心理育人工作中应掌握的知识、技能和素质,如心理咨询方面的知识和技能,心理异常判断的知识和技能,心理危

---

[1] 江光荣,李丹阳,任志洪,等.中国国民心理健康素养的现状与特点[J].心理学报,2021,53(2):185-186.
[2] 明志君,陈祉妍.心理健康素养:概念、评估、干预与作用[J].心理科学进展,2020,28(1):4.
[3] 明志君,陈祉妍.心理健康素养:概念、评估、干预与作用[J].心理科学进展,2020,28(1):4.

机排查方面的知识和技能,积极心理品质培育的知识和技能,以及对于学生责任心和尽责性等职业人格特质要求。

三是符合心理健康素养的相关理论。围绕心理健康素养的知识、态度、技能和行为习惯等设置相关题目,包括高校辅导员对心理助人与心理自助的态度,对相关心理健康知识的掌握等。

依据上述三个标准,笔者初步构思了符合要求的题目,共计185道。

3.进行语义分析,修订原始题池项目

首先,邀请2名专攻思想政治教育学的博士研究生,对题池中的185道题目进行深入的语义分析。经过多次讨论,并依据项目属性、语义质量等标准,删除了意义相近或重复的题目。同时,新增了一些被认为重要的,能够体现高校辅导员心理健康素养的题目。最终,确定了179道题目。这些题目包括知识类56道,技能类61道,态度类33道,以及人格类29道。

其次,邀请2名具有心理学专业背景的教授和2名专职辅导员对问卷进行审阅,再次删减或添加最能反映所测因子的题目。具体的操作流程与第一轮相似。最终,确定了178道题目。这些题目包括知识类60道,技能类55道,态度类31道,以及人格类32道。

最后,形成"新时代高校辅导员心理健康素养问卷(测试版)",其主要因子与关键要素如表2-4所示。

表2-4 高校辅导员心理健康素养的主要因子及其关键要素

主要因子	关键要素
心理健康知识素养	心理健康维护与促进的相关知识、大学生身心发展特点的相关知识、心理问题及其表现的相关知识、心理咨询的相关知识、团体心理辅导的相关知识、大学生心理危机事件的相关知识
心理健康技能素养	心理健康维护与促进的技能、心理问题的识别技能、心理困惑疏导技能、心理危机识别与处置技能、心理健康宣传与组织技能

续表

主要因子	关键要素
心理健康态度素养	平等真诚的助人态度、包容悦纳的自助态度、促进学生全面发展的价值理念
心理健康人格素养	亲和力、包容性、担当、奉献、开放性、务实性、尽责性、严谨性、利他性

4.研究取样

在本研究中,所有取样都采取随机抽样原则,从全国高校从事学生管理工作的一线辅导员群体中进行抽取。

本研究选取重庆市、湖南省、河北省、河南省等地高校的一线辅导员作为测试问卷的对象(见表2-5),并通过线上与线下相结合的方式,利用辅导员的微信工作群和QQ群发放网络问卷261份,纸质问卷70份。共回收问卷324份,其中纸质问卷回收63份。在网络问卷中,根据完成时间剔除500秒以下的问卷51份,最终得到有效问卷273份。

表2-5 测试问卷对象的构成

人口学变量	类别	人数
性别	男	97人
	女	176人
学位	学士	34人
	硕士	230人
	博士	9人
工作年限	4年及以下	152人
	5—8年	69人
	9年及以上	52人
是否被评为优秀辅导员	是	102人
	否	171人

续表

人口学变量	类别	人数
职称	无	38人
	助教	120人
	讲师	107人
	副教授	6人
	教授	2人

5. 其他

一部分问卷由笔者通过问卷星平台发放，另一部分则在重庆市两所高校线下随机发放。指导语明确告知被试，问卷调查不涉及任何隐私问题，收集的数据仅用于研究目的。数据分析采用SPSS 25.0和Amos 20.0软件。

本问卷采用自评法，使用5级计分法（1=非常不符合，2=不符合，3=不确定，4=符合，5=非常符合）。被试依照自身实际情况与题目所述内容的符合程度进行比对，并在5个答案选项中进行选择。其中有36道题目采用反向计分，得分越高表示心理健康素养水平越高。

(二) 问卷分析

为了保证问卷符合统计学与测量学的相关指标，需要对问卷进行各种分析，以保证最终的问卷符合实际。

1. 项目分析

(1) 临界比值法

临界比值法又称为极端值法，意在求出题目的决断值。本研究根据测验总分区分出高分组（前27%）和低分组（后27%），再进行独立样本t检验。以t值作为决断值，t值越高，表示鉴别度越好。

第一步，先将数据导入SPSS 25.0，接着点击"转换"按钮，然后选择"计算变量"，并设置目标变量为"总分"，最后计算出每位辅导员填写该问卷的总分情况。

第二步，对每位辅导员填写问卷所得的总分进行由高到低排序。本问卷的最高分为703分，最低分为420分。

第三步，从排序后的分数中挑选出位于高分组前27%的分数，以及低分组后27%的分数。在本研究的273份有效问卷中，计算得出的高分组临界点为610分，低分组临界点为568分。

第四步，依据总分将被试分成高分组和低分组，并进行独立样本t检验。检验结果出来后，删除t检验结果未达到显著差异（$P<0.05$）的题目，保留具有显著差异的题目。经过筛选，共有36道题目被删除，包括第1、2、3、4、6、7、9、10、11、12、13、15、16、22、25、26、27、29、30、35、41、43、45、46、48、50、51、55、58、128、144、155、163、168、170、173题。

（2）比较题目与总分的相关性

除了以极端组作为项目分析的指标外，也可以用同质性检验作为个别题目筛选的另一指标。如果个别题目与总分的相关性越高，则表示该题目与总体量表的同质性越高，所要测量的心理特质或行为更为接近。相反，如果个别题目与总分的相关性未达显著差异或呈现低度相关性（相关系数小于0.4），则表示该题目与总体量表的同质性不高，建议予以删除。依据此方法，共有8道题目被删除，包括第17、21、23、34、49、119、164、177题。

（3）信度检验

信度体现了问卷测量结果的可靠性、稳定性和一致性，也可以作为同质性检验指标之一。信度检验的目的在于评估测量结果的可靠性与稳定性，其原理为删除某一题目后，如果问卷的克龙巴赫α系数提高，则表明该题目与其他题目的同质性不高，可以删除。在本问卷中，克龙巴赫α系数为0.961，删除第5、8题后，克龙巴赫α系数提高为0.963，故这两题予以删除。

（4）共同性与因子负荷

共同性是题目能够解释共同特质或属性的变异量，共同性数值越高，表示能测量到的心理特质越多；反之，共同性数值越低，表示能测量到的心理特质越少，因而这样的题目可以考虑删除。因子负荷量表示题目与因子关系的程度，题目在共同因子上的因子负荷量越高,表示该题目与共同因子的关系越密切,也就是同质性越高;反之,则表示同质性越低。一般而言,共同性数值若低于0.1(此时因子负荷量小于0.32),表示该题目与共同因子极不密切,此时可以考虑将其删除。本研究采用主成分分析法抽取了1个共同因子进行因素分析,发现第18、19、20、31、33、52、53、56、59、60、121、134、135、143、166题,共15道题目的共同性小于0.1,且因子负荷量小于0.32,故这些题目予以删除。

通过以上程序,总共删除61道题目,剩下117道题目进行因素分析。

2.因素分析

因素分析的产生已经有100多年历史,在心理学研究中的作用举足轻重,是行为科学诸领域使用最多的多元统计方法之一。它是处理多变量数据的一种统计方法,可以揭示多变量之间的关系,其主要目的是从若干个可观测的变量中概括和推论出少数的因子,用最少的因子来概括和解释最大量的观测事实,从而建立起最简洁、最基本的概念系统,揭示出事物之间的最本质的联系。按照分析前有无理论基础,可以将因素分析分为:探索性因素分析(EFA)和验证性因素分析(CFA)。当问卷的理论结构不够清晰时,普遍的做法是先使用探索性因素分析初步确定因子的个数、指标与因子之间的关系以及因子与因子之间的关系。然后根据探索性因素分析的结果在新样本中进行验证性因素分析。如果验证性因素分析结果令人满意,则得到支持因子效度的结论。

(1)因素分析适合度检验

本研究采用了抽样适合性检验(KMO)和巴特利特(Bartlett)球形检验来检验问卷因素分析的适合度。如果巴特利特球形检验的X^2值较大,且$P<0.05$,则表示适合进行因素分析。一般来讲,KMO值在0—1之间,数值越接近1则说明问卷的效果越好。具体而言,KMO值大于0.9,表示极适合;在0.8—0.9之间,表示适合性良好;在0.7—0.8之间,表示效果尚可;在0.5—0.6之间,表示勉强可以接受;KMO值小于0.5,表示极不适合。在本研究的适合度检验($n=273$)中,巴特利特球形检验$X^2=28430.725$,$df=6786$,$P<0.001$,KMO=0.930,结果表明,问卷极适合进行因素分析(见表2–6)。

表2-6 抽样适合性检验和巴特利特球形检验

抽样适合性检验	度量	0.930
巴特利特球形检验	近似卡方	28430.725
	自由度	6786
	显著性	0.000

(2)项目筛选和因子抽取

项目筛选遵循以下标准:题目的共同性数值小于0.4;题目有跨因子负荷且因子负荷量大于0.4;题目在单因子上的符合度小于0.45。因子抽取的方法为:主成分分析法和方差极大旋转法。因子抽取的标准为:特征值大于1;抽取的因子在旋转前至少能解释2%的总变异;因子必须符合碎石检验;每个因子至少包含3道题目;因子比较容易命名。

根据项目筛选和因子抽取的标准,经过多次探索,最终删除了测试版问卷中的89道题目,包括第28、38、42、47、54、61、62、63、64、65、66、67、68、69、70、71、72、73、74、75、76、77、78、79、80、81、82、84、85、86、87、88、89、90、92、94、95、96、97、98、100、102、103、105、106、107、108、110、111、112、113、116、117、118、120、122、124、125、127、129、130、131、132、133、136、137、138、139、141、142、145、147、148、149、150、151、154、156、159、160、162、167、169、171、172、174、175、176、178题。余下28道题目组成了"新时代高校辅导员心理健康素养(正式版)",共抽取4个因子。

对由28道题目组成的问卷进行因素分析适合度检验,巴特利特球形检验X^2=4017.458,df=378,P<0.001,KMO=0.917,结果表明,问卷极适合进行因素分析。28道题目共抽取了4个因子,解释了58.437%的变异。问卷的总变异量解释(旋转后)如表2-7所示,碎石图如图2-3所示(从第四个因子以后曲线明显趋于平缓),旋转后的因子负荷矩阵如表2-8所示,所有项目的因子负荷量都超过了0.45,且不存在交叉负荷,4个因子结构清晰。

表2-7　问卷的总变异量解释(旋转后)(*n*=273)

成分	初始特征值			提取载荷平方和			旋转载荷平方和		
	总计	方差占比/%	累积占比/%	总计	方差占比/%	累积占比/%	总计	方差占比/%	累积占比/%
1	9.546	34.093	34.093	9.546	34.093	34.093	5.664	20.227	20.227
2	2.885	10.304	44.397	2.885	10.304	44.397	4.165	14.877	35.104
3	2.282	8.148	52.545	2.282	8.148	52.545	4.134	14.763	49.867
4	1.649	5.892	58.437	1.649	5.892	58.437	2.40	8.570	58.437

提取方法：主成分分析法。

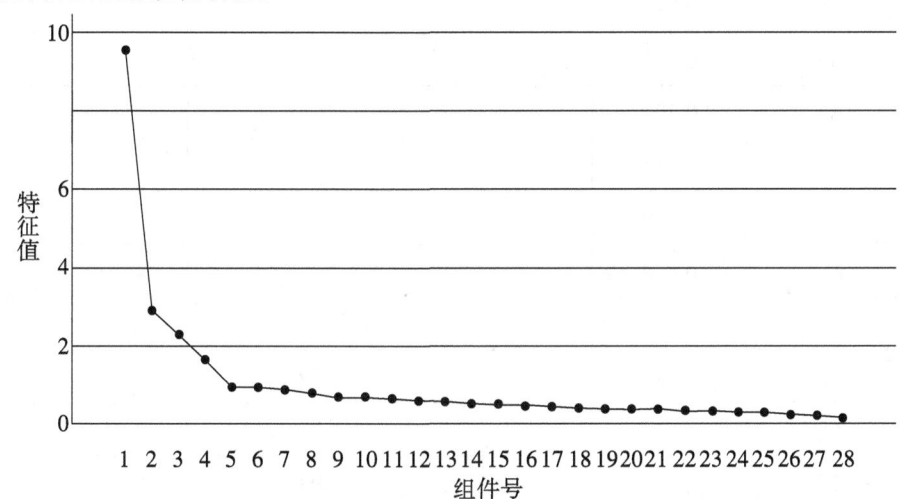

图2-3　问卷的因子碎石图

表2-8　旋转后的因子负荷矩阵(*n*=273)

项目编号	因子1	因子2	因子3	因子4
Z1		0.518		
Z2		0.705		
Z3		0.747		
Z4		0.599		

续表

项目编号	因子1	因子2	因子3	因子4
Z5		0.587		
Z6		0.614		
Z7		0.734		
Z8		0.681		
Z9		0.544		
N1	0.612			
N2	0.776			
N3	0.756			
N4	0.714			
N5	0.753			
N6	0.777			
N7	0.715			
N8	0.810			
N9	0.820			
T1			0.707	
T2			0.692	
T3			0.773	
T4			0.620	
R1				0.726
R2				0.797
R3				0.799
R4				0.788
R5				0.742
R6				0.767

提取方法:主成分分析法。

旋转方法:凯撒正态化最大方差法。

(3)因子命名

通过探索性因素分析得到"新时代心理健康素养问卷",该问卷包括28道题目,4个因子,解释了58.437%的变异,题目的最高负荷为0.820,最低负荷为0.518。基于新时代高校辅导员心理健康素养的操作性定义和各因子内题目所反映的内容特征,因子可以进行如下命名。

因子一:"心理健康知识素养",共9道题目,解释总方差的34.093%。具体解释如下:心理健康维护的相关知识,主要涉及心理健康维护的相关知识;大学生心理危机干预的相关知识,主要涉及大学生心理危机的特点与处置程序;心理咨询的相关知识,主要涉及对心理咨询的一般了解与认识;团体心理辅导的相关知识,主要涉及团体心理辅导的类型及其所发挥作用。

因子二:"心理健康技能素养",共9道题目,解释总方差的10.304%。具体解释如下:心理危机识别与处置技能,主要涉及对心理异常的判断,严重心理问题的转介以及心理危机事件的处置;积极心理品质培育技能,主要涉及对大学生心理健康人格塑造、挫折承受力的提升、日常心理困惑与烦恼的疏导、网络心理冲击的引导;心理健康宣传与组织技能,主要涉及对学生开展日常心理健康筛查、开展心理健康宣传。

因子三:"心理健康态度素养",共4道题目,解释总方差的8.148%。具体解释如下:心理健康自助态度,主要涉及对自身心理问题的态度,以及自身心理求助的意愿;心理健康助人态度,主要涉及帮助学生解决心理问题的态度,以及对有心理问题学生的接纳态度。

因子四:"心理健康人格素养",共6道题目,解释总方差的5.891%。具体解释如下:尽责性,主要是指辅导员在工作中能够尽心尽力,具有较强的责任心,能够从内心认同辅导员工作并努力在实践中完成各项任务;严谨性,主要是指辅导员能够在工作中表现出理性,面对各项工作任务,能够做到有条不紊,从容应对;利他性,主要是指辅导员能够赢得学生信赖与支持,成为学生的知心朋友,能够真正理解和包容学生,始终围绕和关注学生。

(三)"新时代高校辅导员心理健康素养问卷"的信效度检验

为了检验问卷的稳定性和可靠性,尤其是测量结果的前后一致性,本研究对问卷进行了信度和效度检验。

1.信度分析

信度,又称测量的可靠度,它是指用相同的方法重复测量同一对象所得结果相一致的程度。[①]信度反映了测量结果由于随机误差因子所带来的方差变异大小。信度越高,随机误差方差越小,测量结果越稳定。为了检验问卷的可信度和稳定性,本研究检验了问卷的内部一致性信度和重测信度(见表2-10)。

表2-10　问卷的内部一致性信度和重测信度

信度	知识素养	能力素养	态度素养	人格素养
内部一致性信度	0.844	0.923	0.722	0.911
重测信度	0.633	0.741	0.521	0.639

检验内部信度主要是为检验问卷题目是否属于单一概念,以及题目之间的内部一致性情况。本问卷在测试阶段删除题目后,对剩下的28道题进行了信度分析,结果显示,内部一致性信度为0.912,总体较好。4个因子的内部一致性信度在0.722—0.923之间。

检验重测信度,即检验相同被试在两个不同时段测评所得分数的一致程度,一般以两次测评分数的相关系数作为指标。本研究选取27位辅导员作为被试,并间隔两周时间进行第二次测评。问卷的整体重测信度为0.624,表明各因子整体较为稳定。因此,问卷的重测信度显示出良好的稳定性,并且在可接受的范围内,表明其具有良好的跨时间稳定性。

2.效度分析

效度,又称测量的准确度或有效度。它是指测量工具或测量手段能够准确测出所要测量变量(心理或行为特质)的程度。[②]效度总是与一定的测量目标相

[①] 曾莉.公共服务绩效主客观评价的吻合度研究[M].北京:人民出版社,2016:127.
[②] 曾莉.公共服务绩效主客观评价的吻合度研究[M].北京:人民出版社,2016:129.

联系,效度研究更注重测量结果的准确性问题。在心理测量领域,根据测量目标的不同,对测量工具进行效度验证的方法主要有三种:基于内容效度的验证方法、基于结构效度的验证方法、基于效标效度的验证方法。

(1)基于内容效度的验证方法

内容效度的验证方法,主要就是对测量工具本身的具体内容进行系统性查验,以确定这些内容是不是测量目标特质或行为领域的一个具有代表性的样本。本研究基于心理健康素养相关论述的操作性定义,通过分析辅导员职业相关政策文件和进行个案访谈,进行了总结和归纳。最终,邀请了3名心理学专家,2名思想政治教育学专家以及2名一线辅导员对调查问卷的题目进行了修订。

(2)基于结构效度的验证方法

基于结构效度的验证方法关注测量能够在多大程度上反映理论建构的心理特质,它是最为严谨的效度检验法。本研究采用验证性因素分析和相关分析来检验问卷的结构效度。

一是,验证性因素分析。经过前期探索性因素分析得到的高校辅导员心理健康素养的4个因子的结构是否合理,是不是最优结构,还需要进一步验证。本研究借助Mplus 7.1软件对4个因子的结构的合理性和优越性进行了验证性因素分析,采用的是极大似然估计法(MLE)。分析结果显示,模型的绝对适配度指数RMSEA=0.027(小于0.08,RMSEA<0.08表示拟合较好),增值适配度指数TLI、CFI分别为0.972、0.975,均大于0.9,接近于1,各项检验结果数据均符合建模研究中的整体模型适配度指标(见表2-11)。高校辅导员心理健康素养的4个因子的结构模型(见图2-3)和整体模型适配度指标共同证明了模型的设置和构想是合理的,从而验证了高校辅导员心理健康素养的多维结构假设。

表2-11 整体模型适配度指标

指标	TLI	CFI	RMSEA
推荐值	>0.9	>0.9	<0.08
拟合值	0.972	0.975	0.027

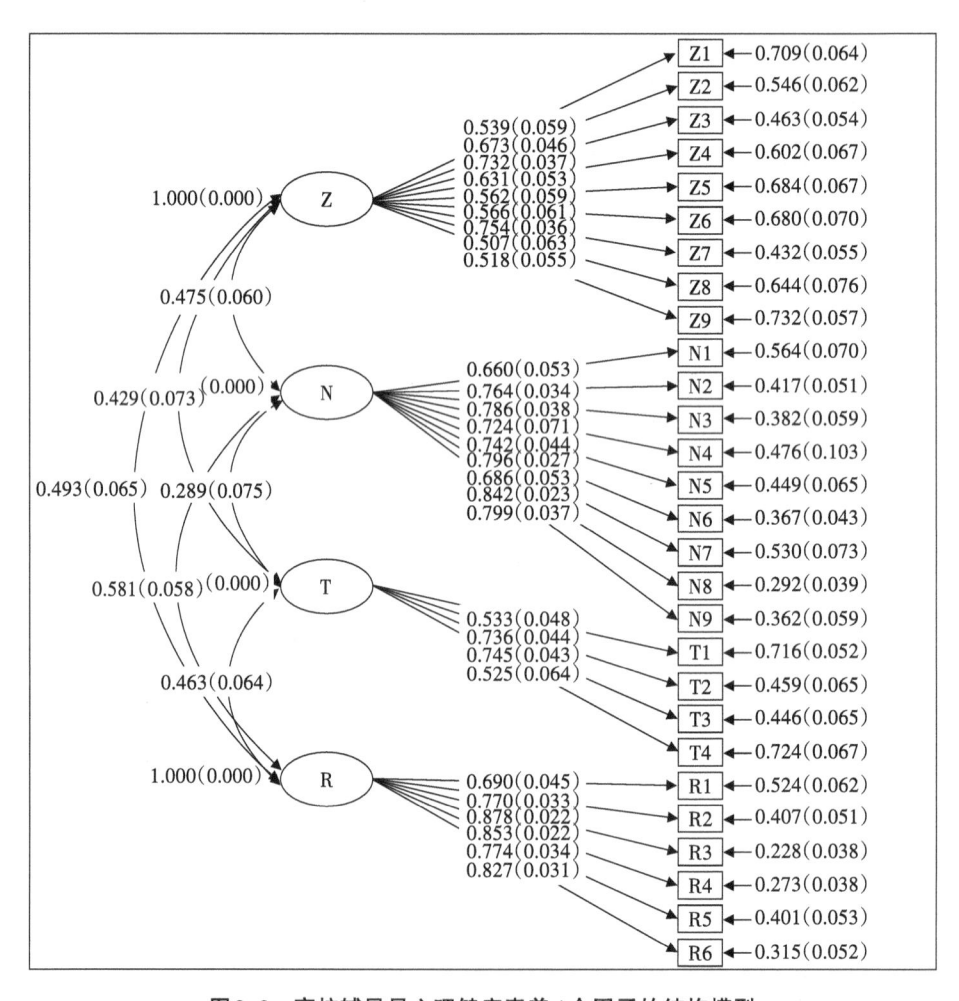

图2-3 高校辅导员心理健康素养4个因子的结构模型

二是,相关分析。根据测量学相关理论,良好的问卷应确保其条目与整体的相关性最好在0.30—0.80之间,各因子之间的相关性最好在0.10—0.60之间。在这些相关性范围内,条目能为测验提供令人满意的信度和效度。在本研究中,问卷题目与总分的相关性在0.361—0.704之间;各因子之间的相关性在0.231—0.532之间;各因子与总问卷的相关性在0.616—0.785之间(见表2-12)。以上相关系数都符合相关测量学的标准,这说明新时代高校辅导员心理健康素养的4个因子既存在相对独立性,又有相对一致的集中趋势,能够较好地反映问卷所要测查的内容,从而证明问卷具有良好的结构效度。

表2-12　问卷各因子及与总问卷的相关矩阵

因子	知识素养	技能素养	态度素养	人格素养	心理健康素养
知识素养	1				
技能素养	0.433**	1			
态度素养	0.361**	0.231**	1		
人格素养	0.441**	0.532**	0.375**	1	
心理健康素养	0.778**	0.785**	0.616**	0.764**	1

注：*$P<0.05$，**$P<0.01$，***$P<0.001$。

(3)基于效标效度的验证方法

一般来说,基于效标效度的验证过程涉及被试在该测量工具上的表现与另外一个独立存在的、可观察的相关行为特征表现之间的关联性程度。这个独立存在的、可观察的相关行为特征表现称为效标。它是独立于该测验工具并可以从实践中获得被试的行为特征表现。[1]本研究采用与心理健康素养有一定关联的问卷来验证问卷的效标关联效度,分别是广泛性焦虑量表(GAD-7)和中文简版流调中心抑郁量表(CES-D)。

广泛性焦虑量表可用于广泛性焦虑的筛查及其症状严重程度的评估。该量表的测量内容主要包括焦虑的主要症状,如躯体紧张和情绪消极,共7个条目。该量表要求个体使用0—3评定最近两周内症状出现的频率,每个条目设置为0—3分,总分为21分。根据得分评估焦虑程度,0—4分为无焦虑,5—9分为轻微焦虑,10—14分为中度焦虑,15—21分为高度焦虑。该量表的内部一致性信度为0.955。

流调中心抑郁量表为美国国家心理健康中心的拉德洛夫(Radloff)于1977年编制,最初为了研究抑郁症状的相关因素以及发展规律,目前在国际上被广泛用于对普通人群进行抑郁症状的筛查适用于青少年、成年和老年人群。

---

[1] 陈震.博士生科研潜质评价与个性化培养[M].沈阳:辽宁人民出版社,2023:168.

流调中心抑郁量表共20题,其中4道为反向计分题。流调中心抑郁量表要求被试使用0—3评定最近一周内症状出现的频率。其测量内容包括情绪低落、无价值感、绝望、食欲下降、注意力差、睡眠困扰等抑郁症状,但不包括食欲或睡眠增加、精神运动性激越、自罪感、自杀意念等症状。[1]本次调查使用何津等人修订的流调中心抑郁量表中文简版,共9题,内部一致性信度在0.85—0.88之间,重测信度为0.49($P<0.001$),各条目与总分相关均大于0.5。该量表以10分和17分为抑郁倾向和抑郁高风险的划界分。[2]

将问卷各因子及总问卷得分与上述效标问卷(或因子)进行相关分析,结果如表2-13所示。问卷各因子及总问卷得分与各效标度量表呈现显著相关,这表明高校辅导员心理健康素养与抑郁、焦虑有较高关联,并能在很大程度上进行预测。从测量结果来看,高校辅导员心理健康素养越高,其抑郁和焦虑水平就越低,这表明问卷具有较高的效标关联度。

表2-13 问卷的效标关联效度检验结果

因子	知识素养	技能素养	态度素养	人格素养	心理健康素养
焦虑	-0.150**	-0.264**	-0.216**	-0.164**	-0.289**
抑郁	-0.237**	-0.301**	-0.237**	-0.254**	-0.371**

注:*$P<0.05$,**$P<0.01$,***$P<0.001$。

效标关联度结果表明,"新时代高校辅导员心理健康素养问卷"可以较好地测得心理健康素养,能够清晰地区分高校辅导员心理健康素养的内在结构,可以作为新时代高校辅导员心理健康素养的测量工具。新时代高校辅导员心理健康素养结构具有4个因子,与辅导员工作实际、职业特征等有着良好的契合。本研究假设得以验证。

---

[1] 中国科技工作者心理健康状况调查课题组.中国科技工作者心理健康状况报告[M].北京:中国科学技术出版社,2013:9-10.
[2] 何津,陈祉妍,郭菲,等.流调中心抑郁量表中文简版的编制[J].中华行为医学与脑科学杂志,2013,22(12):1133.

3."新时代高校辅导员心理健康素养问卷"的信效度讨论

"新时代高校辅导员心理健康素养问卷"的编制采取自上而下与自下而上相结合的方式,确保了问卷编制过程的严谨性和科学性。

从横向来看,国内编制的心理健康素养问卷信效度水平参差不齐。如由陈祉妍等人编制的"国民心理健康素养问卷",其中,心理健康技能主要评估情绪觉察与情绪调控的能力,包括4个分量表,内部一致性信度为0.62—0.76。心理健康意识评估个体重视心理健康的程度,内部一致性信度为0.71。[1]由吴珏等人编制的"国民心理卫生素养问卷",由6个分问卷组成,6个分问卷的内部一致性信度在0.64—0.76之间,重测信度为0.72。[2]韩哲等人对奥康纳等人编制的"心理健康素养问卷"在我国运动员中进行了修订和检验,结果显示,该问卷的内部一致性信度为0.704,重测信度为0.763,由专家评定的内容效度为0.86。[3]

本研究中的问卷具有较高的信效度,其整体内部一致性信度为0.912,4个分问卷的内部一致性信度在0.722—0.923之间,问卷重测信度为0.624。因此,本研究中的问卷可以作为高校辅导员心理健康素养的评定工具。

五、新时代高校辅导员心理健康素养构成要素讨论

本研究立足于新时代高校辅导员思想政治工作新发展、新特征以及新要求,结合辅导员职业群体特色,依据心理健康素养的相关理论,通过前面的个案访谈以及问卷调查,最终构建出新时代高校辅导员心理健康素养结构模型。

(一)新时代高校辅导员心理健康素养构成要素的确立

高校辅导员心理健康素养结构有别于一般国民心理健康素养,其最大特点在于高校辅导员心理健康素养对于时代新人的培育具有持续而深刻的影响,高

---

[1] 明志君,陈祉妍.心理健康素养:概念、评估、干预与作用[J].心理科学进展,2020,28(1):4.
[2] 江光荣,李丹阳,任志洪,等.中国国民心理健康素养的现状与特点[J].心理学报,2021,53(2):185.
[3] 韩哲,王丹丹,欧阳灵青,等.心理健康素养问卷在精英运动员群体中的信效度检验[J].湖北体育科技,2019,38(3):226.

校辅导员心理健康素养直接影响思想政治教育效果。因此,高校辅导员心理健康素养更多是从育人的角度来进行整体构建,以体现助力大学生健康成长,培育德智体美劳全面发展的社会主义建设者和接班人的根本要求。在内容上,它涵盖了培养大学生积极心理品质所须具备的各项素养。综合以上分析,本研究认为,新时代高校辅导员心理健康素养由4个因子构成,即知识素养、技能素养、态度素养和人格素养。

1. 知识素养

总体来看,高校辅导员心理健康知识素养因子,与以往的心理健康素养问卷中知识素养有所不同。国内学者在编制心理健康素养问卷时,通常将知识因子定义为对基础心理健康知识的了解程度,如由陈祉妍等人编制的"国民心理健康素养问卷",其中知识因子以"心理健康素养十条"为评估内容;吴珏等人编制的"国民心理卫生素养问卷"则以常见心理问题的相关知识以及观念为主要内容考察国民心理健康知识素养。由于高校辅导员职业群体的特殊性,本问卷除了对一般心理健康知识的调查之外,还重点围绕高校辅导员心理育人相关工作进行调查,如心理健康维护、开展心理咨询、心理危机干预、团体心理辅导的知识。这些知识都是高校辅导员在日常心理育人工作中要涉及的,同时这些知识也有别于专业的心理健康教育教师或者心理咨询师所需要掌握的专业知识。从掌握程度上讲,高校辅导员需要的是基础知识层面的了解。

2. 技能素养

以往对于心理健康技能素养的研究,更多聚焦于心理疾病的识别,包括抑郁症、焦虑症、精神分裂症和强迫症等常见精神疾病的识别。比如,乔姆等人早期通过情景案例访谈法来了解受访者对抑郁症和精神分裂症的识别。还有学者通过编制心理疾病识别问卷等来了解人们对于常见心理问题的识别。除此以外,对心理健康技能素养的研究还涉及个体的心理急救技能或者情绪调节技能等。在本研究中,高校辅导员的心理健康技能素养主要包括三个部分:心理危机识别与处置技能、积极心理品质培育技能以及心理健康宣传与组织技能。这三个技能对于高校辅导员开展心理育人工作而言是必备技能。这三个技能的内在逻辑关系是层层递进,代表着逐步提升的过程。对于高校辅导员而言,心理健康技能素养不仅仅是要帮助其识别心理疾病,更重要的是普及心理健康知识以及培养大学生积极的心理品质。

首先,心理危机识别与处置技能是前提和基础。在日常工作中,高校辅导员必然要面对学生的成长困惑以及各种心理问题,只有通过准确的心理危机识别和判断,才能进一步开展相应的心理帮扶工作。如果遇到严重心理危机的发生,高校辅导员还要具备相应的处置能力,确保心理危机事件能够得到及时恰当地处置,从而缓解心理危机事件给学生带来的心理冲击。

其次,积极心理品质培育技能是核心。习近平总书记曾多次强调:"要坚持不懈促进高校和谐稳定,培育理性平和的健康心态。"[1]当前,高校辅导员应将更多精力投入到帮助大学生培育理性平和的健康心态上,提高他们面对失败时的挫折承受力,并树立正确的恋爱观,理性对待恋爱中的问题与困惑。在当前的网络时代,作为"00后"的大学生,他们喜欢在网络中表达思想和疏解情绪。面对网络空间中的各种不良信息,高校辅导员需要具备网络心理疏导技能,帮助学生应对网络舆情带来的心理冲击。

最后,心理健康宣传与组织技能是保障。根据高校辅导员职业能力标准,心理健康宣传是高校辅导员的职责之一。这里的心理健康宣传更多强调高校辅导员能够根据学生特点,针对学生的喜好来传播心理健康知识,提升心理健康知识普及率。另外,高校辅导员还应协助学校做好心理健康筛查工作,确保大学生的心理健康筛查工作的科学性和有效性。

3.态度素养

态度素养是心理健康素养的重要组成部分。研究者发现,公众对心理疾病的态度影响其心理求助行为以及对于心理疾病的治疗。[2]关于心理健康态度素养的研究,主要涉及公众对心理疾病的态度,如李丹琳等人编制的"青少年心理健康素养评定量表"[3]、卢晓艳等人编制的"已婚妇女心理健康素养量表"[4]。在

---

[1] 习近平.习近平谈治国理政(第二卷)[M].北京:外文出版社,2017:377.
[2] 邱琴,刘佳静.基于网络干预的心理健康素养提升有效性研究[J].心理学探新,2021,41(6):538.
[3] 李丹琳,胡婕,黄雪雪,等.《青少年心理健康素养评定量表》编制及在医学生中的应用[J].中国学校卫生,2021,42(7):1038.
[4] 卢晓艳,张志华,王君,等.已婚妇女心理健康素养量表的编制研究[J].中国健康教育,2021,37(10):909.

态度方面,这两份量表主要考察公众对心理疾病患者的反污名化态度,寻求心理治疗的态度以及精神心理疾病的信念。而本研究主要考察高校辅导员心理健康自助态度和心理健康助人态度。这与以往的心理健康素养仅仅关注心理疾病态度有所不同。这种差异主要源于高校辅导员自身承担着多重角色和使命任务。他们当前更需要能够自我关怀,特别是正确处理自身的心理问题,既不能忽视,也不应存在病耻感,讳疾忌医,而应该积极寻求支持和帮助,转变自身的心理疾病观念。同时,高校辅导员的内在职责要求他们在面对寻求帮助的学生时,不应歧视那些有心理问题的学生,而应保持接纳和包容的态度,并及时提供人文关怀和心理疏导。

4. 人格素养

自从心理健康素养这一概念在西方产生以来,国内学者在引入该概念初期,主要处于学习和模仿阶段。随着近几年研究的不断深入,国内学者逐渐认识到心理健康素养概念需要结合我国国情进行本土化研究。在我国,高校辅导员群体具有双重身份,既作为高校管理人员,同时又具有高校教师身份。双重身份使得高校辅导员群体发展出特殊的、相对稳定地符合其职业身份的人格特征。这种人格特征表现为尽责性、严谨性、利他性等。对于高校辅导员而言,只有人格正,学生才能亲其师信其道。因此,高校辅导员的人格素养因子应该是心理健康素养的重要组成部分。这既符合高校辅导员职业要求,也符合心理健康素养研究的终极目标。具体来看,高校辅导员的尽责性是指高校辅导员是育人"最后一公里"的接力者,职责使命要求其必须具有责任心,对待自身的育人工作能够认真负责,还要能够对党和国家负责,完成新时代赋予高校辅导员的各项使命任务。高校辅导员的严谨性是指高校辅导员在助力学生成长过程中,要注重工作的方式方法,提升工作的有效性和科学性,在工作中要有条理,善始善终。高校辅导员的利他性是指高校辅导员要做到可信赖,可依靠,始终要成为大学生的知心朋友,始终能够站在大学生身边,提升自身思想政治工作的亲和力,理解和支持学生。

综上分析,本研究最终构建出新时代高校辅导员心理健康素养结构模型,如图2-4所示。

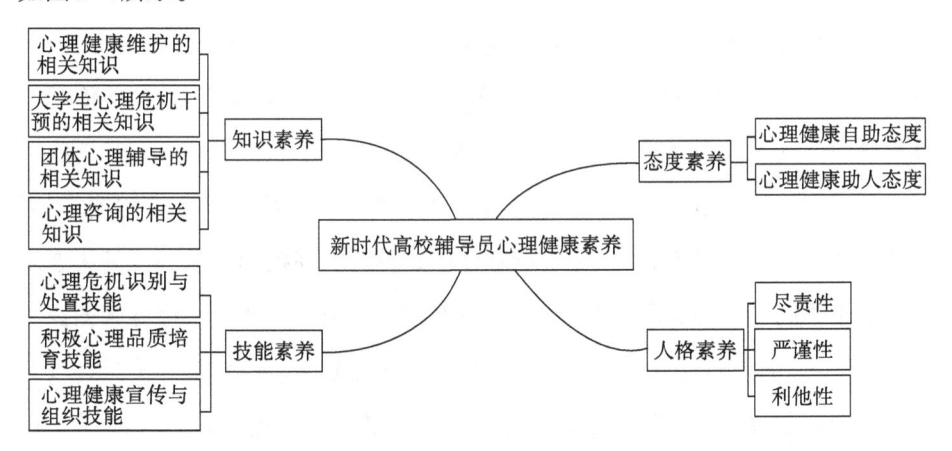

图2-4 新时代高校辅导员心理健康素养结构模型

(二)新时代高校辅导员心理健康素养构成要素的相互关系

通过分析可知,新时代高校辅导员心理健康素养结构模型包括心理健康知识素养、技能素养、态度素养以及人格素养4个因子。4个因子紧密相连、相互影响,共同构成了高校辅导员在维护自身心理健康以及开展心理育人工作时所应具备的综合能力。高校辅导员心理健康知识素养和技能素养更多表现为显性素养,具有可观测和可测量的特征,并且对其能够进行科学评价。态度素养和人格素养则表现为隐性素养,是心理健康素养中深层次内容,往往具有跨时间和跨情境的稳定性。

借鉴胜任特征模型理论,本研究认为,高校辅导员心理健康素养内在结构呈现洋葱结构模型(见图2-5)。

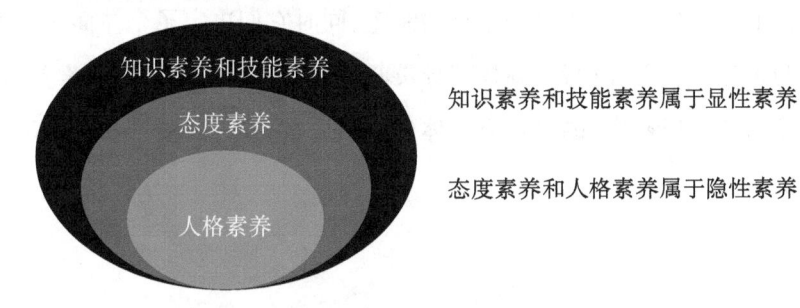

图2-5 新时代高校辅导员心理健康素养内在结构

首先,核心层是心理健康人格素养。知识素养、技能素养与态度素养都受制于人格素养,人格素养发挥着统领的作用,具有动力和调节的机能。高校辅导员心理健康人格素养虽然不直接作用于个体心理健康,但是一旦形成,它不仅决定了高校辅导员对心理健康自助和助人态度,还影响着其情感、价值观等具有倾向性的其他内在动力以及外在行为。

其次,中间层是心理健康态度素养。态度素养与人格素养紧密相连,态度素养虽然看不见也摸不着,但是影响着个体的行为。高校辅导员心理健康态度素养居于中间,更多发挥着调节作用。态度素养调节着个体对心理健康知识和技能的学习,也影响着高校辅导员心理育人工作的效果。高校辅导员具有较好的心理健康态度素养,往往表现在他们对心理健康维护更加积极,主动学习相关知识和技能,同时也更容易养成健康向上的心理品质和自尊自信的良好人格。

最后,外层是心理健康知识素养和技能素养。心理健康知识素养和技能素养既是基础,也是前提。心理健康知识素养和技能素养相对其他部分来说比较容易改变,也容易被高校辅导员理解和掌握。新时代,高校辅导员作为大学生心理健康素养的促进者和培育者,要求其自身应具有丰富的心理健康知识和熟练的心理健康技能,同时还能够以积极态度与向上的人格来引导大学生建立积极健康的人格品质。

从高校辅导员心理健康素养各因子发挥的作用来看,知识素养和技能素养属于沟通性素养,其主要作用在于帮助个体了解和获取有关心理健康的知识和信息。态度素养和人格素养属于批判性素养,它们对个体的决策过程产生直接影响,进而影响其心理健康维护策略的制定;同时它们决定了个体面对心理问题时所持的态度。总体而言,高校辅导员心理健康素养是一种终身素养,它贯穿生命全过程,其根本目的是提升个体的生活质量,并进一步推动社会整体健康水平的提升。

第三章 新时代高校辅导员心理健康素养的现状考量

通过前面对高校辅导员心理健康素养的构成要素进行探究可知,高校辅导员心理健康素养主要由心理健康知识素养、技能素养、态度素养与人格素养构成。本章通过实施"新时代高校辅导员心理健康素养问卷"调查,对我国高校辅导员心理健康素养的现状进行了细致的分析。调查的主要任务包括:评估我国高校辅导员心理健康素养的整体发展水平;探究高校辅导员心理健康素养及其4个构成因子在不同性别、学历背景以及婚姻状况等人口统计学变量上的差异性。通过实证调查,笔者总结和归纳了当前高校辅导员心理健康素养存在的主要问题。

一、研究设计与实施

本研究主要面向全国,通过发放"新时代高校辅导员心理健康素养问卷",对高校辅导员的心理健康素养进行大样本调查,以了解当前高校辅导员心理健康素养的现状。

(一)研究样本

本研究共收集了1146份样本,来自对北京市、重庆市、上海市、天津市、四川省、湖南省、湖北省、山西省、河南省、河北省、陕西省、贵州省、江苏省、江西省、福建省、安徽省、甘肃省、广东省、内蒙古自治区、广西壮族自治区等高校一线辅导员的调研,样本覆盖了40余所不同类型的高校。取样时间为2022年2月至2022年5月。本研究通过高校专职辅导员微信工作群、QQ群发放网络问卷,并辅以纸质问卷。

本研究的样本共有1146份,其中有54份问卷存在信息缺失,余下的1092份问卷为有效问卷,取样有效率约为95.29%。具体的人口学变量分布如表3-1所示。

表3-1 人口学变量分布($n=1092$)

人口学变量	类别	人数	百分比
性别	男	372人	34.07%
	女	720人	65.93%

续表

人口学变量	类别	人数	百分比
年龄	30岁及以下	523人	47.89%
	31—35岁	331人	30.31%
	36—40岁	151人	13.83%
	41岁及以上	87人	7.97%
婚姻状况	已婚	674人	61.72%
	未婚	418人	38.28%
职称	无	261人	23.90%
	助教	353人	32.33%
	讲师	438人	40.11%
	副教授及以上	40人	3.66%
学位	学士	163人	14.93%
	硕士	895人	81.96%
	博士	34人	3.11%
工作年限	4年及以下	680人	62.27%
	5—8年	207人	18.96%
	9年及以上	205人	18.77%
所在高校办学层次	公办类本科院校	743人	68.04%
	高职高专类和民办类院校	349人	31.96%
近三年是否参加过心理健康教育方面培训	1次及以下	507人	46.43%
	2次及以上	585人	53.57%
所带学生人数	200人及以下	359人	32.88%
	201人及以上	733人	67.12%

(二)调查工具

本研究采用自编的"新时代高校辅导员心理健康素养问卷"。该问卷由4个因子28道题组成,4个因子分别是知识素养、技能素养、态度素养、人格素养。该问卷计分采用5级计分法,由被试根据自身实际情况对题目的认可程度进行评价。知识类题目评价方式从"非常不赞同"到"非常赞同",分别计为1分至5分,即1=非常不赞同、2=不赞同、3=不确定、4=赞同、5=非常赞同。其他几个因子则从"非常不符合"到"非常符合",分别计为1分至5分,即1=非常不符合、2=不符合、3=不确定、4=符合、5=非常符合。各因子分数相加即为总分,其中态度类为反向计分,总得分越高表示辅导员心理健康素养水平越高。此次测试的信度系数较好,其中各因子系数分别为:知识因子系数0.98、技能因子系数0.93、态度因子系数0.76、人格特质因子系数0.91,总量表的系数为0.91。

(三)统计方法

本研究利用SPSS 25.0软件对收集到的数据进行处理。

二、新时代高校辅导员心理健康素养的整体表现

近年来,党和国家以及社会各界对大学生心理健康素养的重视程度在不断提高,高校辅导员在提升学生心理素养方面扮演的角色和承担的任务变得越来越关键。高校辅导员是学生心理健康知识的传播者、心理健康问题的发现者、心理困惑的疏导者以及心理健康素养的培育者。根据相关理论分析可知,高校辅导员心理健康素养内在结构包含四个部分,分别是知识素养,即开展心理育人工作所必备的心理健康知识;技能素养,即心理危机识别与处置技能、积极心理品质培育技能以及心理健康宣传与组织技能;态度素养,即心理健康自助态度和心理健康助人态度;人格素养,即在心理育人过程中所体现的尽责性、严谨性、利他性等。本节对调查结果进行数据分析与整理,重点分析当前高校辅导员心理健康素养的整体情况。

(一)新时代高校辅导员的心理健康素养较高

在本次抽样调查中,高校辅导员心理健康素养的平均值为3.98±0.55,心理健康素养平均值大于等于3分的人数比例约为97.1%。这表明当前我国高校辅导员心理健康素养水平处于高位。高校辅导员能够积极贯彻党的教育方针,在遵循大学生身心发展规律前提下,着力提升大学生心理健康素养,履行心理育人职责,促进大学生身心健康发展。

表3-2是抽样高校辅导员在心理健康素养总测验和4个分量表的描述性统计结果,包括极端值(最小值和最大值)、平均值和标准差等。具体而言,知识素养的平均值为3.83分,技能素养的平均值为4.00分,态度素养的平均值为3.67分,人格素养的平均值为4.38分。通过独立样本t检验发现,各因子得分从高到低分别为人格素养、技能素养、态度素养、知识素养。4个分量表以及心理健康素养的平均值显著高于中位数3分。此外,在具体因子方面,知识素养平均值大于等于3分的人数比例约为74.7%、技能素养平均值大于等于3分的人数比例约为97.4%、态度素养平均值大于等于3分的人数比例约为84.4%、人格素养因子平均值大于等于3分的人数比例约为99.6%。这表明当前高校辅导员心理健康素养及其内在各个因子水平都较高,也从侧面反映出近年来高校对辅导员心理育人工作的重视,以及在提升辅导员心理健康素养与增强辅导员心理育人实效性方面所付出的努力以及取得的成绩。

表3-2 高校辅导员心理健康素养的描述性统计结果

因子	样本数n	最小值	最大值	平均值	标准差	独立样本t检验
知识素养	1092	1.00	5.00	3.83	1.23	102.64***
技能素养	1092	1.33	5.00	4.00	0.59	222.55***
态度素养	1092	1.00	5.00	3.67	0.89	136.50***
人格素养	1092	1.00	5.00	4.38	0.53	271.92***
心理健康素养	1092	2.25	5.00	3.98	0.55	238.93***

注:*$P<0.05$,**$P<0.01$,***$P<0.001$。

(二)高校辅导员心理健康知识素养较为丰富

知识素养是高校辅导员心理健康素养形成的基础,属于沟通性素养,其主要功能价值在于帮助个体了解和获取有关心理健康的知识信息。本研究中的高校辅导员心理健康知识素养因子主要考查了心理健康维护、大学生心理危机干预、心理咨询、团体心理辅导四个方面的内容,问卷共设计了9道题目。

从题目作答情况来看,赞同率最高的题目是"心理危机干预的首要目标是保证当事人的安全",达到了73.7%,这表明绝大多数高辅导员群体对心理危机干预的相关知识掌握较为全面。而赞同率最低的题目是"通过参加团体心理辅导,可以帮助大学生正确认识自己",仅为67.9%,有8.0%的辅导员选择不确定,16.2%的辅导员选择不赞同,7.9%的辅导员选择非常不赞同,这表明高校辅导员对团体心理辅导的相关认识存在一定偏差,并且他们在这一方面的相关知识存在不足。在调查中还发现,高校辅导员对心理健康维护的相关知识的掌握还有待深化。比如,题目"能够积极接受现实的人,往往心理比较健康",仅有68.1%的高校辅导员表示赞同或非常赞同,有31.9%的高校辅导员表示不确定或不赞同或非常不赞同。(见表3-3)

表3-3 高校辅导员心理健康知识素养题目作答情况

单位:%

题目		选项				
		非常不赞同	不赞同	不确定	赞同	非常赞同
心理健康维护的相关知识	能够积极接受现实的人,往往心理比较健康。	5.7	17.0	9.2	31.0	37.1
	消极情绪会导致个体免疫力下降。	9.1	14.1	5.7	22.5	48.6
大学生心理危机干预的相关知识	心理危机事件往往具有突发性和危险性等特征。	6.9	16.7	6.0	25.9	44.5
	心理危机干预的首要目标是保证当事人的安全。	9.5	13.0	3.8	16.4	57.3

续表

题目		选项				
		非常不赞同	不赞同	不确定	赞同	非常赞同
心理咨询的相关知识	通过心理咨询,可以帮助来访者更好地适应生活。	9.0	15.2	6.6	26.8	42.4
	通过心理咨询,可以帮助来访者深化自我认识。	5.3	16.8	7.7	32.3	37.9
团体心理辅导的相关知识	通过参加团体心理辅导,可以帮助大学生正确认识自己。	7.9	16.2	8.0	29.0	38.9
	通过参加团体心理辅导,可以帮助大学生发展良好的人际关系。	6.1	16.1	8.5	30.5	38.8
	帮助大学生建立积极正向行为的团体辅导属于成长型的团体心理辅导。	6.1	15.8	7.6	31.2	39.3

统计结果显示,心理健康维护的相关知识的平均值为3.82分,大学生心理危机干预的相关知识的平均值为3.92分,心理咨询的相关知识的平均值为3.80分,团体心理辅导的相关知识的平均值为3.79分。高校辅导员心理健康知识素养整体得分较高,显示出较为丰富的心理健康知识积淀。在知识素养4个二级因子得分中,高校辅导员在大学生心理危机干预的相关知识方面的得分最高,而团体心理辅导的相关知识方面的得分最低。这表明当前高校辅导员更多将精力关注在大学生心理危机事件的预防与处置上,而对于如何维护大学生心理健康以及通过团体心理辅导来引导大学生健康成长则关注较少。(见表3-4)

表3-4 高校辅导员心理健康知识素养的描述性统计结果

因子	样本数 n	最小值	最大值	平均值	标准差	独立样本 t 检验
心理健康维护的相关知识	1092	1.00	5.00	3.82	1.25	21.71***
大学生心理危机干预的相关知识	1092	1.00	5.00	3.92	1.32	22.89***

续表

因子	样本数 n	最小值	最大值	平均值	标准差	独立样本 t 检验
心理咨询的相关知识	1092	1.00	5.00	3.80	1.28	20.54***
团体心理辅导的相关知识	1092	1.00	5.00	3.79	1.26	20.70***

注：*P<0.05，**P<0.01，***P<0.001。

总之，通过以上数据分析可知，当前高校辅导员心理健康知识素养整体掌握较为全面，多数辅导员能够认识到在开展心理育人工作中所须具备的心理健康知识素养。但在具体的心理健康知识素养结构方面，还存在不平衡。

(三)高校辅导员心理健康技能素养较为全面

相对于心理健康知识素养，高校辅导员心理健康技能素养水平更高。心理健康技能素养同样在高校辅导员心理健康素养整体结构中处于基础性地位，但相较于知识素养，技能素养更加稳定，功能性更强。本研究中的高校辅导员心理健康技能素养因子主要考查了心理危机识别与处置、积极心理品质培育、心理健康宣传与组织三个方面的内容，问卷共设计了9道题目。

从题目作答情况来看，赞同率最高的题目是"我能组织学生积极参与学校的心理健康筛查"，达到91.9%，仅有8.1%的辅导员表示不确定或不赞同或非常不赞同，这说明高校辅导员能够协助学校心理健康教育机构开展相关心理健康筛查。赞同率最低的题目是"我能识别学生是心理正常还是心理异常"，达到72.9%，有24.3%的辅导员选择了不确定，还有2.1%的辅导员选择不赞同，0.7%的辅导员选择非常不赞同，这表明高校辅导员在学生心理问题识别技能方面存在一定短板。还需注意的是，随着智能手机以及移动互联网的普及，网络舆情给大学生带来的心理冲击现象频发。在本次调查中发现，74.3%的辅导员认为自己能够消除网络舆情给学生带来的心理冲击，但还是有23.2%的辅导员选择不确定，有2.5%的辅导员认为自己不具备相关能力。这表明大多数辅导员能够面对新时代高校思想政治工作的新挑战,帮助学生健康成长,但提高辅导员的相关网络心理疏导技能仍显得尤为迫切。(见表3-5)

表3-5 高校辅导员心理健康技能素养题目作答情况

单位:%

题目		非常不赞同	不赞同	不确定	赞同	非常赞同
心理危机识别与处置技能	我能识别学生是心理正常还是心理异常。	0.7	2.1	24.3	52.2	20.7
	我能对有严重心理问题的学生进行及时转介。	0.5	2.7	17.7	51.1	28.0
	如果遇到心理危机事件发生,我能进行合理处置。	0.3	1.9	19.4	57.1	21.3
积极心理品质培育技能	我能帮助学生学会塑造健康人格。	0.7	2.1	19.1	56.7	21.4
	我能帮助学生学会提高挫折承受力。	0.5	2.4	17.5	56.9	22.7
	我能及时消除网络舆情给学生带来的心理冲击。	0.6	1.9	23.2	54.7	19.6
	我能帮助学生学会解决恋爱中的困惑与烦恼。	0.6	1.7	18.1	57.8	21.8
心理健康宣传与组织技能	我能通过学生喜欢的方式普及心理健康知识。	0.5	2.4	18.3	56.3	22.5
	我能组织学生积极参与学校的心理健康筛查。	0.3	1.1	6.7	53.8	38.1

统计结果显示,心理问题识别与处置技能的平均值为3.97分,积极心理品质培育技能的平均值为3.97分,心理健康宣传与组织技能的平均值为4.13分。这说明高校辅导员在心理问题识别与处置、心理健康宣传与组织以及积极心理品质方面具备较高的技能水平。心理健康宣传与组织技能得分最高,而心理问题识别与处置技能和积极心理品质培育技能的得分相近。这表明辅导员日常工作中更加注重心理健康宣传与组织技能的培养与锻炼。(见表3-6)

表3-6 高校辅导员心理健康技能素养子因子的描述性统计结果

因子	样本数 n	最小值	最大值	平均值	标准差	独立样本 t 检验
心理危机识别与处置技能	1092	1.33	5	3.97	0.65	49.33***
积极心理品质培育技能	1092	1.00	5.25	3.96	0.66	47.98***
心理健康宣传与组织技能	1092	1.00	5	4.13	0.62	60.21***

注：*$P<0.05$，**$P<0.01$，***$P<0.001$。

（四）高校辅导员心理健康态度素养存在不平衡

心理健康态度素养在高校辅导员心理健康素养结构层次中属于上层结构，具有内隐性特征，其主要影响个体心理健康行为和决策。在本次抽样调查中，高校辅导员态度素养整体得分在4个因子中最低，这表明当前高校辅导员在面向学生开展心理育人工作时还存在一定的思想顾虑和认识偏差。本研究中的高校辅导员心理健康态度素养因子主要考查了心理健康自助态度和心理健康助人态度两个方面的内容，问卷共设计了4道题目。

从题目作答情况来看，对于题目"如果自己有心理问题，我会觉得很丢人"，有68%的辅导员选择不赞同或非常不赞同，但也有32%的辅导员选择不确定或赞同或非常赞同。这说明辅导员在心理自助态度方面，仍然有一定的自我病耻感。在心理助人方面，当问到"当学生找我帮忙时，我有时候会感到很烦"时，63%的辅导员选择不赞同或非常不赞同，但仍有37%的辅导员选择不确定或赞同或非常赞同。这说明，在实际开展心理助人过程中，由于工作性质复杂，需要对有心理问题的学生进行长时期陪伴和管理，这不仅需要投入大量精力和时间，还会导致辅导员产生心理倦怠现象。心理倦怠表现为失去耐心，出现消极态度。（见表3-7）

表3-7 高校辅导员心理健康态度素养题目作答情况

单位:%

题目		选项				
		非常赞同	赞同	不确定	不赞同	非常不赞同
心理健康自助态度	我认为心理问题是小问题,不用太关注。	4.0	5.5	5.5	31.0	54.0
	如果自己有心理问题,我会觉得很丢人。	5.2	11.8	15.0	34.8	33.2
心理健康助人态度	当学生找我帮忙时,我有时候会感到很烦。	6.5	15.4	15.1	36.1	26.9
	我认为那些有心理问题的学生和其他人不一样。	10.5	27.9	22.8	25.9	12.9

(五)高校辅导员心理健康人格素养较为健全

心理健康人格素养在高校辅导员心理健康素养整体结构中处于核心位置,发挥着统领作用。调查显示,当前高校辅导员心理健康人格素养较高,人格素养的平均值为4.38分,在4个因子中得分最高。这表明当前高校辅导员重视心理健康人格素养的养成,且在心理育人过程中能够尽心尽力为学生服务,愿意主动帮助和服务学生,能够以严谨的态度帮助学生进行心理疏导,具有无私的奉献精神。本研究中的高校辅导员心理健康人格素养因子主要考查了尽责性、严谨性、利他性三个方面的内容,问卷共设计了6道题目。

从题目作答情况来看,题目"我能坚持完成各项工作任务"赞同率较高,有95.8%的辅导员表示赞同或非常赞同,仅有4.2%的表示不确定或不赞同或非常不赞同。这表明高校辅导员在尽责性方面表现较好。赞同率相对较低的题目为"我做事有计划、有条理",有89.1%的辅导员表示赞同或非常赞同,有9.8%的辅导员表示不确定,有1.1%的辅导员表示不赞同或非常不赞同。这表明在严谨性方面,辅导员还存在一定认识偏差。在利他性方面,有95.8%的辅导员表示自己可信赖、可依靠,有89.6%的辅导员表示自己会站在别人的角度去思考问题。(见表3-8)。

表3-8 高校辅导员心理健康人格素养题目作答情况

单位:%

题目		选项				
		非常不赞同	不赞同	不确定	赞同	非常赞同
尽责性	我对待工作认真负责。	0.2	0.3	3.5	42.4	53.6
	我能坚持完成各项工作任务。	0.1	0.3	3.8	45.9	49.9
严谨性	我做事有计划、有条理。	0.2	0.9	9.8	52.3	36.8
	我做事有效率,善始善终。	0.2	0.5	6.8	46.9	45.6
利他性	我经常会站在别人的角度去思考问题。	0.3	1.0	9.1	49.8	39.8
	我可信赖、可依靠。	0.1	0.5	3.6	46.3	49.5

统计结果显示,尽责性的平均值为4.47分,严谨性的平均得值4.31分,利他性的平均值为4.36分。高校辅导员心理健康人格素养在尽责性、严谨性、利他性方面数据结果相差较小,表明当前高校辅导员心理健康人格素养较为健全。(见表3-9)

表3-9 新时代高校辅导员心理健康人格素养子因子的描述统计结果

因子	样本数n	最小值	最大值	平均值	标准差	独立样本t检验
尽责性	1092	1.00	5.00	4.47	0.57	85.37***
严谨性	1092	1.00	5.00	4.31	0.62	70.19***
利他性	1092	1.00	5.00	4.36	0.56	80.23***

注:*P<0.05,**P<0.01,***P<0.001。

总体来看,高校辅导员心理健康人格素养方面表现较好,表现出较为健全的人格素养。这表明大多数辅导员能够积极投入到助力时代新人健康成长的过程中,甘于奉献、勇于担责、乐于付出,能够为人师表,以高尚的人格来感染和影响学生。

三、新时代高校辅导员心理健康素养的特征分析

结合调查数据,从性别、年龄、婚姻状况等人口学变量对高校辅导员心理健康素养以及4个因子进行检验发现,高校辅导员心理健康素养呈现三个特征:群体差异性、阶段差异性、办学差异性。

(一)高校辅导员心理健康素养的群体差异性

群体差异性是指辅导员由于年龄、性别等条件所形成的心理健康素养特点。相关研究表明,教师的心理健康素养会在性别、年龄上表现出一定差异性。[1]在本次调查中,对性别变量进行独立样本 t 检验发现,高校辅导员心理健康态度素养因子($t=-7.69, P<0.001$)以及心理健康素养($t=-2.64, P<0.01$)出现了性别的显著差异,且女性显著高于男性,而其他因子则不存在显著差异。这表明高校男性辅导员相较于女性辅导员在心理健康态度素养因子以及心理健康素养方面得分较低。(见表3-10)

表3-10 性别差异(M±SD)

因子	男($n=372$)	女($n=720$)	独立样本t检验
知识素养	3.73±1.24	3.87±1.22	-1.84
技能素养	4.04±0.61	3.98±0.59	1.39
态度素养	3.39±0.98	3.82±0.80	-7.69***
人格素养	4.37±0.53	4.39±0.53	-0.33
心理健康素养	3.92±0.56	4.01±0.54	-2.64**

注:*$P<0.05$, **$P<0.01$, ***$P<0.001$。

为了研究高校辅导员在不同年龄段心理健康素养的差异,并进一步揭示其在年龄上的特征,本研究将调查对象分为四个年龄组:30岁及以下(甲组),31—35岁(乙组),36—40岁(丙组),41岁及以上(丁组)。通过F检验发现,知识素养和人格素养两个因子在年龄方面存在显著差异。进一步通过最小显著差

---

[1] 陈珅,陈科,李永鑫.河南省中小学心理健康教师的心理健康素养[J].中国健康心理学杂志,2021,29(8):1221.

异法(LSD)比较发现,在知识素养方面,甲>乙或丙,丁>乙或丙;在人格素养方面,丁>甲或乙或丙。这表明在当前高校辅导员群体中,30岁及以下的辅导员群体在心理健康知识素养方面的得分要高于30—40岁的群体,同时在心理健康人格素养方面,40岁及以上的辅导员群体的得分要显著高于其他群体。(见表3-11)

表3-11 年龄差异(M±SD)

因子	30岁及以下(n=523)	31—35岁(n=331)	36—40岁(n=151)	41岁及以上(n=87)	F检验	LSD比较
知识素养	3.90±1.15	3.73±1.28	3.66±1.36	4.04±1.25	3.16*	甲>乙或丙,丁>乙或丙
技能素养	4.00±0.57	3.97±0.62	4.04±0.61	4.05±0.63	0.71	
态度素养	3.70±0.90	3.67±0.87	3.66±0.83	3.51±0.97	1.25	
人格素养	4.37±0.53	4.37±0.56	4.37±0.49	4.55±0.50	3.11*	丁>甲或乙或丙
心理健康素养	4.00±0.52	3.93±0.58	3.93±0.58	4.08±0.52	2.34*	

注:*P<0.05,**P<0.01,***P<0.001。

总体来看,高校辅导员心理健康素养具有群体差异性,尤其是在性别与年龄两个变量上,与相关研究成果具有相似性,说明高校辅导员群体作为社会群体的一部分,其自身心理健康素养应具有群体共有的特征。同时,这也说明不同性别和不同年龄段的高校辅导员在开展心理育人工作时,他们的方法和成效可能会有所差异。因此,在提升高校辅导员心理健康素养的过程中,应当考虑到他们先天条件的差异性。

(二)高校辅导员心理健康素养的阶段差异性

阶段差异性是指辅导员心理健康素养与其婚姻状况、工作年限等相关,呈现出阶段性发展特点。高校辅导员心理健康素养的养成并非一蹴而就,而是有一个伴随其职业发展、人生发展循序渐进的过程。本研究主要探讨了高校辅导员在不同婚姻状况和工作年限的心理健康素养差异。

1. 未婚高校辅导员的心理健康素养水平较高

为了解已婚辅导员与未婚辅导员在心理健康素养上的差异,本研究采用独立样本 t 检验进行分析,结果显示,在知识素养和心理健康素养方面存在显著差异。不论是知识素养还是心理健康素养,未婚辅导员都高于已婚辅导员。(见表3-12)

表3-12 婚姻状况差异(M±SD)

因子	已婚(n=674)	未婚(n=418)	独立样本t检验
知识素养	3.73±1.30	3.98±1.08	−3.31***
技能素养	4.00±0.61	4.00±0.57	0.267
态度素养	3.67±0.86	3.68±0.94	−0.30
人格素养	4.40±0.53	4.35±0.53	1.42
心理健康素养	3.95±0.58	4.02±0.50	−2.05***

注:*P<0.05,**P<0.01,***P<0.001。

2. 工作年限在5—8年的高校辅导员的心理健康素养水平较低

为了研究高校辅导员工作年限对其心理健康素养方面的影响,本研究将调查对象按照从事辅导员工作的时间分为三组:4年及以下(甲组),5—8年(乙组),9年及以上(丙组)。通过 F 检验发现,除了态度素养外,其他因子以及心理健康素养都表现出差异性。进一步通过LSD比较发现,在知识素养方面,甲组的得分显著高于乙组;在技能素养和人格素养方面,丙组的得分高于其他各组;在心理健康素养方面,甲组和丙组的得分都高于乙组,但是甲组和丙组之间没有显著差异。(见表3-13)

表3-13 工作年限差异(M±SD)

因子	4年及以下(n=680)	5—8年(n=207)	9年及以上(n=205)	F检验	LSD比较
知识素养	3.89±1.17	3.62±1.30	3.84±1.33	3.71*	甲>乙
技能素养	3.98±0.59	3.97±0.60	4.10±0.59	3.35*	丙>甲或乙
态度素养	3.70±0.88	3.66±0.82	3.58±0.97	1.45	

续表

因子	4年及以下 (n=680)	5—8年 (n=207)	9年及以上 (n=205)	F检验	LSD比较
人格素养	4.35±0.55	4.37±0.52	4.50±0.48	6.17**	丙>甲或乙
体心理健康素养	3.99±0.54	3.90±0.58	4.03±0.55	3.20*	甲>乙,丙>乙

注：*$P<0.05$，**$P<0.01$，***$P<0.001$。

(三)高校辅导员心理健康素养的办学差异性

办学差异性是指辅导员心理健康素养受到所在高校办学层次、社会教育培训、办学条件等方面的影响而呈现出不同的特点。高校辅导员心理健康素养更多是依靠后天习得,离不开社会各方面的支持,尤其是辅导员所在高校的组织支持。高校的组织支持不仅包括高校自身办学条件,如招生层次、招生规模、师生比等,还包括培训支持与指导,如组织辅导员参与相关心理健康教育培训等。调查显示,高校辅导员心理健康素养在办学层次、参加培训次数以及所带学生人数方面存在一定差异性。

1.公办类本科院校辅导员心理健康素养水平较高

本次调查将辅导员所在高校的办学层次分为两类:一类是公办类本科院校;另一类是高职高专类和民办类院校。通过独立样本t检验发现,不同办学层次的高校辅导员在知识素养、技能素养以及心理健康素养方面存在差异,其他均无差异。进一步通过比较发现,公办类本科院校的辅导员在知识素养、技能素养以及心理健康素养方面的得分均高于高职高专类和民办类院校的辅导员。(见表3-14)。

表3-14 办学层次差异(M±SD)

因子	公办类本科院校 (n=743)	高职高专类和民办类院校 (n=349)	独立样本t检验
知识素养	3.89±1.21	3.72±1.25	2.09*
技能素养	4.03±0.56	3.94±0.65	2.44*

续表

因子	公办类本科院校 (n=743)	高职高专类和民办类院校 (n=349)	独立样本t检验
态度素养	3.65±0.90	3.72±0.86	
人格素养	4.40±0.52	4.35±0.57	
心理健康素养	4.00±0.54	3.93±0.57	2.31*

注：*P<0.05，**P<0.01，***P<0.001。

2.参加心理健康教育培训会影响高校辅导员心理健康素养

参加心理健康教育方面的培训是提升心理健康素养的主要方式之一。为研究高校辅导员参加心理健康教育培训的频率对其心理健康素养方面的影响，本研究将高校辅导员近三年参加心理健康教育的培训频率分为两组：1次及以下（甲组），2次及以上（乙组）。通过独立样本t检验发现，除了知识素养和态度素养之外，甲组的辅导员在技能素养、人格素养与心理健康素养方面的得分均高于乙组的辅导员。(见表3-15）。

表3-15 参加心理健康教育方面培训的差异（M±SD）

因子	1次及以下(n=507)	2次及以上(n=585)	独立样本t检验
知识素养	3.75±1.22	3.89±1.24	-1.92
技能素养	3.93±0.58	4.07±0.60	-3.84***
态度素养	3.68±0.84	3.67±0.93	0.25
人格素养	4.33±0.55	4.42±0.52	-2.90**
心理健康素养	3.92±0.52	4.03±0.57	-3.28*

注：*P<0.05，**P<0.01，***P<0.001。

3.所带学生低于200人的高校辅导员心理健康素养水平较高

按照教育部要求，高等学校应当按照总体上师生不低于1∶200的比例设置专职辅导员岗位。为研究高校辅导员所带学生人数对其心理健康素养方面的影响，本研究将高校辅导员所带学生人数分为两组：200人及以下（甲组），201

人及以上（乙组）。通过独立样本 t 检验发现，除了知识素养以及心理健康素养方面存在显著差异，其他方面不存在差异。进一步通过比较发现，甲组的辅导员在知识素养和心理健康素养方面的得分显著高于乙组的辅导员。（见表3-16）

表3-16 所带学生人数方面的差异（M±SD）

因子	200人及以下（n=358）	201人及以上（n=734）	独立样本 t 检验
知识素养	4.05±1.10	3.72±1.28	4.50***
技能素养	4.00±0.60	4.00±0.59	
态度素养	3.66±0.92	3.68±0.87	
人格素养	4.38±0.53	4.38±0.53	
心理健康素养	4.05±0.52	3.95±0.56	2.93**

注：*P<0.05，**P<0.01，***P<0.001。

四、新时代高校辅导员心理健康素养的问题分析

本研究采用自编的"新时代高校辅导员心理健康素养问卷"对一线高校辅导员进行深入调查。研究中使用的"新时代辅导员心理健康素养问卷"，整体内部一致性信度为0.912，4个分问卷的内部一致性信度在0.722—0.923之间，问卷重测信度为0.624，这说明整体测量结果是可靠的。根据调查结果来看，高校辅导员心理健康素养呈现较高水平，但其内在结构在不同的主客观条件下表现出一定的不均衡性。

（一）部分高校辅导员心理健康知识素养存在短板

心理健康知识素养是心理健康素养中的基础性素养，个体对于心理健康状况的认知和改善离不开心理健康知识的理解和掌握。本次调查发现，高校辅导员心理健康知识素养虽然整体水平高于均值，但是其相较于其他因子，得分相对较低。这一结果与郑丹丹开展的关于高校辅导员心理辅导胜任力调查结果类似，该调查中将高校辅导员心理知识结构作为因子，并通过研究揭示了在各

个维度中,知识素养得分相对较低。①

从题目作答情况来看,高校辅导员的心理健康知识掌握并不理想,尤其是在心理咨询的相关知识和团体心理辅导的相关知识方面存在短板。比如,有20%以上的高校辅导员在回答有关团体心理辅导的相关知识方面的问题时表示不确定或不赞同或非常不赞同;有30%以上的高校辅导员回答关于心理咨询的相关知识方面的问题时表示不确定或不赞同或非常不赞同。相较于心理健康维护的相关知识,心理咨询的相关知识和团体心理辅导的相关知识具有更强的专业性,这就要求高校辅导员必须投入大量时间和精力进行系统学习。这对于高校辅导员来说难度较大。但这并不是要求高校辅导员要同专业心理咨询人员一样,掌握较为深入的咨询和辅导知识,而是要求高校辅导员能够了解心理咨询理念与特点,具备开展相应工作的基础知识。这也是高校辅导员协同心理咨询师和心理健康教育教师开展心理育人的基础和前提。

从差异情况来看,高校辅导员的知识素养受到年龄、婚姻状况、工作年限、办学层次以及所带学生人数的影响。综合来看,年龄在30—40岁之间的已婚辅导员的知识素养需要重点提升。从高校辅导员职业生涯发展来看,30—40岁是高校辅导员职业发展的稳定期。在这一时期,大部分高校辅导员已经能够胜任相关工作,并积累了一定的工作经验。然而,高校辅导员的工作往往涉及大量的重复性任务,同时事务性事情也较多,这就可能导致他们在这一时期出现职业倦怠。此外,随着步入婚姻生活,高校辅导员的时间和精力被家庭责任所分散,使得他们难以保证有充足的时间进行学习。因此,高校辅导员的工作更多地依赖于过往的经验,这可能会导致知识更新的滞后。同时,结合前期访谈情况来看,高校辅导员具有主动学习的意识,但是能得到的学习资源较少。部分辅导员表示,他们主要通过参与培训和聆听相关讲座来获得一些零散的心理健康知识,这导致他们的知识结构较为单一,对心理健康领域的了解程度也较为有限。

---

① 郑丹丹.高校辅导员心理辅导胜任力现状调查研究[J].学校党建与思想教育,2016(1):81.

(二)部分高校辅导员网络心理疏导技能掌握不足

心理健康技能素养是心理健康素养各因子中对心理健康有直接影响的因子。本次调查发现,在高校辅导员心理健康技能子因子中,高校辅导员心理健康宣传与组织技能得分最高,这表明高校辅导员能够有效协助学校相关心理健康教育机构开展日常心理健康宣传教育活动以及进行心理健康筛查。然而,高校辅导员在网络心理疏导方面的表现相对较差,有超过20%的高校辅导员对开展网络心理疏导的能力缺乏信心,少数辅导员甚至认为自己不具备相应的网络心理疏导能力。近年来,网络已经成为高校大学生学习生活的"重要场域",也是高校辅导员引导大学生树立正确世界观、人生观、价值观的重要阵地。网络思想政治教育受到各方关注,高校辅导员需要顺应网络技术发展的新趋势,创新网络思想政治教育手段和方式,积极开展网络心理育人,这是新时代高校大学生思想政治教育工作的必然要求。本次调查还发现,参加心理健康教育培训能够帮助高校辅导员提升心理健康技能素养。因此,有必要针对当前高校辅导员网络心理疏导技能开展相应培训,尤其是要坚持实践导向,确保培训内容能够在实际工作中得到推广和应用。

(三)部分高校男性辅导员心理健康态度素养有待提升

本次调查发现,在高校辅导员心理健康素养各因子中,态度素养的得分最低。在回答有关心理健康自助态度和心理健康助人态度题目时,有部分高校辅导员态度含糊或者存在负向情感态度。在进行具体的人口学变量分析时发现,性别因子对高校辅导员心理健康态度素养影响显著,男性辅导员心理健康态度素养显著低于女性辅导员。相关研究认为,在心理健康问题上,男性和女性在寻求帮助的行为上表现出显著的性别差异。比如,路平认为,一直以来,男性的咨询率和求助方式与女性相比都更低,特别是在情绪问题和抑郁症问题上。[①]还有学者对拥有华语背景的澳大利亚人进行了研究,探讨他们在精神疾病知识、寻求专业帮助的偏好以及对药物和治疗方法的态度上的性别差异。研究结

---

① 路平.心理健康素养研究述评[J].心理研究,2013,6(1):10.

果显示,男性倾向于从传统文化的角度理解精神疾病的成因,并且更相信中医药在治疗精神分裂症方面的作用。[1]性别差异不仅源于生理、心理和思维方式的不同,还深受传统文化对性别角色认知的影响。高校男性辅导员在维护自身心理健康时,更容易受到思维方式以及传统文化的影响,将心理问题视为一种自身能力弱化的表现,导致他们在日常生活中很少主动去学习心理健康知识。因此,要重点关注高校男性辅导员的心理健康态度素养,尤其是要帮助其减少自我病耻感,转变消极的心理疾病观,提升自助意识。

(四)青年辅导员心理健康人格素养需重点培养

心理健康人格素养始终是高校辅导员心理健康素养的内核,在其内部结构中处于支配和统治地位。它不仅影响着高校辅导员自身心理健康,还会感染身边的学生和同事。本次调查发现,高校辅导员对于自身的尽责性、严谨性以及利他性都比较赞同,同时高校辅导员人格素养整体水平在各个因子中最高。调查样本显示,40岁及以下的高校辅导员人数超过90%,这表明我国高校辅导员队伍年龄结构整体偏年轻化。当前,青年辅导员的职业发展与成长问题受到各方关注。有学者认为,青年辅导员面临专业跨度大、兼职事务多、发展空间受限等具体问题。[2]这些问题不仅影响了青年辅导员的职业认同感,还影响了其身心健康。

本次调查结果显示,高校辅导员心理健康人格素养水平相对稳定,主要是受工作年限与年龄影响。具体而言,工作年限达到9年及以上的高校辅导员心理健康人格素养水平要高于其他工作年限的高校辅导员,年龄在41岁及以上的高校辅导员心理健康人格素养水平要高于其他年龄段的高校辅导员。工作年限代表着辅导员的工作经验,工作年限越长意味着辅导员工作经验越丰富。在长期的育人实践中,高校辅导员对于自身的工作有了更深刻的认识和体会,

---

[1] Wong D F K, Lam A Y K, Poon A, et al. Gender differences in mental health literacy among Chinese-speaking Australians in Melbourne, Australia[J].International Journal of Social Psychiatry,2012(2):178.
[2] 马玉海,夏小华,张月.分类管理推进青年辅导员专业化发展:以高校主体为视角[J].中国青年研究,2014(2):112—113.

并在工作实践中得到了更多磨炼,从而逐渐形成了稳定的职业人格特质。相对而言,青年辅导员的人格素养还处在发展与形塑阶段,因此,相关管理部门应高度重视,及时关注青年辅导员健康人格的塑造,做好优秀辅导员和资深辅导员的榜样示范和朋辈引导,帮助其树立职业理想,建立职业目标,做好职业规划,提升其人格素养水平。

(五)客观环境对高校辅导员心理健康素养的影响不容忽视

根据本次调查结果,客观环境如社会支持、所在学校的办学层次、辅导员参加心理健康培训的频率以及所带学生情况,都对高校辅导员心理健康素养产生了显著影响。

1.高职高专类和民办类院校的辅导员心理健康素养水平较低

不同办学层次代表着辅导员不同的外在工作环境和社会支持。有研究认为,独立学院的生源质量良莠不齐,就业竞争日益激烈,且学生工作任务繁重、难度大、要求高、意外事件多,心理问题突出,这些极大地增加了独立学院辅导员工作的难度,增大了其工作压力和心理负担。[1]而高职院校辅导员也同样存在管理压力大、职业认同感低、职业角色冲突、职业心理倦怠以及自我心理调控能力弱等问题。[2]本次调查发现,公办类本科院校的辅导员心理健康素养水平要整体高于高职高专类和民办类院校。其主要原因在于,与公办类本科院校相比,高职高专类和民办类院校的辅导员招聘标准缺乏统一性,队伍构成更为多样化。在某些情况下,为了安置人才家属,高职高专类和民办类院校可能会降低门槛让家属加入辅导员队伍,这导致了辅导员队伍在职业能力和素养方面的不足。此外,高职高专类和民办类院校在心理健康教育制度方面的不完善也是造成这一现象的重要因素。

---

[1] 储壁茜.独立学院辅导员心理健康存在的问题及对策[J].教育探索,2012(6):142.
[2] 张加亮.对高职辅导员心理健康教育的思考[J].职教论坛,2012(8):85—86.

2.高校辅导员心理健康教育方面的培训体系有待完善

心理健康教育培训是提升心理健康素养的重要途径之一。已有的调查研究证实,参加过心理健康培训的人员心理健康素养更好。[1]本次调查结果显示,每年参加心理健康教育培训1次及以下的高校辅导员心理健康素养水平要低于参加2次及以上的高校辅导员。同时本次调查还发现,有46.43%的高校辅导员近三年平均每年参加心理健康教育相关培训的次数在1次及以下。近年来,大学生心理问题日益凸显,高校辅导员对于心理健康维护方面的培训需求日益增多,但是高质量以及系统化的培训却是杯水车薪,有效供给不足严重影响了高校辅导员心理健康素养的提升。这一问题需要引起相关管理部门的重视。

3.高校辅导员超工作量问题需要关注

所带学生人数不同,对于高校辅导员身心状况影响不同。已有研究发现,辅导员所带学生人数越多,其心理健康水平越低,带学生超过300人的辅导员心理健康水平显著低于带学生人数在200人以下的辅导员。[2]本次调查发现,所带学生人数在200人及以下的高校辅导员心理健康素养要高于所带学生超过200人的。同时,在本次调查中,所带学生在201人及以上的高校辅导员为67.12%。所带学生越多,高校辅导员承担的工作量也会越大,高校辅导员接触的有心理问题的学生比例也会越高,超额的工作量对于高校辅导员心理健康素养的提升有一定的限制作用。因此,必须重视高校辅导员的工作量问题,确保其工作量保持在合理范围内,这将有助于促进高校辅导员心理健康素养的提升。

五、新时代高校辅导员心理健康素养存在问题的原因分析

通过前面的分析可知,无论是高校辅导员心理健康素养,还是其内部各个因子得分都较高。同时,调查结果显示,高校辅导员心理健康素养存在差异性,表现为群体差异性、阶段差异性以及办学差异性。通过进一步分析,我们还发

---

[1] 明志君,王雅芯,陈祉妍.科技工作者心理健康素养现状[J].科技导报,2019,37(11):13.
[2] 周红霞,杨雪龙,刘葵.高校辅导员心理健康状况及对策分析:基于浙江省2231名辅导员的实证调查[J].浙江师范大学学报(社会科学版),2015,40(6):92.

现高校辅导员在知识素养、技能素养、态度素养以及人格素养方面存在不平衡以及短板弱项。这些问题的产生原因较为复杂,既受到高校辅导员所处客观环境的影响,也与其主观因素有关。本节将从主客观两个维度对这些问题的产生原因进行深入分析。

(一)高校辅导员心理健康素养提升的相关政策支持不够

通过对我国高校辅导员发展脉络进行梳理可知,进入21世纪后,党和国家对高校辅导员的职业要求日益多元与全面,高校辅导员参与大学生心理健康教育成为其主要工作内容之一。因此,高校辅导员心理健康素养的提升已成为加强和改进高校思想政治工作的必然要求。然而,从高校辅导员职业发展现实境遇来看,虽然近年来一系列关于高校辅导员职业能力提升的相关文件相继出台,但是很少有专门针对高校辅导员心理健康素养提升的具体政策。

从整体来看,当前针对高校辅导员心理健康素养提升的政策支持存在不足,主要体现在两个方面。

一是相关政策较为零散,政策关联性不强。提升心理健康素养已经成为党和国家的重要战略规划和国家政策,如国家卫生健康委员会发布了《健康中国行动(2019—2030年)》,其中明确提出了提升国民心理健康素养的具体指标要求。然而,针对高校辅导员心理健康素养的提升却未有明确而系统的政策文件,相关指导内容多散见于工作保障与队伍建设等政策文件中,且缺乏针对性,实际操作性不强。有的文件虽然规定了关于高校辅导员心理健康教育素养方面的内容,如中共教育部党组在2013年印发了《普通高等学校辅导员队伍培训规划(2013—2017年)》,其中提出了开展心理健康教育培训,提升辅导员心理健康素养的内容,但在实际执行过程中,相关培训内容并未完全落实。在对一线辅导员进行访谈的过程中,有的辅导员表示自己在心理健康咨询方面的知识和能力还是不足,希望能够多一些技能方面的培训。这表明相关政策关联性不强,未将高校辅导员心理健康素养提升纳入入职选拔、职称评定、职务晋升、考核评价等政策元素中,使得高校辅导员心理健康素养提升成为空中楼阁,理论与实践之间存在脱节。

二是各项政策执行存在偏差,高校辅导员心理健康素养与岗位实际不匹配。当前针对高校辅导员心理健康素养提升的命令性政策规定较多,即从辅导员职责和职业能力来规定高校辅导员应具备的心理健康素养。比如,2014年,教育部制定并印发了《高等学校辅导员职业能力标准(暂行)》,其中明确提出辅导员要掌握心理健康教育方面的相关知识和技能,并在职业能力方面提出了初级、中级、高级三个层次的心理健康教育与咨询能力要求。这些规定在一定程度上为提升高校辅导员心理健康素养指明了方向。但从实际效果来看,由于这些政策具有强制性,它们往往忽视了辅导员职业发展的差异性,尤其是职业能力标准更多偏向于职业化,未能充分考虑辅导员的专业发展需求,与辅导员的实际工作环境存在脱节。在现实中,政策的执行并不总是那么直接。对于一些高职高专类院校而言,由于各方面条件有限,难以保证其按照职业能力发展的不同层次进行建设。许多辅导员在入职多年后,仍然在心理健康素养方面处于停滞不前的状态,从而出现了政策要求与高校辅导员实际岗位不相匹配的情况。

(二)高校辅导员协同心理育人工作格局尚未形成

高校辅导员心理健康素养的提升离不开具体的工作环境影响。为进一步落实立德树人根本任务,提升人才培养质量,教育部提出构建"十大育人"体系,旨在解决高校思想政治教育中的薄弱环节与突出问题。其中,"心理育人"体系的构建为高校辅导员心理健康素养的提升提供了实践平台与制度保障。从现实情况来看,当前高校心理育人整体工作格局还未有效形成,在育人主体、育人理念、育人机制方面还存在不平衡问题,这些因素从整体上制约了高校辅导员心理健康素养的进一步提升。

在高等教育机构中,心理育人的主体主要包括心理健康教育教师、心理咨询师、辅导员和班主任等。不同的育人主体承担的职责和任务各有侧重。心理健康教育教师主要是通过心理健康教育课程面向大学生传授心理健康知识。心理咨询师主要是对大学生心理问题进行识别和心理危机干预以及及时转介等。高校辅导员在心理育人方面的职责主要包括心理健康教育与咨询服务,旨在协助学校心理健康教育机构开展心理健康教育工作,对学生心理问题进行初步排查和疏导。然而,在心理育人实践工作中,高校辅导员与其他高校育人主体之间没有形成有效互动,往往停留于在遇到具体问题时的沟通和交流,没有形成常态化的信息交流反馈机制,更没有达成深层次的育人价值观共识。这种状况制约了高校辅导员心理健康素养的进一步提升。另外,各育人主体都拥有各自的优势资源,但目前资源的流通不畅,导致高校辅导员在提升心理健康素养方面遭遇外部瓶颈。

在育人理念方面,大学生的心理问题产生原因往往是多方面的,涵盖原生家庭教育的缺失、社会环境的塑造、个人成长历程的复杂性以及同辈群体的互动影响,同时还与个体的态度、情感、意志力等有很大关系。心理育人的过程绝非仅靠单一因素就能完全实现,而理性平和、乐观向上的心态更与大学生自身家庭成长环境,同辈群体的影响以及学校育人环境的营造息息相关。但是目前,包括学生家长、专业教师和学校管理人员在内的各方都对心理育人的参与度不高、参与意识不强,导致心理教育工作主要由辅导员和心理健康教育教师承担,他们往往扮演着"救火员"和"消防员"的角色。在某些情况下,不同教育主体之间甚至存在相互"抵消"的现象。这些问题的产生,就是因为在心理育人过程中,没有围绕立德树人根本任务形成育人主体之间的同向同行,使得高校辅导员面对学生开展心理健康教育和心理疏导时,仍然处于孤立无援的状态,得不到各方的有力支持,从而面临着事倍功半的困境,同时也在内部消耗着高校辅导员的心理健康素养资源,导致资源的枯竭。

(三)高校辅导员心理健康素养培育机制不够健全

科学有效的培育机制是保障高校辅导员心理健康素养提升的重要途径之一。但从实际运行来看,高校辅导员心理健康素养的培育机制不够健全,主要表现为在入口关、培养关、质量关方面的相关机制难以落实。

首先,从入口关来看,高校辅导员选拔机制还不完善。高校在选拔辅导员时,主要是依据政策规定,重点考察辅导员的思想政治素质以及是否具备从事大学生思想政治教育相关工作的知识储备和能力水平。但部分高校在具体执行相关政策时，容易出现"一边倒"的情况，即过分强调思想政治素质，而对专业知识和能力关注不够。有的高校还存在选择高校辅导员时要求与高校专业相匹配的情况，更希望与本校相关或类似专业的人员担任辅导员，从而疏于对应聘人员相关职业能力的考察。除此以外，部分高校在选拔辅导员时还存在程序不规范的情况，主观随意性较大，且没有坚持选拔原则，导致部分辅导员学历低，综合能力弱，从而影响选拔效果。

其次，从培养关来看，当前高校尚未有效建立针对辅导员心理健康素养的培训机制。一是培养目标尚未明确。合理的培养目标是提供指导方向的关键，但当前对于提升高校辅导员的心理健康素养，尚缺乏明确的培育目标和相应的指标体系。二是培训制度不够健全。当前高校已经开始重视辅导员心理健康素养的提升，但是在具体执行过程中，往往不能根据辅导员心理健康素养特点开展针对性培训，且培训制度未能和职业发展相关联，缺乏系统而连续的培训体系。尽管教育部多次发布关于辅导员培训的规划，强调国家、省级、学校三级培训的有序进行，并确保每位辅导员每年至少参与16学时的校级培训，每5年至少参加1次省级或国家级培训，但从实际执行效果来看，目前的培训尚不能满足辅导员职业发展的实际需求。三是培训形式较为单一。当前针对高校辅导员心理健康素养的培育主要依赖专题式培训，通常邀请心理健康教育方面的专家进行授课，而订单式培训和定向式培训等方式则较少。网络培训在近几年逐渐火热起来，但当前网络培训还存在资源拓展不够，内容吸引力不强，针对性不足等问题。

最后，从质量关来看，高校辅导员心理健康素养考核评价机制不够健全。一是未有明确的考核标准。部分高校对辅导员心理健康素养的培育不够重视，没有将其纳入辅导员职业能力考核当中。二是缺乏有效的激励机制。有的高校虽然已经开始关注辅导员心理健康素养的提升问题，但在实际操作中，更多是通过组织培训来实现，没有与相应的考评机制挂钩，也未有相应的荣誉激励或物质奖励，导致辅导员自身对于提升心理健康素养的动力不足。三是考核程序不规范。部分高校在对辅导员进行综合考评时,更多是强调结果导向,要求辅导员提交年终总结或者填报各项工作数据,通过数据信息对辅导员工作进行考评,忽略了工作过程,导致了功利化倾向,不利于辅导员心理健康素养的培育。同时,考核队伍主要是由学工部门进行考核,考核队伍结构单一,未能够有效反映辅导员工作实际情况,针对心理健康素养的提升未有相应的心理健康教育机构、专业教师等进行综合评价。

(四)部分高校辅导员对心理健康素养的提升的重视度不够

认识的实质是主体根据自身的认识去改造客观世界,同时客观世界能够对主观认识发挥反作用,二者之间相互影响。其中,主观认识具有主体性,是主体自身在实践中形成的理性与非理性认识。本研究认为,高校辅导员心理健康素养各个因子之所以存在不平衡,原因在于辅导员主体自身条件与认识不足。具体来看,包括以下两个方面。

1.部分高校辅导员对提升大学生心理健康素养认识不足

思想政治教育心理学提出,人的心理发展是思想政治品德形成的重要条件,教育对象的心理发展是其接受思想政治教育的基本前提。近年来,大学生的消极心态和心理困惑问题愈发凸显,社会上对于"躺平"和"内卷"等现象的讨论热度持续不减。为了应对这一趋势,教育部实施了多项措施,旨在帮助大学生提高心理健康素养,并培养积极健康的心态。随着新时代的到来,中共教育部党组印发了《高校思想政治工作质量提升工程实施纲要》,其中明确提出:"坚持育心与育德相结合,加强人文关怀和心理疏导,深入构建教育教学、实践活动、咨询服务、预防干预、平台保障'五位一体'的心理健康教育工作格局,着力培育师生理性平和、积极向上的健康心态,促进师生心理健康素质与思想道德素质、科学文化素质协调发展。"

然而,从现实情况来看,高校辅导员在提升学生心理健康素养方面,往往将重点放在发现和解决大学生的心理问题上,停留在问题解决的层面,而没有从整体上关注大学生的全面发展和心理潜能的开发。另外,高校辅导员在提升大学生心理健康素养时,应当包括培育大学生理性平和、积极向上的健康心态。但在实际工作中,高校辅导员在思想认识、价值取向、学习生活、择业交友等日常工作中融入心理健康教育的意识还不够,没有注重通过日常生活中的事件来培育大学生的积极健康心态,提升其自助意识,帮助其适应环境、应对压力,提升自我效能感。同时,高校辅导员在提升大学生心理健康素养的过程中还存在传统的管理思维特点,高校辅导员乐于以上率下对学生进行说教,缺乏构建成长共同体以及建立平等思维的意识,尤其是在关注个体成长方面,仍然存在师生二元对立的状态,师生之间存在明显隔阂,双方未达成健康成长的共识。

2.部分高校辅导员忽视自身心理健康素养提升

高校辅导员不断提升心理健康素养既是新时代高校思想政治工作的必然要求,也是高校辅导员职责的内在要求。通过梳理关于高校辅导员的相关政策可知,高校辅导员具有高校教师和管理人员的双重身份,这就要求高校辅导员无论从管理层面,还是从教育层面都应重视自身心理健康素养的提升。然而,通过实际访谈发现,一线辅导员存在忽视心理健康素养提升的情况,具体表现为以下几点。

一是学习意识淡薄。高校辅导员在实际工作中扮演着多重角色,从而承担了多重工作任务,导致了其精力分散。在实际工作中,高校辅导员往往更注重结果导向而非过程导向,特别是在处理学生心理健康问题时,只要没有出现极端事件,他们便满足于维持安全底线,这种工作导向导致高校辅导员更倾向于吸收实际管理经验,而非全面提升素养。

二是被动学习现象较为普遍。部分高校辅导员在开展心理健康教育工作时,常常感到自身素养不足。他们并非来自心理学或相关专业背景,自我提升的过程对他们来说颇具挑战,往往只能勉强应对,导致提升效果并不理想。

三是学习精力有限。高校辅导员不仅要帮助大学生提升心理健康素养,还要帮助大学生解决日常学习生活中的其他问题,尤其是大量的事务性工作占据了高校辅导员的大部分时间和精力。这些工作往往具有突发性和不可控性,给高校辅导员带来了巨大的工作压力,使得他们难以专注于心理健康素养的提升。

四是学习动力不足。有学者对200名高校辅导员开展了问卷调查,调查结果显示,高校辅导员职业认同度较低,这主要是由于工作强度大、收入待遇低、工作成就感低、队伍不稳定等因素造成的。[①]这些问题削弱了高校辅导员职业信念以及职业情感,也影响了高校辅导员的身心健康以及自我成长。

(五)社会环境因素的消极影响

高校辅导员心理健康素养的培育离不开具体的社会环境。社会环境为高校辅导员心理健康素养培育提供了发展空间和资源平台。但是,当前高校辅导员的社会地位普遍不高,尤其是社会舆论对高校辅导员群体的关注度不高,正面评价较少,这些消极因素影响着高校辅导员心理健康素养的养成。

一是高校辅导员社会地位较低。高校辅导员作为一个社会职业,其职业形象尚未得到充分认识。当前,社会公众对高校辅导员的工作职责和内容了解不足,甚至存在职业误解。有的人将高校辅导员视为高校中的"边缘人",认为其工作与教师传授专业知识不同,主要负责一些繁杂的事务性工作。在高校群体中,人数少、待遇低、工作条件差等内在消极因素影响了高校辅导员外在社会评价,进而影响了高校辅导员职业发展的空间。

二是社会舆论宣传不够。近些年来,随着党和国家对高校辅导员队伍建设的高度重视,高校辅导员队伍建设取得了长足的发展。然而,社会舆论对高校辅导员群体的关注度相对较低,甚至出现了较多负面舆情,这影响了社会公众对这一职业群体的客观认识。此外,社会更关注高校辅导员的工具价值,即高校辅导员群体是否在高校人才培养中发挥作用,而对其健康成长和发展不够重视。因此,社会对高校辅导员群体的期望不足也使得高校辅导员所获得的社会资源较为有限,难以实现社会优势资源的联动与互补,最终导致高校辅导员心理健康素养提升缺乏外在推动力。

---

① 马小红.高校辅导员职业认同现状分析[J].学校党建与思想教育,2015(6):55.

第四章 新时代高校辅导员心理健康素养的影响因素与效用研究

根据前面的研究结果来看,当前高校辅导员心理健康素养水平整体较高,但其内在结构呈现出不平衡问题。近年来,相关研究已经证实心理健康素养与社会支持、工作压力、情绪调节等因素具有相关性。为进一步通过实践验证之前访谈中所提出的高校辅导员心理健康素养影响因素,本文提出领悟社会支持、工作压力、情绪调节等会对高校辅导员心理健康素养产生重要影响,并且高校辅导员心理健康素养在其工作压力与工作满意度之间发挥重要作用。本章将针对以上问题,分别探讨高校辅导员心理健康素养的影响因素和效用机制,丰富和充实关于心理健康素养的相关研究,为提升高校辅导员心理健康素养提供决策依据。

一、新时代高校辅导员心理健康素养的影响因素分析

高校辅导员队伍的健康成长离不开党和国家以及社会各界的广泛支持。领悟社会支持对于辅导员而言是一种非常重要的能力,它更强调的是辅导员自身感悟到的社会支持以及对社会支持的理解。有研究证实,高校辅导员领悟社会支持水平越高,其身心越健康、主观幸福感越强、工作效能感越高、职业倦怠程度越低。[1]相反,如果高校辅导员缺乏必要的支持或感受到的社会支持较少,将导致他们在工作中承受较大的压力,影响他们的工作积极性和效率,甚至可能引发离职行为,从而对高校辅导员队伍的健康发展造成影响。

同时,有调查发现,大多数高校辅导员对工作带来的"身心疲惫感"感知比较强烈,这说明高校辅导员工作压力感普遍较强。[2]在面对工作压力时,个体还会产生职业倦怠。职业倦怠不仅会影响高校辅导员的身心健康,还可能降低他们的工作满意度和职业忠诚度,从而对学生的心理健康教育产生负面影响。

另外,情绪调节是指个体能够使用某些方法或者策略来调整和控制自己的情绪,使个体更好地适应环境。[3]有研究者将情绪调节作为心理健康技能素养

---

[1] 王虎.高校辅导员社会支持现状分析[J].学校党建与思想教育,2017(6):67.
[2] 沈晔.高校辅导员工作压力疏导及其职业成长[J].思想理论教育,2014(4):101.
[3] 陈维,张谷吟,田雪,等.Gross-John情绪调节问卷在中学生中的试用[J].中国心理卫生杂志,2020,34(3):207.

的重要组成部分,用以评估国民的心理健康素养水平。然而,情绪调节对高校辅导员心理健康素养的影响仍需进一步研究。

(一)研究设计与实施

本研究假设高校辅导员领悟社会支持、工作压力、情绪调节与其心理健康素养显著相关,且在不同的领悟社会支持水平、工作压力以及情绪调节水平下,高校辅导员的心理健康素养水平将表现出显著差异。

1.研究样本

本研究样本被试来自正式施测的402个样本,分布在北京市、重庆市、上海市、福建省、甘肃省、贵州省、河南省、湖北省、湖南省、江苏省、江西省、山西省、陕西省、四川省、云南省、广西壮族自治区、内蒙古自治区等17个省(自治区、直辖市)的高校。问卷是通过高校辅导员的微信群和QQ群进行发放的。样本的人口学变量分布如表4-1所示。

表4-1 人口学变量分布($n=402$)

人口学变量	类别	人数	百分比
性别	男	124	30.85%
	女	278	69.15%
年龄	30岁及以下	196	48.76%
	31—35岁	109	27.11%
	36—40岁	62	15.42%
	41岁及以上	35	8.71%
婚姻状况	已婚	225	55.97%
	未婚	177	44.03%
职称	助教及以下	234	58.21%
	讲师	149	37.06%
	副教授及以上	19	4.73%

续表

人口学变量	类别	人数	百分比
学位	学士	80	19.90%
	硕士	307	76.37%
	博士	15	3.73%
工作年限	4年及以下	262	65.17%
	5—8年	64	15.92%
	9年及以上	76	18.91%
所在高校办学层次	公办类本科院校	262	65.17%
	高职高专类和民办类院校	140	34.83%
近三年是否参加过心理健康教育方面培训	1次及以下	215	53.48%
	2次及以上	187	46.52%
所带学生人数	200人及以下	184	45.77%
	201人及以上	218	54.23%

2.研究工具

（1）新时代高校辅导员心理健康素养问卷

该问卷为自编量表，由4个因子28道题组成，4个因子分别是知识素养、技能素养、态度素养、人格素养。该问卷计分采用5级计分法，由被试根据自身实际情况对题目的认可程度进行评价。知识类题目评价方式从"非常不赞同"到"非常赞同"，分别计为1分至5分，即1=非常不赞同、2=不赞同、3=不确定、4=赞同、5=非常赞同。其他几个因子则从"非常不符合"到"非常符合"，分别计为1分至5分，即1=非常不符合、2=不符合、3=不确定、4=符合、5=非常符合。各因子分数相加即为总分，其中态度类题目为反向计分，总得分越高表示辅导员心理健康素养水平越高。此次测试的信度系数较好，其中各因子系数分别为：知识因子系数0.98、技能因子系数0.93、态度因子系数0.76、人格特质因子系数0.91，总量表的系数为0.91。

(2)领悟社会支持量表

该量表由姜乾金修订编制,共包含3个因子(家庭支持、朋友支持和其他人支持),总计12个条目,每个因子都包含4个条目;采用1到7级计分法,分数越高,反映出个体主观感受到的社会支持程度越高。[1]在本研究中,该量表内部一致性信度为0.93,各因子系数分别为家庭支持系数0.91、朋友支持系数0.93、其他人支持系数0.80。

(3)大学教师工作压力量表

该量表由清华大学李虹编制而成,分为5个因子,分别为工作保障因子(与工作保障相关的压力源)、教学保障因子(与教学保障有关的压力源)、人际关系因子(与人际关系有关的压力源)、工作负荷因子(与工作负荷有关的压力源)、工作乐趣因子(与工作乐趣有关的压力源)。该量表共24个项目,每个项目采用4级计分法:没有压力(1分)、轻度压力(2分)、中度压力(3分)、严重压力(4分),得分越高,表明压力越大。在本研究中,该量表的整体系数为0.96,各因子系数分别为工作保障因子系数0.90、教学保障因子系数0.81、人际关系因子系数为0.83、工作负荷因子系数为0.89、工作乐趣因子系数0.89。

(4)情绪调节量表

情绪调节量表是测量情绪调节策略的常用工具,共14道题目,重点对个体最常用的调节策略包括认知重评和表达抑制进行测量。该量表采取7级计分法(1=非常不符合、2=比较不符合、3=有点不符合、4=不确定、5=有点符合、6=比较符合、7=非常符合),得分越高代表个体的相应情绪调节策略的倾向水平越高。[2]在本研究中,该量表内部一致性信度为0.81,各因子系数分别为认知重评系数为0.86,表达抑制系数为0.80。

---

[1] 姜婷,温少东,王晓婷,等.新疆高校辅导员心理健康现状与领悟社会支持的相关性研究[J].现代预防医学,2018,45(10):1746.

[2] 陈维,张谷吟,田雪,等.Gross-John情绪调节问卷在中学生中的试用[J].中国心理卫生杂志,2020,34(3):208.

3.统计方法

本研究利用SPSS 25.0软件对收集的数据进行处理。

(二)研究结果

统计并分析收集的数据,得出研究结果。

1.描述性统计

本研究对研究样本的各因子进行了描述性统计,结果如表4-2所示。在本次调查中,心理健康素养的平均值为4.18分,进行独立样本t检验后,其高于中位数3分,具有统计学意义($P<0.001$),表明高校辅导员心理健康素养处于较高水平。领悟社会支持的平均值为5.39分,进行独立样本t检验后,其高于中位数4分,具有统计学意义($P<0.001$),表明高校辅导员社会支持水平整体处于中等偏上。工作压力的平均值为2.12分,进行独立样本t检验后,其低于中位数2.5分,具有统计学意义($P<0.001$),表明当前高校辅导员压力感受在一般到轻度之间。在各个因子中,工作负荷压力因子得分较高,表明当前高校辅导员感受到的工作负荷较大。情绪调节的平均值为4.70分,进行独立样本t检验后,其高于中位数4分,具有统计学意义($P<0.001$),表明当前高校辅导员情绪调节水平处于中等偏上。

表4-2 研究样本的各因子的描述性统计(n=402)

因子	样本数n	最小值	最大值	平均值	标准差	独立样本t检验
知识素养	402	1.89	5.00	4.48	0.48	62.069***
技能素养	402	1.78	5.00	4.02	0.59	34.781***
态度素养	402	1.00	5.00	3.77	0.86	17.802***
人格素养	402	2.00	5.00	4.46	0.51	57.707***
心理健康素养	402	2.46	5.00	4.18	0.40	61.477***
家庭支持	402	1.00	7.00	5.46	1.20	24.231***

续表

因子	样本数 n	最小值	最大值	平均值	标准差	独立样本 t 检验
朋友支持	402	1.75	7.00	5.52	1.09	27.889***
其他人支持	402	1.25	7.00	5.18	1.11	21.359***
领悟社会支持	402	1.75	7.00	5.39	1.01	27.579***
工作保障	402	1.00	4.00	2.20	0.72	-8.37***
教学保障	402	1.00	4.00	2.09	0.67	-12.43***
人际信任	402	1.00	4.00	1.91	0.70	-16.95***
工作负荷	402	1.00	4.00	2.32	0.91	-3.95***
工作乐趣	402	1.00	4.00	2.07	0.82	-10.49***
工作压力	402	1.00	4.00	2.12	0.65	-11.61***
表达抑制	402	1.00	7.00	3.92	1.32	-1.175
认知重评	402	1.00	7.00	5.48	0.88	33.691***
情绪调节	402	1.60	7.00	4.70	0.83	20.633***

注：*$P<0.05$，**$P<0.01$，***$P<0.001$。

2. 领悟社会支持、工作压力、情绪调节与心理健康素养的关系

分别以领悟社会支持的平均值（5.39分）、工作压力的平均值（2.12分）、情绪调节的平均值（4.70分）为界，将领悟社会支持、工作压力、情绪调节分为高分组与低分组，并对这两组在心理健康素养得分方面进行独立样本 t 检验，结果如表4-3所示。

表4-3　高分组与低分组的高校辅导员在心理健康素养得分方面的差异比较

因子	高领悟社会支持（$n=210$）	低领悟社会支持($n=$192)	独立样本t检验	高工作压力（$n=194$）	低工作压力($n=208$)	独立样本t检验	高情绪调节（$n=189$）	低情绪调节($n=$213)	独立样本t检验
心理健康素养	4.36±0.36	4.08±0.39	7.283***	4.13±0.42	4.31±0.36	-4.692***	4.33±0.38	4.14±0.40	4.856***

注：*$P<0.05$,**$P<0.01$,***$P<0.001$。

结果表明，工作压力感不同的高校辅导员在心理健康素养方面存在显著差异。具体而言，高工作压力组的高校辅导员在心理健康素养方面的得分显著低于低工作压力组的高校辅导员。同样，领悟社会支持水平和情绪调节水平得分不同的高校辅导员在心理健康素养方面也存在显著差异。具体而言，高领悟社会支持组的高校辅导员在心理健康素养方面的得分显著高于低领悟社会支持组的高校辅导员，高情绪调节组的高校辅导员在心理健康素养方面的得分也高于低情绪调节组的高校辅导员。

3.领悟社会支持、工作压力、情绪调节与心理健康素养的相关性分析

采用皮尔逊相关性分析法，探究领悟社会支持、工作压力、情绪调节与心理健康素养及其各因子之间的相互关系，详细数据如表4-4所示。

表4-4　高校辅导员领悟社会支持、工作压力、情绪调节与心理健康素养及其各因子的相关性

因子	知识素养	技能素养	态度素养	人格素养	心理健康素养	领悟社会支持	工作压力	情绪调节
知识素养	1							
技能素养	0.493**	1						
态度素养	0.071	-0.035	1					

续表

因子	知识素养	技能素养	态度素养	人格素养	心理健康素养	领悟社会支持	工作压力	情绪调节
人格素养	0.530**	0.533**	0.150**	1				
心理健康素养	0.783**	0.798**	0.360**	0.773**	1			
领悟社会支持	0.332**	0.356**	0.155**	0.333**	0.434**	1		
工作压力	−0.186**	−0.253**	−0.258**	−0.258**	−0.341**	−0.297**	1	
情绪调节	0.314**	0.403**	−0.381**	0.356**	0.291**	0.151**	−0.023	1

注：*$P<0.05$，**$P<0.01$，***$P<0.001$。

分析结果显示,领悟社会支持与心理健康素养以及各因子存在显著正相关,相关系数的显著性P全部小于0.05,相关系数均大于0。工作压力与心理健康素养及其各因子均存在显著负相关,相关系数的显著性P均小于0.05,相关系数均小于0。情绪调节与心理健康素养以及各因子(态度因子除外)存在显著正相关,相关系数的显著性P小于0.05,相关系数大于0;情绪调节与态度因子则存在显著负相关,相关系数的显著性P小于0.05,且相关系数小于0。

4.领悟社会支持、工作压力、情绪调节对心理健康素养的影响

从相关性分析的结果来看,高校辅导员的领悟社会支持、工作压力、情绪调节与心理健康素养之间存在着显著相关。为进一步了解它们的关系,确定领悟社会支持、工作压力、情绪调节对心理健康素养的预测效应,本研究进行了多元线性回归分析。

本研究以领悟社会支持、工作压力、情绪调节3个因子为自变量,以心理健康素养为因变量,构建了回归模型,并采用多元线性回归分析,结果如表4-5所示。

表4-5 领悟社会支持、工作压力、情绪调节对心理健康素养的多元线性回归分析

	未标准化系数 B	标准误差	标准系数 β	独立样本t检验	显著性(P)	方差扩大因子(VIF)
常量	3.282	0.151		21.765	<0.001	
领悟社会支持	0.13	0.018	0.328	7.347	<0.001	1.122
工作压力	−0.145	0.027	−0.238	−5.385	<0.001	1.097
情绪调节	0.114	0.021	0.236	5.533	<0.001	1.024

注：调整后R^2=0.287，F=54.811，P<0.001。

由以上结果分析可知，本次模型拟合度良好，调整后的R^2为0.287，意味着参与本次回归分析的自变量对因变量的影响程度达到28.7%，即本次回归模型能较好地探寻到心理健康素养的影响因素。

本研究的线性回归方程显著（F=54.811，P<0.001），意味着参与本次研究的自变量中至少有一个自变量能显著影响因变量心理健康素养。进一步通过对回归系数的独立样本t检验可以最终得出结果。

首先，领悟社会支持能够显著正向影响高校辅导员心理健康素养，影响系数为0.13（t=7.347，P<0.001），即高校辅导员领悟社会支持水平越高，其心理健康素养水平越高。二者之间的定量关系是领悟社会支持每提升1分，心理健康素养随之提高0.13分。

其次，工作压力能够显著负向影响高校辅导员心理健康素养，影响系数为−0.145（t=−5.385，P<0.001），即高校辅导员工作压力越大，其心理健康素养水平越低。二者之间的定量关系是工作压力每提升1分，心理健康素养随之降低0.145分。

最后，情绪调节能够显著正向影响高校辅导员心理健康素养，影响系数为0.114（t=5.533，P<0.001），即高校辅导员情绪调节水平越高，其心理健康素养水平越高。二者之间的定量关系是情绪调节每提升1分，心理健康素养随之提高0.114分。

(三)新时代高校辅导员心理健康素养影响因素讨论

本研究采用了皮尔逊相关性分析法,将领悟社会支持、工作压力以及情绪调节与高校辅导员心理健康素养进行相关性分析,结果显示,工作压力与高校辅导员心理健康素养及其各因子存在显著负相关,领悟社会支持、情绪调节与高校辅导员心理健康素养以及各因子均存在显著正相关。进一步通过多元线性回归分析发现,领悟社会支持、工作压力以及情绪调节均能够显著影响高校辅导员心理健康素养。

1. 领悟社会支持能正向影响高校辅导员心理健康素养

领悟社会支持是指个体对感到在社会中被尊重、被支持、被理解的情绪体验或满意程度,是对社会支持的期望和评价及对可能获得的社会支持的信念。[1]领悟社会支持与现实中的社会支持有所不同,其更加强调主观性,代表着个体对社会支持的一种理解能力。对于高校辅导员而言,领悟社会支持具有广泛的增益作用,高校辅导员领悟社会支持水平越高,其开展工作会越顺利,个体体验到的负性情绪也会越少。本次调查发现,高校辅导员领悟社会支持的平均值为5.39分,高于中位数4分,具有统计学意义($P<0.001$),表明高校辅导员领悟社会支持水平整体处于中等偏上。在各因子中,高校辅导员感受到的朋友支持和家庭支持的得分较高,而其他人支持的得分相对较低,表明当前高校辅导员的社会支持主要来自朋友和家庭。这一结果与王熹的研究结果稍有不同,王熹的研究显示,高校辅导员领悟支持的水平处于中等偏上,在各因子中,其他人支持的得分高于朋友支持和家庭支持。[2]这主要是由于本次调查中的高校辅导员已婚人数占55.97%,工作年限在4年及以下的高校辅导员占65.17%,年龄在30岁及以下的高校辅导员占48.76%。结合调查样本来看,大部分高校辅导员是刚刚步入职场的年轻辅导员,对于职业目标、职业发展、职业环境等还在前期探索阶段,因此,年轻辅导员能够得到的其他支持还相对较少,而主要是来自朋友支

---

[1] 林静,涂巍.大学生积极心理品质与应对方式、领悟社会支持的关系[J].中国健康心理学杂志,2015,23(2):226.
[2] 王熹.高校辅导员积极心理品质与领悟社会支持的相关研究[D].重庆:重庆师范大学,2016.

持和家庭支持。同时,本次调查中有超过一半的高校辅导员组建了家庭,因此,家庭支持也成为其主要的社会支持来源。

通过数据分析,我们发现高校辅导员领悟社会支持能够正向影响高校辅导员心理健康素养。根据社会支持理论,无论个体是否处于压力状态之下,也无论个体实际获得的支持情况如何,社会支持具有普遍的增益效果,即存在社会支持的主效应。拥有一个优良的社会支持系统能够给人提供积极的情绪体验和稳定的社会性回报。[①]有研究证明,高校辅导员领悟社会支持会影响其积极心理品质的形成。领悟社会支持水平越高,其积极心理品质则越高。[②]同时,领悟社会支持对个体心理健康也会产生重要影响,尤其是在个体面对心理问题或者心理危机时,领悟社会支持水平的高低也会影响其对于解决问题的态度与信念。这一机制与心理健康素养类似,在某种程度上而言,领悟社会支持作为一种积极的心理资源,其作用机制与心理健康素养是相同的。那些对社会支持有较高理解水平的高校辅导员,更愿意寻求朋友和家人的支持,心理求助的意愿更为主动和积极,这也有助于个体在健康人格的塑造上更加完善,从而促进心理健康素养的提升。

2.工作压力的增加不利于高校辅导员心理健康素养的养成

有学者将工作压力定义为,在工作环境中,使个人目标受到威胁的压力源长期地、持续地作用于个体,在个性及应付行为的影响下,形成一系列生理、心理和行为反应的过程。[③]通过对402名高校辅导员进行问卷调查发现,高校辅导员普遍存在工作压力。除了工作乐趣因子不具有显著性之外,其他各因子都具有显著性。其中,工作负荷因子和工作保障因子的得分较高。各因子的得分由高到低依次为工作负荷因子、工作保障因子,教学保障因子以及人际关系因子。这一结果与宋守君的调查结果类似,宋守君的调查表明,当前高校辅导员

---

① 刘晓,黄希庭.社会支持及其对心理健康的作用机制[J].心理研究,2010,3(1):6.
② 王熹.高校辅导员积极心理品质与领悟社会支持的相关研究[D].重庆:重庆师范大学,2016.
③ 徐长江.工作压力系统研究:机制、应付与管理[J].浙江师大学报(社会科学版),1999(5):70.

主要压力源来自工作负荷因子和学校管理因子。①类似的研究结果还包括丁淑兰等人通过问卷调查发现，高校辅导员的工作压力普遍较高，工作本身压力得分最高。工作本身压力得分最高符合现实情况，高校辅导员虽说具有教师与管理人员的双重身份认定，但在实际工作中，这样的角色也颇有几分尴尬。高校辅导员既不能像专业教师那样专心于教学科研，又不等同于纯粹的管理人员。在工作中，他们往往要二者兼顾，既要完成一定的学生工作又要承担相应的行政工作，身心长期疲惫，而在这个过程中，如果遇到冲突，他们可以寻求的帮助非常有限。遇到困难、遇到问题，他们寻求帮助的渠道非常少，更多的要靠自己想办法处理。久而久之，会造成很大的心理负担。工作负荷大、占用休息时间等职业特点都会带来这种内在的压力感。②

通过数据分析，我们发现工作压力会显著负向影响高校辅导员的心理健康素养。随着高校辅导员工作压力的增加，其心理健康素养水平也会随之下降。相关研究结果表明，工作压力越大，高校辅导员的心理健康水平就越低。③同时，高校辅导员工作压力较大也容易产生职业倦怠，这种职业倦怠主要表现在生理、心理、工作、人际关系和自我评价等方面。④根据卡拉塞克（Karasek）工作压力模型，工作压力主要包括工作要求和工作控制两方面。高压力的工作往往表现为高要求、低控制、低支持的工作，这种工作容易给个体身心造成伤害。而高要求、高控制、高支持的工作会增加个体学习、动机和技能的发展。因此，该模型认为工作控制非常重要，而工作控制主要受技能和决策力量影响。⑤对于高校辅导员而言，高压力的工作也往往代表低控制度。例如，一些高校会周期性地实施封闭式管理，这导致部分学生难以适应学校的管理规定，容易引发焦虑和抑郁情绪。特别是在高校长期实行封闭管理的情况下，大学生的心理健康状况有可能会恶化。学生心理问题的凸显对于高校辅导员而言是不能够把控

---

① 宋守君.高校辅导员工作压力源量表的初步编制[D].济南:山东师范大学,2008.
② 丁淑兰.高校辅导员工作压力、组织支持感、职业承诺的关系研究[D].杭州:浙江大学,2010.
③ 宋守君.高校辅导员工作压力源量表的初步编制[D].济南:山东师范大学,2008.
④ 彭时敏.高校高学历辅导员职业压力与职业倦怠研究[J].教育探索,2015(2):123.
⑤ 石林.工作压力理论及其在研究中的重要性[J].心理科学进展,2002,10(4):434.

的,若缺乏相关部门的指导与支持,他们可能无法有效地帮助学生解决心理问题,这反过来也会影响高校辅导员自身心理健康素养的提升。此外,长期承受工作压力的个体极易出现职业倦怠和工作效能感下降等问题。这些问题会使得个体缺乏内在动力,自我认同度不高,随之会产生一系列心理与行为问题。这些都不利于高校辅导员心理健康素养的培育,甚至可能产生破坏性影响。诸多研究证明,心理健康素养的形成离不开个体的主动学习与掌握,而高校辅导员的心理健康素养提升是一个贯穿其职业生涯的过程。因此,工作压力的增加不利于高校辅导员心理健康素养的提升。基于此,相关教育管理部门应当重视减轻高校辅导员的工作压力,并提供必要的支持,以帮助他们提升心理健康素养。

3.情绪调节策略会正向影响辅导员心理健康素养水平

心理学家将情绪定义为以个体的愿望和需要为中介的一种心理活动,它由主观体验、外部表现以及生理唤醒三种成分组成。[①]有学者认为,高校辅导员这一职业属于高情绪职业人群,因其工作性质的不同,时常要扮演多种角色,平衡家长、学生、学校等各种关系,因此对情绪管理和情绪平衡的要求较高。在本次调查中,高校辅导员情绪调节测量平均值为4.70分,进行独立样本t检验后,其高于中位数4分,具有统计学意义($P<0.001$),表明当前高校辅导员情绪调节水平处于中等偏上,这一结果与相关研究一致。同时,在情绪调节各因子当中,认知重评得分较高,表达抑制不具有显著性。这一结果显示,高校辅导员当前在管理情绪时,最常用的还是认知重评策略。认知重评即认知改变,指个体通过改变自己对情绪事件的理解,改变对情绪事件意义的认识来降低情绪反应。[②]有学者认为,相较于表达抑制,认知重评是以一种更加积极的方式理解那些负性的情绪事件,或者对其进行合理化。认知重评会对社会沟通和互动产生积极影响。[③]认知重评策略之所以在高校日常思想政治教育中应用较为广泛,是因

[①] 彭聃龄.普通心理学(修订版)[M].北京:北京师范大学出版社,2001:355.
[②] 傅小兰.说谎心理学教程[M].北京:中信出版社,2022:61.
[③] 王振宏,郭德俊.Gross情绪调节过程与策略研究述评[J].心理科学进展,2003,11(6):632.

为高校辅导员作为与大学生最为亲近的知心人,经常需要面对大学生在学习和生活中产生的不良情绪。通过对消极事件进行认知重评,高校辅导员可以帮助大学生改变不合理的信念,及时摆脱消极心态所带来的困扰,回归理性正常的生活,同时还能增进学生对辅导员的信任和认同,从而在情感上更加亲近。因此,对于高校辅导员而言,认知重评策略是一种有效的情绪调节策略。

通过数据分析,我们发现情绪调节可以正向影响高校辅导员心理健康素养。随着情绪调节水平的提高,高校辅导员的心理健康素养水平也会随之提高。研究表明,情绪调节可以有效改变个体心理健康水平。情绪调节,从调节对象上区分,可分为自我调节和对他人调节;从调节内容上区分,可分为对积极情绪的调节和对消极情绪的调节。高校辅导员在日常工作中不仅要掌控自身的情绪,还要帮助身边的学生调整不良情绪,这就需要高校辅导员通过后天学习和培训来掌握这一技能。情绪调节水平较高代表着个体心理健康维护水平较高,同时也表明其职业人格特质比较稳定,这些都是心理健康素养的外在表现。新时代高校思想政治工作要求辅导员要有深刻的育人情怀。高校辅导员的情感态度对学生有着深远的影响,积极的情绪和态度往往具有很强的感染力,会在潜移默化中影响学生,甚至内化为学生自身的情感和态度。高校辅导员使用认知重评策略,既是培育时代新人的要求,也是提升思想政治教育效果的要求。因此,重视高校辅导员情绪调节的掌握和育人情怀的培养显得尤为重要。

二、新时代高校辅导员心理健康素养的效用分析

由前面分析可知,高校辅导员心理健康素养受到领悟社会支持、工作压力以及情绪调节等因子影响。调查结果显示,当前高校辅导员工作压力感普遍存在。相关研究表明,高校辅导员由于工作压力过大,会产生职业倦怠、身心健康水平下降、工作绩效降低、人际关系紧张、工作满意度低,甚至出现频繁离职现象。心理健康素养作为一种功能性素养可以帮助个体维护自身心理健康,但是否可以提升个体的工作满意度,目前还未有相关研究。以往在研究心理健康素

养对心理健康的作用时,更多关注的是心理健康素养的各个因子,如知识素养、技能素养、态度素养对心理健康的作用,而从整体上探讨心理健康素养对心理健康作用的研究较少。

(一)研究设计与实施

为进一步探究高校辅导员心理健康素养在高校育人环境中所发挥的效用,本节将重点探讨心理健康素养如何影响高校辅导员的工作压力和工作满意度,以及心理健康素养对心理健康的作用。此外,本节还将进一步揭示高校辅导员心理健康素养作用的心理机制。

1.研究样本

本研究样本被试来自正式施测的402个样本,分布在北京市、重庆市、上海市、福建省、甘肃省、贵州省、河南省、湖北省、湖南省、江苏省、江西省、山西省、陕西省、四川省、云南省、广西壮族自治区、内蒙古自治区等17个省(自治区、直辖市)的高校。问卷是通过高校辅导员的微信群和QQ群进行发放的。样本的人口学变量分布详见表4-1。

2.研究工具

(1)新时代高校辅导员心理健康素养问卷

该问卷为自编量表,由4个因子28道题组成,4个因子分别是知识素养、技能素养、态度素养、人格素养。该问卷计分采用5级计分法,由被试根据自身实际情况对题目的认可程度进行评价。

(2)大学教师工作压力问卷

该量表由清华大学李虹编制而成,分为5个因子,共24个项目,每个项目采用4级计分法,得分越高,表明压力越大。

(3)工作满意度指数量表

工作满意度指数量表主要评估员工对工作的总体满足感,即综合满意度。该量表包含6个条目,用于评估对工作本身、领导、同事、收入、晋升机会和工作整体的满意程度。该量表采用5级计分法,得分越高,工作满意度越高。在本研究中,该量表的内部一致性信度为0.86。

(4)广泛性焦虑量表

广泛性焦虑量表可用于广泛性焦虑的筛查及其症状严重程度的评估。该量表的测量内容主要包括焦虑的主要症状,如躯体紧张和情绪消极,共7个条目。该量表要求个体使用0—3评定最近两周内症状出现的频率,每个条目设置为0—3分,总分为21分。根据得分评估焦虑程度,0—4分为无焦虑,5—9分为轻微焦虑,10—14分为中度焦虑,15—21分为高度焦虑。该量表的内部一致性信度为0.955。

(5)流调中心抑郁量表

流调中心抑郁量表为美国国家心理健康中心的拉德洛夫于1977年编制,目前在国际上被广泛用于对普通人群进行抑郁症状的筛查。流调中心抑郁量表要求被试使用0—3评定最近一周内症状出现的频率。其测量内容包括情绪低落、无价值感、绝望、食欲下降、注意力差、睡眠困扰等抑郁症状,但不包括食欲或睡眠增加、精神运动性激越、自罪感、自杀意念等症状。本次调查使用何津等人修订的流调中心抑郁量表中文简版,共9题。该量表以10分和17分为抑郁倾向和抑郁高风险的划界分。在本研究中,该量表内部一致性信度为0.791。

3.统计方法

本研究利用SPSS 25.0和PROCESS v3.3软件进行数据统计与处理。其中,效应检验是在选择模型后,设定5000的样本量,同时将置信区间设定为95%。

(二)研究结果

1.共同方法偏差的控制与检验

在数据收集完成后,本研究采用哈曼(Harman)单因素检验方法对共同方法偏差进行检验。该方法基于一个假设:如果存在大量的共变关系,因素分析时极有可能析出一个单独的因子,或者某个公共因子能够解释大部分的变异。本研究对心理健康素养问卷、工作压力问卷、工作满意度问卷、抑郁和焦虑问卷的所有项目进行探索性因素分析。结果表明，心理健康素养问卷中特征值大于1的因子共有15个，第一个公因子解释了总变异量的26.13%，小于40%的可接受临界标准，没有出现"只析出一个因子或某个因子解释率特别大"的情况，因此本研究的共同方法偏差在可以接受的范围之内。

2.各量表的描述性统计

在本次调查中，心理健康素养的平均值为4.18分，进行独立样本t检验后，其高于中位数3分，具有统计学意义（$P<0.001$），表明高校辅导员心理健康素养处于较高水平。工作压力的平均值为2.12分，进行独立样本t检验后，其低于中位数2.5分，具有统计学意义（$P<0.001$），表明当前高校辅导员压力感受在一般到轻度之间。工作满意度的平均值为3.55分，进行独立样本t检验后，其高于中位数3分，具有统计学意义（$P<0.001$），表明当前高校辅导员对其工作的感受总体上介于不确定与满意之间。抑郁的平均值为1.99分，焦虑的平均值为1.97分，进行独立样本t检验后，二者均低于中位数1.5分，具有统计学意义（$P<0.001$），表明当前高校辅导员存在一定抑郁和焦虑情绪。各量表的描述性统计结果如表4-6所示。

表4-6　各量表的描述性统计

因子	样本数n	最小值	最大值	平均值	标准差	独立样本t检验
知识素养	402	1.89	5.00	4.48	0.48	62.07***
技能素养	402	1.78	5.00	4.02	0.59	34.78***
态度素养	402	1.00	5.00	3.77	0.86	17.80***
人格素养	402	2.00	5.00	4.46	0.51	57.71***
心理健康素养	402	2.46	5.00	4.18	0.40	61.48***
工作保障	402	1.00	4.00	2.20	0.72	−8.37***
教学保障	402	1.00	4.00	2.09	0.67	−12.43***

续表

因子	样本数 n	最小值	最大值	平均值	标准差	独立样本 t 检验
人际关系	402	1.00	4.00	1.91	0.70	−16.95***
工作负荷	402	1.00	4.00	2.32	0.91	−3.95***
工作乐趣	402	1.00	4.00	2.07	0.82	−10.49***
工作压力	402	1.00	4.00	2.12	0.65	−11.61***
工作满意度	402	1.50	5.00	3.55	0.72	15.25***
抑郁	402	1.00	3.00	1.99	0.50	19.82***
焦虑	402	1.00	3.00	1.97	0.82	11.66***

注：*P<0.05，**P<0.01，***P<0.001。

3.各变量的群体差异性检验

（1）性别差异

本研究通过对性别变量进行独立样本 t 检验发现，高校辅导员在心理健康素养、工作压力、工作满意度、抑郁和焦虑等方面没有性别的显著差异。（见表4-7）

表4-7 性别差异（M±SD）

因子	男（n=124）	女（n=278）	独立样本 t 检验
心理健康素养	2.01±0.88	1.96±0.79	−1.62
工作压力	2.15±0.7	2.11±0.63	0.62
工作满意度	3.57±0.72	3.54±0.72	0.38
抑郁	4.45±1.36	3.69±1.23	1.40
焦虑	5.62±0.9	5.41±0.86	0.57

注：*P<0.05，**P<0.01，***P<0.001。

(2)年龄差异

为进一步揭示各变量在年龄上的差异,本研究将调查对象分为四个年龄组:30岁及以下(甲组),31—35岁(乙组),36—40岁(丙组),41岁及以上(丁组)。通过F检验发现,工作满意度在年龄上存在显著差异。进一步通过LSD比较发现,甲组的得分显著高于丙组和丁组,其他无显著差异。(见表4-8)。

表4-8 年龄差异(M±SD)

因子	30岁及以下(n=196)	31—35岁(n=109)	36—40岁(n=62)	41岁及以上(n=35)	F检验	LSD比较
心理健康素养	4.19±0.39	4.24±0.4	4.28±0.46	4.26±0.35	0.969	
工作压力	2.09±0.66	2.16±0.61	2.19±0.66	2.04±0.72	0.643	
工作满意度	3.65±0.72	3.47±0.71	3.3±0.71	3.66±0.66	4.601**	甲>丙,甲>丁
抑郁	1.96±0.49	1.99±0.45	2.07±0.53	2.01±0.61	0.712	
焦虑	1.97±0.81	1.94±0.71	2.09±0.94	1.89±0.91	0.612	

注:*P<0.05,**P<0.01,***P<0.001。

(3)婚姻状况差异

为了解已婚辅导员与未婚辅导员的差异,本研究采用独立样本t检验进行分析,结果显示,各变量在婚姻状况方面不存在显著差异。(见表4-9)

表4-9 婚姻状况差异(M±SD)

因子	已婚(n=225)	未婚(n=177)	独立样本t检验
心理健康素养	1.97±0.79	1.98±0.85	−0.206
工作压力	2.11±0.62	2.14±0.69	−0.404
工作满意度	3.52±0.7	3.58±0.74	−0.704

续表

因子	已婚($n=225$)	未婚($n=177$)	独立样本t检验
抑郁	3.93±1.3	3.92±1.34	0.084
焦虑	5.52±0.83	5.43±0.93	0.975

注:*$P<0.05$,**$P<0.01$,***$P<0.001$。

(4)工作年限差异

为考察各变量在工作年限上的差异,本研究将调查对象按照从事辅导员工作的时间分为三组:4年及以下(甲组),5—8年(乙组),9年及以上(丙组)。通过F检验发现,除了工作压力和工作满意度表现出差异性以外,其他无显著差异。进一步通过LSD比较发现,在工作压力方面,丙组的得分显著大于甲组,其他组无差异;在工作满意度方面,甲组的得分显著大于丙组,其他组无差异。(见表4-10)

表4-10　工作年限差异(M±SD)

因子	4年及以下 ($n=262$)	5—8年 ($n=64$)	9年及以上 ($n=76$)	F检验	LSD比较
心理健康素养	4.20±0.39	4.29±0.41	4.26±0.41	1.53	
工作压力	2.07±0.66	2.10±0.62	2.3±0.63	3.559*	丙>甲
工作满意度	3.62±0.74	3.48±0.63	3.37±0.70	3.825*	甲>丙
抑郁	1.96±0.48	2.04±0.44	2.07±0.59	1.989	
焦虑	1.94±0.79	1.92±0.73	2.14±0.95	1.896	

注:*$P<0.05$,**$P<0.01$,***$P<0.001$。

(5)职称差异

本研究按照实际情况将高校辅导员职称分为三组:助教及以下(甲组)、讲师(乙组)、副教授及以上(丙组)。通过F检验发现,工作压力与工作满意度在职称方面存在差异性，其他无显著差异。进一步通过LSD比较发现，在工作压力方面，甲组和乙组的得分都显著高于丙组，而甲组和乙组之间不存在差异；在工作满意度方面，甲组和丙组的得分显著高于乙组，而甲组和丙组之间不存在差异。（见表4-11）

表4-11 职称差异（M±SD）

因子	助教及以下 （n=234）	讲师 （n=149）	副教授及以上 （n=19）	F检验	LSD比较
心理健康素养	4.23±0.40	4.22±0.41	4.22±0.35	0.004	
工作压力	2.12±0.66	2.18±0.64	1.73±0.61	3.976*	甲>丙，乙>丙
工作满意度	3.6±0.74	3.44±0.69	3.79±0.63	3.412*	甲>乙，丙>乙
抑郁	1.97±0.49	2.04±0.52	1.85±0.38	1.569	
焦虑	2.00±0.83	1.98±0.80	1.57±0.63	2.490	

注：*P<0.05，**P<0.01，***P<0.001。

4.心理健康素养、工作压力与工作满意度的相关性分析

通过相关性分析发现，各个变量之间均有统计学意义上的显著性（见表4-12）。具体来看，高校辅导员工作压力与心理健康素养及其各因子之间存在非常显著的负相关，相关系数在-0.258—-0.186之间，工作压力与心理健康素养的相关系数为-0.341。工作压力与工作满意度之间也呈显著负相关，工作压力与工作满意度的相关系数为-0.469。心理健康素养与工作满意度呈显著正相关。心理健康素养与工作满意度的相关系数为0.375，心理健康素养各因子（态度素养除外）与工作满意度呈显著正相关，相关系数在0.289—0.360之间，态度素养不具有显著性。

表4-12 高校辅导员心理健康素养及其各因子、工作压力与工作满意度的相关性

因子	知识素养	技能素养	态度素养	人格素养	心理健康素养	工作压力	工作满意度
知识素养	1						
技能素养	0.493**	1					

续表

因子	知识素养	技能素养	态度素养	人格素养	心理健康素养	工作压力	工作满意度
态度素养	0.071	−0.035	1				
人格素养	0.530**	0.533**	0.150**	1			
心理健康素养	0.783**	0.798**	0.360**	0.773**	1		
工作压力	−0.186**	−0.253**	−0.258**	−0.258**	−0.341**	1	
工作满意度	0.306**	0.360**	−0.029	0.289**	0.375**	−0.469**	1

注：*$P<0.05$，**$P<0.01$，***$P<0.001$。

5.心理健康素养与抑郁、焦虑的相关性分析

通过相关性分析发现，心理健康素养与抑郁、焦虑呈显著负相关，相关系数分别为−0.258和−0.262。(见表4-13)

表4-13 心理健康素养与抑郁、焦虑的相关性

因子	心理健康素养	抑郁	焦虑
心理健康素养	1		
抑郁	−0.258**	1	
焦虑	−0.262**	0.733**	1

注：*$P<0.05$，**$P<0.01$，***$P<0.001$。

6.工作压力对工作满意度的回归分析

从相关性分析的结果来看，高校辅导员的工作压力与工作满意度之间存在显著相关。为进一步了解它们的内部关系，确定工作压力对工作满意度的预测效应，本研究进行了回归分析。

本研究以工作压力各因子为自变量，以工作满意度为因变量，构建回归模型。在本研究中，所有的自变量都经过了Z分数的标准化处理，随后进行了回归分析，结果如表4-14所示。

表4-14　工作压力对工作满意度的回归分析

	未标准化系数	标准误差	独立样本t检验	显著性(P)
常量	−3.08	0.043	0	1
工作保障	−0.09	0.071	−1.269	0.205
教学保障	0.149	0.08	1.865	0.063
人际关系	−0.167	0.073	−2.286	0.023
工作负荷	−0.116	0.076	−1.517	0.130
工作乐趣	−0.325	0.08	−4.045	0.000

注：调整后R^2=0.25，F=27.741，P<0.001。

由以上结果分析可知，本研究的线性回归模型显著，F=27.741，P<0.001，结合对5个自变量的回归系数的检验，可以最终得出：人际关系和工作乐趣可以显著负向预测工作满意度，影响系数分别为−0.167（t=−2.286，P=0.023<0.05）和−0.325（t=−4.045，P=0.000<0.05）。

7.心理健康素养对心理健康的回归分析

为探究高校辅导员心理健康素养对心理健康的影响，本研究以高校辅导员心理健康素养为自变量，分别以抑郁和焦虑为因变量，构建回归模型，以进行线性回归分析。（见表4-15，表4-16）

表4-15　心理健康素养对抑郁的回归分析

	未标准化系数	标准误差	独立样本t检验	显著性(P)
常量	−1.02	0.048	0.000	1
知识素养	−0.053	0.059	−0.892	0.373
技能素养	−0.058	0.06	−0.967	0.334
态度素养	−0.226	0.049	−4.628	0.000
人格素养	−0.116	0.061	−1.892	0.059

注：调整后R^2=0.087，F=10.507，P<0.001。

表4-16 心理健康素养对焦虑的回归分析

	未标准化系数	标准误差	独立样本t检验	显著性(P)
（常量）	−7.46	0.048	0.000	1
知识素养	−0.033	0.059	−0.557	0.578
技能素养	−0.17	0.06	−2.828	0.005
态度素养	−0.194	0.049	−3.947	0.000
人格素养	−0.04	0.062	−0.646	0.519

注：调整后R^2=0.075，F=9.103，P<0.001。

由以上结果分析可知，高校辅导员心理健康素养对其心理健康具有负向影响。具体来看，高校辅导员态度素养对其心理健康具有显著影响，对抑郁和焦虑的影响系数分别为−0.226（t=−4.628，P=0.000<0.001）和−0.194（t=−3.947，P=0.000<0.001）。技能素养对抑郁影响不显著，而对焦虑则具有显著影响，影响系数为−0.17（t=−2.828，P=0.005<0.01）。另外，知识因素和人格素养对心理健康影响不显著。

（三）心理健康素养的中介作用分析

为进一步探讨心理健康素养的作用机制，本研究提出高校辅导员心理健康素养在其工作压力与满意度之间存在中介效应的假设。

1.中介效应的原理

中介效应是一个重要的统计学概念，当自变量X需要通过影响变量M才能对因变量Y产生影响时，X对Y的影响就存在中介效应，影响变量M为中介变量。[1]之所以研究中介效应，其目的是在已知X和Y关系的基础上，探究这个关系产生的内部机制。中介效应的研究不仅可以解释背后的作用机制，还能整合

---

[1] 谢迪.农民理性、村庄治理与农村公共服务效率研究[M].北京：人民出版社，2018:155.

已有的研究或理论,具有显著的理论和实践意义。[1]中介效应的示意图如图4-1所示。

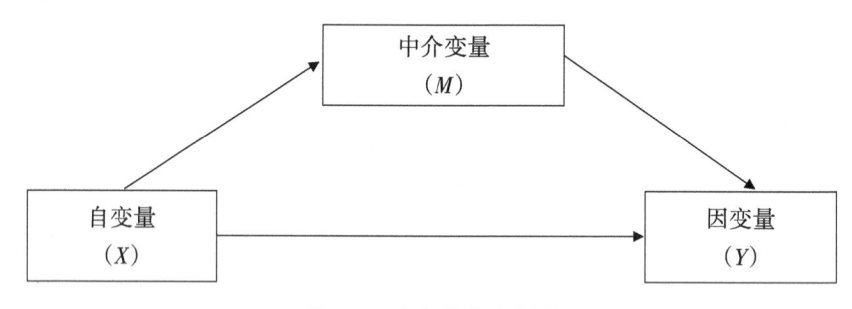

图4-1 中介效应示意图

在本研究中,中介效应检验采用的是不对称置信区间法。由于放弃了中介效应的抽样分布为正态分布的前提,对中介效应的抽样分布不加限制,因此得到不对称置信区间。不对称置信区间法包括自助法和乘积分布法。自助法能适用于中、小样本和各种中介效应模型,且目前常用的各种统计软件都能进行自助法运算。[2]

2. 心理健康素养在工作压力与工作满意度之间的中介效应

本研究分别探讨了高校辅导员心理健康素养及其各个因子在工作压力与工作满意度之间的中介效应,并构建了两个中介模型图。具体而言,以高校辅导员工作压力为自变量,工作满意度为因变量,心理健康素养为中介变量,构建中介模型M1(见图4-2),同时构建心理健康素养各个因子的中介模型M2(见图4-3)。

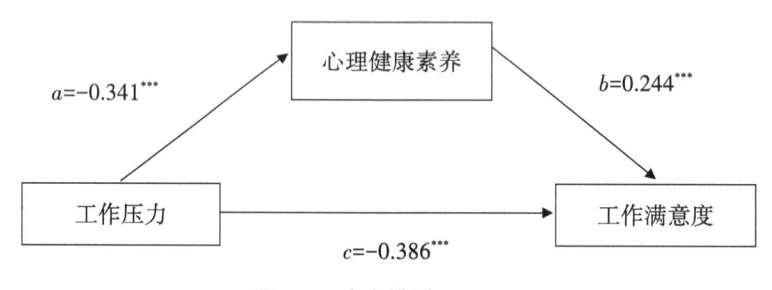

图4-2 中介模型M1

---

[1] 方杰,张敏强,邱皓政.中介效应的检验方法和效果量测量:回顾与展望[J].心理发展与教育,2012(1):105.
[2] 方杰,张敏强,邱皓政.中介效应的检验方法和效果量测量:回顾与展望[J].心理发展与教育,2012(1):107.

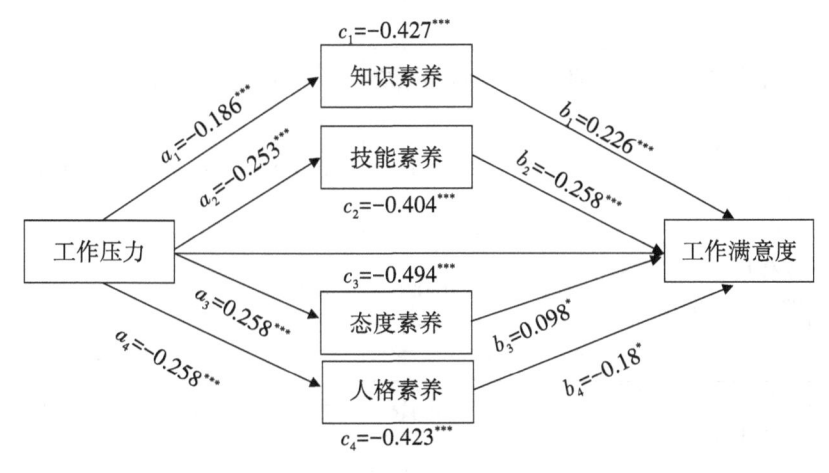

图 4-3 中介模型 M2

通过两个模型可知,高校辅导员的工作压力对高校辅导员的心理健康素养具有显著预测作用,心理健康素养也能显著预测高校辅导员的工作满意度。心理健康素养及其各因子的中介效应如表 4-17 所示。心理健康素养在工作压力与工作满意度之间存在显著的中介效应,为 -0.083,95%CI[-0.131,-0.043],不包含"0",但是心理健康素养各因子在工作压力与工作满意度之间的中介效应却不尽相同。对于知识素养而言,其存在显著的负向中介效应,为 -0.042,95%CI[-0.079,-0.015]。对于技能素养而言,其存在显著的负向中介效应,为 -0.065,95%CI[-0.109,-0.031]。对于人格素养而言,其存在显著的负向中介效应,为 -0.046,95%CI[-0.081,-0.018]。此外,态度因子的中介效应不显著。

表 4-17 心理健康素养在工作压力与工作满意度之间的中介效应分析

模型	路径	直接效应	间接效应	95%CI		占总效应比例
M1	工作压力→心理健康素养→工作满意度	-0.386***	-0.083	-0.131	-0.043	17.70%
M2	工作压力→知识素养→工作满意度	-0.427***	-0.042	-0.079	-0.015	8.96%

续表

模型	路径	直接效应	间接效应	95%CI		占总效应比例
M2	工作压力→技能素养→工作满意度	−0.404***	−0.065	−0.109	−0.031	13.86%
	工作压力→态度素养→工作满意度	−0.494***	0.025	−0.001	0.0559	5.33%
	工作压力→人格素养→工作满意度	−0.423***	−0.046	−0.081	−0.018	9.81%

注：*$P<0.05$，**$P<0.01$，***$P<0.001$。

（四）高校辅导员心理健康素养的效用讨论

本研究旨在探讨高校辅导员的心理健康素养在工作压力与工作满意度的内部机制。虽然以往研究表明，工作压力与工作满意度之间密切相关，但是很少有研究从心理健康素养角度来揭示它们的内部心理机制。尤其是在新时代高校辅导员职业化和专业化建设背景下，探讨高校辅导员心理健康素养及其各因子的作用，对于提升辅导员队伍职业化和专业化水平，建设高素质辅导员队伍意义重大。

1.高校辅导员工作满意度较高

工作满意度是指个体在生理上和心理上对其工作环境因子所产生的满意程度的感受，是对工作情境的一种主观的情感与态度的反应。[①]高校辅导员工作满意度往往代表着对其工作环境、性质、任务以及工作回报等方面的系统看法和态度。在本次调查中，高校辅导员工作满意度的平均值为3.55分，高于中位数3分，说明高校辅导员工作满意度处于较好的水平，这与以往相关研究结果一致。长期以来，党中央一直对高校思想政治工作队伍建设给予高度重视。特别是自党的十八大以来，随着高校立德树人根本任务的深入实施，建立一支

---
① 胡晓毅.高校辅导员心理所有权对其工作满意度影响的实证研究[J].学校党建与思想教育,2021(22):79.

"政治强、业务精、纪律严、作风正"的高素质辅导员队伍,已成为顺应时代发展的必然要求。近年来,通过发布一系列关于高校辅导员队伍建设的制度性和政策性文件,以及高校教育主管部门的共同努力,高校辅导员队伍建设实现了高质量发展。目前,高校辅导员的发展目标更加明确,职能定位更加清晰,职业发展道路更加畅通,保障和激励机制也更加完善。随着外部环境的改善和职业稳定性的提升,高校辅导员对自身工作的满意度显著提高。

从人口学变量分析差异来看,工作满意度在年龄、工作年限、职称方面存在差异。年龄在30岁及以下的高校辅导员工作满意度高于36—40岁的高校辅导员,工作年限在4年及以下的高校辅导员工作满意度高于9年及以上的高校辅导员,这与以往相关研究结果有相似的地方。之所以年轻辅导员工作满意度较高,与其刚刚步入职场,对工作与生活充满期待有关,因而工作满意度也较高。[1]在职称方面,助教及以下和副教授及以上的高校辅导员工作满意度都高于讲师。相较于讲师,副教授及以上级别的高校辅导员往往工作时间较久,在薪酬待遇以及工作保障方面往往要高于讲师。职称还代表着工作经验和能力,在面对工作挑战时,职称越高代表着处理问题时更有经验和胜任能力。因此,副教授及以上的高校辅导员工作满意度要高于讲师。另外,助教及以下的高校辅导员由于大多数处于职业生涯的初期阶段,与工作年限较短的情况相似。总体来看,工作年限在9年及以上、年龄在36—40岁且职称为讲师的高校辅导员工作满意度较低。这部分高校辅导员在经过一段时间的工作历练后,往往能够熟练地处理学生事务,但是他们也可能会产生职业倦怠,比如对工作期待感降低,工作创新方面难有突破,日常学生事务繁杂导致其身心俱疲。此外,不合理的职称评审制度使得他们的成长和进步空间被压缩,从而导致工作满意度降低。

2.高校辅导员心理健康素养对其工作满意度具有增益效果

本研究验证了高校辅导员的心理健康素养是工作压力与工作满意度之间的中介变量,并揭示了心理健康素养在其中发挥的部分中介作用。尽管目前针对高校辅导员心理健康素养在工作压力与工作满意度关系中起中介作用的研

---

[1] 胡晓毅.高校辅导员心理所有权对其工作满意度影响的实证研究[J].学校党建与思想教育,2021(22):81.

究较少,但已有研究发现,心理健康素养与职业压力和职业倦怠呈显著负相关。国外相关研究也表明,心理健康素养可以调整个体压力评估水平。同时,本研究结果与心理健康素养的形成机制和作用机制相符合,心理健康素养的形成离不开一定的情境。有学者认为,心理健康素养是需要放在具体背景中理解的,并需要和社会以及组织结构相融入。还有学者依据健康素养的理论模型,指出心理健康素养构成了一个不断循环的系统过程,个体以健康素养为基础,不断通过后天环境中的教育、文化、媒体、网络、医疗体系等途径获得心理健康的知识,形成心理健康的相应态度,并在此基础上形成个体关于心理健康的相关信念,如此循环,最终达到维护和促进心理健康的目的。由此可见,高校辅导员心理健康素养在工作压力与工作满意度之间发挥了一定的"桥梁"作用。另外,高校辅导员心理健康素养能正向预测工作满意度,也支持心理健康素养的作用机制模型,也就是说,心理健康素养作为一种保护个体心理健康的综合能力,对工作满意度具有增益作用。

在本研究中,心理健康素养被分为知识素养、技能素养、态度素养以及人格素养4个因子。这与传统上对心理健康素养的三维结构经典定义(即知识素养、技能素养和态度素养)有所不同。本研究结合高校辅导员的职业身份与特点,将人格素养纳入其中,彰显了高校辅导员特殊的心理健康素养结构,并探讨了高校辅导员心理健康素养各个因子在工作压力与工作满意度之间的中介作用。研究结果表明,工作压力可以负向预测高校辅导员心理健康素养的不同因子。高校辅导员工作压力作为一种可以感知的外在环境变量,是高校辅导员心理健康素养及其各因子形成的重要因子。高校辅导员心理健康素养各个因子在工作压力与工作满意度之间的中介作用存在差异:知识素养和技能素养、人格素养在工作压力与工作满意度之间存在部分的负向中介作用,而态度素养在工作压力与工作满意度之间的中介作用不显著。虽然目前尚无研究考察辅导员心理健康素养,但心理健康素养是一个内涵相对丰富的概念,回顾已有的相关研究可以发现,心理健康素养及其各因子在工作压力与工作满意度之间起到相应中介作用。因此,在本研究中,高校辅导员心理健康素养的间接路径具有一定合理性。另外,在本研究中,不同因子的中介效应大小不同,其中技能素养的中介效应最大,由此推测,相较于知识素养和人格素养,技能素养对高校辅导员工作满意度的作用更稳定、效果也更大,因此应更加注重高校辅导员心理健康技能素养在工作压力和工作满意度之间的作用。

本研究还发现人格素养在工作压力与工作满意度之间发挥着部分中介作用,这也丰富了心理健康素养的相关研究。研究证明,高校教师人格与心理健康紧密相关,同时高校教师人格还会影响其心理资本,越外向的高校教师心理健康状况程度越好,也会拥有更多的积极心理资本。[1]而心理资本又与工作满意度紧密相关,丰富心理资本有利于提升工作满意度。[2]这一研究也间接验证了心理健康素养与工作满意度之间的内在关系,证实了心理健康素养在具体情境中可以发挥积极的功效。

3.高校辅导员心理健康素养能提升其心理健康状态

高校辅导员群体调查结果显示,在抑郁方面,60.9%的人的得分小于10分,表明他们没有抑郁倾向;而39.1%的人的得分大于等于10分,可能表现出一定程度的抑郁倾向,其中8.2%的人的得分大于等于17分,属于高风险抑郁群体。在焦虑方面,40.7%的人的得分小于4分,无焦虑问题;29.3%的人的得分在5—9分之间,存在轻微焦虑;而30%的人则表现出中度到高度的焦虑。高校辅导员群体的抑郁的平均值为1.99分,焦虑的平均值为1.97分,这反映出高校辅导员整体心理健康状况相对良好。尽管如此,仍有39.1%的人表现出抑郁倾向,以及近60%的人存在焦虑倾向,这些数据与已有研究的结果类似。高校辅导员之所以会出现一定心理健康问题,与其工作特性有极大的关系。从工作内容来看,高校辅导员的工作内容涵盖思想理论教育、党团组织建设、资助、心理辅导、学风建设、安全管理、网络教育等多个方面,每个方面都要求高校辅导员在确保基本原则的情况下,做出特色和水平。从工作管理角度来看,高校辅导员经常

---

[1] 刘建平,何志芳.高校教师人格对心理资本与心理健康的影响研究[J].心理学探新,2013,33(6):538.
[2] 刘晓冰,胡丽娜,李娜.心理资本视域下高职院校兼职教师工作满意度实证研究[J].职教论坛,2020(12):115.

要应对来自不同部门的协调沟通任务,这些部门都可能对高校辅导员提出要求,而实际执行的责任则落在高校辅导员个人身上。从工作性质来看,高校辅导员的工作性质从根本上说是做"人"的工作,这要求他们密切关注学生成长,经常要深入寝室、食堂和课堂,以便及时发现学生问题,进行干预和帮扶。高校辅导员"超长待机"的工作状态,长时期的工作负荷,会使得其身心状况受到冲击,因而可以说工作压力是影响高校辅导员心理健康状况的重要外部因子。当前,高校辅导员队伍建设必须适应伟大复兴的历史进程,适应我国建设教育强国的现实要求。高校辅导员自身任务艰巨,使命重大。要想扛起新时代的历史重任,高校辅导员首先要信念坚定,要有深厚的家国情怀,同时还要有健康的心理和健全的人格。

在本研究中,首先,高校辅导员心理健康素养与心理健康状况呈显著的负相关,这也印证了相关学者的研究结果。具体来看,高校辅导员心理健康知识素养对其心理健康状态影响不显著。这一结果与已有研究有不一致。比如,有学者通过对800名大学生进行调查发现,心理健康知识对心理健康负性状态具有保护作用,即心理健康知识水平高的大学生,更少忧郁和焦虑。[1]但也有学者认为,心理健康知识对心理健康状态的影响是短期的,心理困扰的解决需要一个较长的过程,横断面研究可能无法反映二者之间的因果关系,还需要以干预或追踪研究的方法进一步验证。[2]其次,高校辅导员心理健康技能素养对抑郁影响不显著,而对焦虑状态则呈现显著负向影响。有研究认为,心理健康技能素养可以促进心理健康的改善。比如,有学者通过对2252名科技工作者进行心理健康素养与抑郁和焦虑的关系调查发现,科技工作者的心理健康技能素养与抑郁和焦虑得分呈显著负相关。之所以高校辅导员心理健康技能素养对其抑郁状态影响显著性不强。这或许与本研究中所考察的技能素养都与高校辅导员助人技能素养有关,即总体上是对他人的考察,而对自身心理健康维护的技能素养考察不足。再次,高校辅导员态度素养与抑郁和焦虑呈现显著负相

---

[1] 韩建涛,秦鹏生,葛明贵.心理健康知识对大学生心理健康影响的研究[J].扬州大学学报(高教研究版),2013,17(6):29.

[2] 明志君,陈祉妍.心理健康素养:概念、评估、干预与作用[J].心理科学进展,2020,28(1):6.

关,也就是说高校辅导员心理健康态度素养水平越高,其抑郁和焦虑情绪水平也会随之降低,心理健康状态也会越好。这与相关研究结果一致。在本研究中,态度素养主要是考察高校辅导员心理健康自助态度和心理健康助人态度。高校辅导员自助与助人的态度越积极,其对于心理问题也越重视,在面对自身或他人的心理问题时,也会更加积极寻求帮助,使得自身或他人的心理问题能够得到及时解决。相反,如果态度消极,就有可能导致心理问题被拖延,进而影响心理健康,甚至加重相关症状,影响正常社会功能。最后,高校辅导员的人格素养对心理健康状态影响不显著,这与以往关于人格与心理健康的研究结果有所不同。以往研究认为,大学教师的人格对教师的心理健康有中等程度的影响。[1]在本研究中,高校辅导员心理健康人格素养主要基于他们所肩负的思想教育和价值引领职责,以及作为学生事务管理工作者所应具有的尽职尽责以及利他特性。高校辅导员心理健康人格素养是在先天基础上通过后天培养形成的,它体现的是高校辅导员良好的性格、高贵的道德品质以及育人为本的社会担当。从整体上看,高校辅导员心理健康人格素养具有价值性和时代性的特征,且具有相对内隐性,并不会直接体现为心理健康状态,因而也不会对心理健康状态产生直接影响。

---

[1] 刘建平,何志芳.高校教师人格对心理资本与心理健康的影响研究[J].心理学探新,2013,33(6):539.

第五章 新时代高校辅导员心理健康素养的培育与提升

高校辅导员心理健康素养的培育是一项系统工程,必须坚持马克思主义的辩证唯物主义观点,坚持用全面的、发展的、联系的观点来看待高校辅导员心理健康素养的培育。应立足于中国特色社会主义现代化建设实际,尤其是要满足新时代高校思想政治工作新要求以及党和国家关于提升心理健康素养的相关政策要求,从高校辅导员自身存在的实际问题出发,识别并关注影响高校辅导员心理健康素养的重要因素,进行有针对性的培育。本章将着重探讨在前期调研中发现的问题以及影响高校辅导员心理健康素养的内外因素,旨在从国家、社会、学校、家庭四个层面构建一个一体化的培育体系。

一、树立新时代高校心理健康素养培育新理念

我国正处在实现中华民族伟大复兴的关键时期,随着社会主要矛盾的变化,人民群众对美好生活的向往比以往任何时候都更为迫切。在新时代,走向共同富裕的号角已经吹响,精神富裕是共同富裕的重要内容,而心理健康是人们精神富裕的基础。提升心理健康素养已经上升为国家健康战略,国家卫生健康委员会发布的《健康中国行动(2019—2030年)》中明确设定了心理健康素养的提升目标,即到2030年,我国居民心理健康素养水平要提升到30%。在新时代,提升高校辅导员心理健康素养必须坚持以习近平新时代中国特色社会主义思想为指导,坚持健康第一的教育理念,落实立德树人根本任务,将提升高校辅导员心理健康素养作为一项重要战略任务。

(一)坚持健康第一的教育理念

"健康"一词在现代汉语中是指(人体)发育良好,机理正常,有健全的心理和社会适应能力。[①]近年来,人们又开始重新反思健康。当前,大多数人对于"健康"的认识,还是停留在以往狭隘的医学模式下,即健康就是没有疾病,关注的焦点还是在医疗服务上面。其实早在1986年,世界卫生组织发布的《渥太华宪章》就重新对"健康"进行了阐释:"健康应看作为日常生活的一种资源,而不

---

① 中国社会科学院语言研究所词典编辑室.现代汉语词典[M].7版.北京:商务印书馆,2016:642.

是生活的目标。健康是一个积极的概念,强调社会和个人的资源以及身体的功能。"①如果仅仅把健康作为生活目标,人们往往会为了健康而规避一些风险,从而导致以一种消极的方式对待生活。而如果把健康作为一种个人资源和社会资源,尤其是将其放在个人发展中,健康更多代表着的是个人身体、精神和社会的"完好状态",此时健康才会是通往幸福的必经之路。②

随着新时代人民群众对美好生活的向往越来越强烈,人们对幸福的认识也发生了深刻变化。健康是幸福的基础,而幸福是健康的价值追求。中国共产党自成立以来,始终高度重视人民的生命健康。在不同时期,中国共产党都积极投身于人民的健康事业。党的十八大以来,以习近平同志为核心的党中央把维护人民健康摆在更加突出的位置,召开全国卫生与健康大会,出台《"健康中国2030"规划纲要》,明确了建设健康中国的大政方针和行动纲领,人民健康状况和基本医疗卫生服务的公平性、可及性持续改善。习近平总书记还在多个场合对人民健康问题发表系列重要讲话,比如,习近平总书记在全国卫生与健康大会上指出:"建设健康中国,既要靠医疗卫生服务的'小处方',更要靠社会整体联动的'大处方',树立大卫生、大健康的观念,把以治病为中心转变为以人民健康为中心,关注生命全周期、健康全过程。"③习近平总书记关于人民健康的重要论述,最突出特点就是注重健康的人民性、共享性、科学性、整体性,将健康纳入国家治理体系,融入人民群众的现实生活当中,以大健康理念为引领,广泛调动社会资源,综合提高人民群众的健康质量,促进人的全面发展。究其思想内涵而言,习近平总书记关于人民健康的重要论述承袭和创新了马克思主义健康观和中华传统健康思想,体现了新时代人民对健康生活的不懈追求。究其实践价值而言,习近平总书记关于人民健康的重要论述不仅为形成中国特色健康治理体系指明了方向,也为实现全球健康治理提供了"中国之智"。究其世界意义而言,习近平总书记关于人民健康的重要论述为全球健康治理体系提供了"中国

---

① 申卫星.卫生法学原论[M].北京:人民出版社,2022:68.
② 唐钧,李军.健康社会学视角下的整体健康观和健康管理[J].中国社会科学,2019(8):134—135.
③ 构建大卫生大健康格局 全方位护佑人民健康.[EB/OL].(2024-05-14)[2025-03-28].http://www.qstheory.cn/dukan/hqwg/2024-05/14/c_1130144656.htm.

方案",为构建人类卫生健康共同体作出了新探索,为解决全球性的难题贡献了"中国智慧",体现着大国自信和大国担当。①

有学者认为,健康是教育学的根本议题之一。教育目的蕴含对人的健康的增进。教育本质是服务于人的心灵健康。②坚持健康第一的教育理念就是强调学校要遵循学生成长成才规律,把健康作为促进学生全面发展的前提和基础,把解决学生心理问题与解决学生成长发展的实际问题相结合,把心理健康工作质量作为衡量教育发展水平、办学治校能力和人才培养质量的重要指标,不断促进学生身心健康。新时代高校思想政治教育工作者的重要目标就是对时代新人的培育,时代新人内含着德智体美劳全面发展以及人的健康整体发展。作为与青年大学生联系最为紧密的人之一,高校辅导员应坚持以习近平新时代中国特色社会主义思想为指导,自觉提升自身心理健康素养。通过访谈调研发现,当前有部分高校辅导员对于心理健康素养的理解还是偏于主观,只是有一个模糊认识,或者说是低层次认识。当高校辅导员们在谈论心理健康素养时,如果接受过相关知识的学习,他们就会对心理健康素养有一个明确的定义;如果缺乏相关知识,他们就只能凭借生活经验进行总结。这说明高校辅导员的心理健康素养缺乏相应科学理论支撑,这对高校辅导员开展思想政治教育工作以及助力学生健康成长是不利的,需要从根本上扭转。心理健康素养的提出,不仅是为了让人们去学习和了解心理健康知识,更重要的是要去学习和树立它所提倡的主动寻求帮助和主动改变的积极心理学理念。心理健康被视为一种资源,心理健康素养提升不仅是个体的事情,更与个体生活在其中的社区、文化、地域、种族、经济、教育水平等紧密相连,目的是培养具有健康素养的现代公民。这与健康第一的教育理念不谋而合,提升心理健康素养不仅有助于完善社会心理健康服务体系,推动社会心理服务资源整合,而且对于形成共治共享的健康生活,推动中华民族伟大复兴具有重要现实意义。

---

① 余达淮,王世泰.习近平关于人民健康重要论述的内涵、实践价值与世界意义[J].南京社会科学,2020(12):1.
② 金生鈜.教育何以是治疗:兼论教育与人的健康的关系[J].教育研究,2020(9):38.

(二)坚持将立德树人根本任务融入大学生健康成长全过程

人才的培育是一个动态、发展的过程,其中育人与育才应该是相统一的。"才者,德之资也;德者,才之帅也。"育人的根本在于立德,这个"德"既包括人的道德品质和社会公德,还包括报效祖国和服务人民的大德。古往今来,无论是哪个国家或社会,教育总是依照统治阶层的期望来塑造人才,以此确保政权的稳固。对于社会主义国家而言,教育首先要培养的是社会主义建设者和接班人,而这一过程必须坚持社会主义的原则,确保教育方向的正确性。2018年,习近平总书记在北京大学师生座谈会上指出:"要把立德树人的成效作为检验学校一切工作的根本标准,真正做到以文化人、以德育人,不断提高学生思想水平、政治觉悟、道德品质、文化素养,做到明大德、守公德、严私德。要把立德树人内化到大学建设和管理各领域、各方面、各环节,做到以树人为核心,以立德为根本。"习近平总书记关于立德树人的教育思想,不仅揭示了新时代教育的本质,彰显了德育在学校教育中的突出地位,更体现了人才成长的根本规律。

当前,立德树人逐渐成为高校各育人子系统的共同目标,不论是教学、科研,还是管理、后勤保障等都围绕这一根本任务开展相应工作。自教育部提出"三全育人"改革以来,各高校围绕如何补齐短板弱项,打通育人"最后一公里",积极加强协同联动,努力构建协同育人新机制,以期实现教育质量的全面提升。高校辅导员因其工作职责,需要与多部门配合,调动各种育人元素,在其中发挥着重要作用。作为大学生成长的引路人,高校辅导员应深刻领会"立德树人"这一重要思想,全面贯彻党的教育方针,在帮助大学生解决成长的困惑与烦恼时,不断提升育人格局,通过有温度的人文关怀、有高度的思想引领以及有深度的心理疏导,助推大学生健康心态的培育和良好道德品质的形成,增强大学生的自信心和判断力,推动育心与育德相融合,在潜移默化中引导大学生坚定理想信念,推动高校立德树人工作的落地落实。

(三)坚持将提升心理健康素养作为高校人才培养的重要任务

促进大学生身心健康与全面发展,不仅是党中央关心的重大问题,也是广大人民群众关切以及社会关注的重大课题。党的十八大以来,以习近平同志为核心的党中央高度重视和关心广大学生的心理健康和成长发展。教育主管部门相继出台了一系列政策,旨在全面提升大学生的心理健康素养。党的二十大报告提出:"重视心理健康和精神卫生。"①学校是开展健康教育、传播健康理念、养成健康生活方式、提升民众健康素养的重要场所。我国已经明确将健康教育纳入国民教育体系,把健康教育作为所有阶段素质教育的重要内容。高校是人才培养的摇篮,也是实现民族复兴的重要依靠力量。将健康中国战略与高校人才培养体系深度融合,既是立足于中华民族伟大复兴的战略全局的客观需要,也是全面建成社会主义现代化强国的基础条件。当前,健康素养教育在高校中的实施还存在一些问题。比如,在顶层设计层面,健康素养教育尚未获得足够的重视,缺乏相应的政策支持和统筹规划。在课程设置方面,健康素养课程通常被视为边缘课程,主要以选修课的形式出现,而非作为公共必修课程。在资源建设方面,目前对健康素养相关资源的整合尚显不足,包括身体健康、医疗健康和心理健康素养等领域的资源尚未得到有效整合,整体协同效应未能充分发挥。在教师队伍建设方面,健康素养教育尚未被全面纳入教师培训体系,作为评估教师素质的关键指标。这些问题都需要引起相关部门的重视,并应积极推动教育管理者寻求有效的解决方案。

经过多年的发展,我国学校心理健康教育取得了长足的进步。当前,高校已经基本形成了"教育教学""实践活动""咨询服务""预防干预"四位一体的心理健康教育工作格局。大学生的心理健康素养普遍得到提升,预防、识别和干预能力也在不断提高。相较于学生,教师在心理健康素养方面的提升尚显不足。尤其是近几年,高校教师群体中因心态失衡引发的一系列事件得到了社会的广泛关注。通过调研发现,高校辅导员心理健康状况普遍较好,但是也有部分高校辅导员存在抑郁和焦虑状况,其中少数高校辅导员抑郁和焦虑状况甚至达到严重程度。有学者认为,全域视野下的心理健康教育旨在以"全员、全科、

---

① 习近平.高举中国特色社会主义伟大旗帜 为全面建设社会主义现代化国家而团结奋斗:在中国共产党第二十次全国代表大会上的报告[M].北京:人民出版社,2022:49.

全方位、全过程、全覆盖"为实践导向,推动心理健康教育发展,强调心理健康教育应贯穿于教育教学活动始终,所有教师都应是心理健康教育工作者,每一个教师都应树立心理健康教育意识,心理健康教育意蕴应该体现在所有教师的全部课堂教学之中。①因此,要促进学生健康成长,就必须重视教师在维护学生身心健康方面的重要作用。只有将这一短板补齐,高校辅导员心理健康素养水平才能够得到有效提升,才能真正保证人才培养质量。相较于其他健康素养,心理健康素养的提升在高校已经有一定基础,也积累了丰富的经验。目前,教师心理健康素养的提升显得尤为重要,尤其是对于广大一线辅导员而言,在育人工作前线,提升其心理健康素养可以直接转化为实际工作成效,从而有利于帮助大学生了解自身心理健康状态,改变求助态度,维护心理健康,塑造健全的人格。

二、改善高校辅导员心理健康素养培育的外部条件

在高校辅导员心理健康素养形成过程中,外部环境的影响十分显著。通过梳理高校辅导员发展脉络可知,辅导员岗位本身也是一种政策性较强的岗位,需要各方的大力支持。从本研究的结果来看,高校辅导员心理健康素养容易受到外在因素影响而呈现出差异性。因此,高校辅导员心理健康素养的培育和提升应坚持系统观念,落实高校辅导员心理健康素养提升的政策支持,不断提高高校辅导员的工作价值。

(一)落实高校辅导员心理健康素养培育的支持政策

通过对高校辅导员发展的脉络梳理以及相关政策依据分析可知,政府政策对高校辅导员心理健康素养的影响是全面而深入的,高校辅导员心理健康素养的培育和提升离不开相关政策的支持。从实证调研结果来看,高校辅导员心理健康素养受外在客观环境的显著影响导致发展不均衡,主要表现为高校辅导员

---

① 荀晓玲,彭玮婧,刘旭.全域视野下教师心理健康教育素养:内涵、构成与发展路径[J].当代教育论坛,2020(4):40-41.

所获得的社会支持、待遇保障、发展平台等外在资源不均衡,高校辅导员心理健康素养差异性较大。因此,高校要重视对辅导员学历提升、组织保障、发展渠道等方面的科学规划与统筹。

首先,学历提升。学历提升是实现高校辅导员职业发展的重要方式之一,也是提升自身素养最为有效的方式之一。近年来,为加强心理人才队伍建设,缓解高校心理人才短缺现状,教育部等十七部门联合印发了《全面加强和改进新时代学生心理健康工作专项行动计划(2023—2025年)》,其中明确提出:"支持高校辅导员攻读心理学、社会工作等相关学科专业硕士学位,适当增加高校思想政治骨干在职攻读博士学位专项计划心理学相关专业名额。"这为高校辅导员心理健康素养的提升提供了方向性的指导,同时也体现了对高校辅导员心理健康素养提升的认可与重视,从另一个层面上激发了高校辅导员提升心理健康素养的内在动力。高校应积极向广大辅导员宣传相关政策,加强部门间的协作,并鼓励更多的辅导员积极主动地学习,以提升心理健康素养。

其次,组织保障。高校既要将提升辅导员心理健康素养纳入人才培养体系与学校整体规划,也要将其纳入思想政治工作体系和发展评价体系。教育主管部门应加强督促与落实,建立督导评价机制,对高校落实情况进行专项督查,并将高校辅导员心理健康素养的提升作为重要考核指标,进行持续优化。高校要不断拓宽选拔视野,在辅导员招聘时应对其进行心理健康素养的评估和审查,同时应加强源头培养,从心理学、教育学、社会学等学科背景中培养一批拔尖人才作为辅导员后备人选进行重点培养。为了确保高校辅导员心理健康素养的整体提升能够落到实处,还必须重视相应机制的建立。

一是管理机制。学校相关管理部门应重视对辅导员队伍健康成长的专门指导,进行心理健康素养提升整体规划设计,建立辅导员关爱与成长中心,实施辅导员心理健康素养提升干预项目,并坚持以学校为主导、辅导员为主体的原则进行统筹安排,确保各项措施落到实处,为辅导员队伍的全面发展提供有力保障。

二是激励机制。将提升辅导员心理健康素养纳入其职业化和专业化建设的范畴,为辅导员心理健康素养的提升搭建平台并提供组织支持。重视并塑造辅导员中的优秀典范,并进行广泛宣传。打造辅导员心理育人名师工作室,并给予固定经费和场地支持,为辅导员队伍的健康成长营造良好的外部环境。

三是评价机制。要在辅导员选拔和评选过程中,将心理健康素养作为重要参考因素。选拔心理健康素养较好的辅导员,并对其进行重点培养,制定专业成长路径,使其发展成为心理健康教育领域的专家型辅导员,确保辅导员队伍发展的良性循环。

最后,发展渠道。高校应针对辅导员心理健康素养提升中存在的不足与弱项,制定专门的管理办法和激励制度。在高校辅导员职称和职务评审时,应将心理健康素养相关研究成果纳入考核,同时鼓励高校辅导员围绕心理健康素养提升开展相关研究,提供经费支持与科研保障,鼓励有条件的高校设置相关心理健康素养提升实验室,支持高校辅导员与心理健康教育教师、心理学专业教师协同配合,将相关成果应用到高校心理健康教育、心理监测预警、心理干预处置等心理健康素养维护内容中。另外,在高校辅导员入职后,要聚焦高校辅导员队伍实际工作需求,注重顶层谋划,强化协同配合,完善相应心理健康素养管理体系,畅通高校辅导员心理健康素养提升渠道。

(二)不断提升高校辅导员的工作价值

高校辅导员的心理健康素养提升,既与他们的先天条件相关,也与后天的培养密不可分。先天条件涉及生理基础,包括个体天生的气质、能力以及天赋;而后天培养则侧重于通过知识学习、实践锻炼、文化熏陶和环境影响所形成的综合能力。总体而言,高校辅导员的工作价值对其心理健康素养的提升具有根本性影响。如果仅从高校辅导员自身的角度来看待其工作价值,那么高校辅导员的工作价值可以分为社会价值和自我价值。社会价值是外在体现,自我价值是内在感知,它们既可以相互促进,也可以相互制约。[1]高校辅导员的工作价值可以直接转化为提升高校辅导员心理健康素养的内驱力。当高校辅导员的社会价值得到认可时,其社会地位会得到相应提升,这将吸引更多杰出人才加入

---

[1] 黄友初.教师专业素养:内涵、构成要素与提升路径[J].教育科学,2019,35(3):32.

高校辅导员队伍,从而确保心理健康素养提升的先天基础。同样,当高校辅导员的自我价值得到认可时,他们将从内部激发自我发展的内驱力,为提升自身的心理健康素养确立明确的方向,进而使他们积极主动地寻求帮助与支持,如此良性循环,保证了心理健康素养的自觉和自为发展。

本研究的调查结果显示,高校辅导员的工作满意度较高,平均值达到了3.55±0.72分(高于中位数3分),说明高校辅导员的工作满意度处于较好的水平。工作满意度在一定程度上反映了高校辅导员对工作价值的情感认同。习近平总书记在学校思想政治理论课教师座谈会上强调:"教师承载着传播知识、传播思想、传播真理,塑造灵魂、塑造生命、塑造新人的时代重任。"[①]新时代高校辅导员的社会价值和自我价值应该体现在自身肩负的时代重任当中,通过思想引"领"、政治引"导"、道德引"带"、品格引"行"来培养学生成为堪当民族复兴大任的时代新人,从而实现自身价值的升华。高校辅导员的工作价值要能够得到彰显,除了建立一支高素质的辅导员队伍外,还离不开党和国家的重视、社会的关注、学校的支持。有学者认为,目前高校辅导员还存在学缘结构的多元化、工作边界的模糊性、身份定位的边缘化、薪酬待遇的差异性等现实问题。[②]这些问题阻碍了高校辅导员队伍整体发展以及对自身工作价值的认同,也影响了高校辅导员心理健康状况。在研究中发现,高校辅导员领悟社会支持对其心理健康素养有显著正向影响,领悟社会支持强调的是个体自身感悟到的社会支持以及对社会支持的理解,更多表现为一种信念。高校辅导员领悟社会支持水平越高,表明高校辅导员可以利用的资源和实现自身发展的机会越多,其自身心理健康素养水平也会越高。高校管理者应该通过具体的措施来提升辅导员的工作价值,包括提高辅导员经济待遇,改善辅导员工作条件,尊重辅导员的主体地位,听取辅导员工作建议等,只有辅导员的社会价值和自我价值实现统一,辅导员的工作价值得到彰显,才能从根本上促进辅导员心理健康素养的自觉提升。通过本次调查还发现,高职高专类和民办类院校的辅导员心理健康素养水

---

① 习近平.思政课是落实立德树人根本任务的关键课程[J].求是,2020(17):9.
② 王振华,朱蓉蓉.论新时代高校辅导员队伍建设的优化[J].学校党建与思想教育,2022(2):58—59.

平整体低于公办类本科院校。针对这一问题,高校应坚持内外兼修。一方面要重视加强高职高专类和民办类院校的辅导员队伍建设,通过强化组织支持和改善待遇条件,为高职高专类和民办类院校的辅导员营造良好的育人环境;另一方面需要高职高专类和民办类院校的辅导员加强自身建设,积极发挥主观能动性,主动学习心理健康知识,提升心理健康素养,增强职业发展信心和职业认同感。

(三)丰富高校辅导员心理健康素养培育的社会资源

根据健康社会决定因素的定义可知,影响健康的除了直接导致人们疾病的因素之外,人们所处的社会环境如工作环境等因素也会对健康产生影响。[①]高校辅导员心理健康素养的培育离不开社会系统的全面支持,同时社会系统在其实际运作过程中,也会对系统中的个体提出关于知识、技能等素养的具体要求。丰富的社会资源,既是当前高校辅导员心理健康素养培育必不可少的条件,也是高校辅导员心理健康素养培育的基础。具体来看,社会资源包括社会舆论支持以及社会力量支持。因此,高校辅导员心理健康素养培育应着重从这两个方面进行。

第一,从社会舆论支持来看,要积极加强对公众的心理健康素养宣传。当前我国公众对心理健康素养的整体认识还处于早期发展阶段,公众心理健康素养整体水平偏低。[②]低水平的心理健康素养与高水平的健康生活需要不相适应,影响了人们的获得感和幸福感。同时,在社会群体当中,人们对于心理健康素养的认识还存在观念上的偏差,对于心理疾病存在讳疾忌医的现象。国外相关研究表明,通过广泛开展宣传与广告等社会干预可以有效提升人们的心理健康素养。因此,要重视社会舆论对心理健康素养的正面引导,坚决打击影响公众身心健康的有害信息与出版物的传播,尤其是要充分重视网络、广播、电视等平台的正面宣传报道,广泛开展心理健康素养方面的知识与技能科普。高校要稳妥做好相关心理健康教育的信息发布与舆情处置,积极推广提升心理健康素养的有益做法。

---

① 杜维婧.我国农村居民健康的社会决定因素研究[D].北京:中国疾病预防控制中心,2012.
② 江光荣,李丹阳,任志洪,等.中国国民心理健康素养的现状与特点[J].心理学报,2021,53(2):193.

第二，从社会力量支持来看，高校辅导员心理健康素养的提升离不开社会资源的有效整合，如网信、卫生健康等机构与高校共同开展心理健康素养提升行动。网信机构能够为高校辅导员提供网络资源支持，以提升他们的网络心理疏导技能，同时还可以帮助高校辅导员建立学生心理异常行为监测与预警系统。卫生健康机构可以定期对高校辅导员开展心理问题识别与干预培训，帮助高校辅导员提升心理问题识别能力，同时还可以发挥专业医疗机构的诊断作用，帮助高校辅导员畅通预防转介就医通道，健全有精神问题的学生康复后的复学机制等。另外，高校可以借鉴国外的员工帮助计划（Employee Assistance Program，EAP）[①]，利用学校已有的心理健康服务资源或聘请校外专业人员对高校辅导员开展心理援助服务。心理援助服务具有层次性，通常分为三级：一级预防主要是减少或消除心理健康问题发生的成因，营造良好的支持性和健康工作环境；二级预防主要是教育和培训，了解心理健康的知识，提高心理健康保健能力，提供一些放松训练方法；三级预防主要是开展专业的心理咨询，向高校辅导员提供心理辅导服务。另外，心理援助服务的对象应包括高校辅导员的家庭成员，通过家庭团体心理辅导服务帮助高校辅导员建立和谐亲密的家庭关系，形成稳固的家庭支持系统，从而提升高校辅导员的心理健康素养，增强自我关怀意识，提高其健康生活质量，促进工作与生活的平衡。

三、构建协同联动的高校辅导员心理健康素养培育格局

构建高校辅导员心理素养提升的工作格局是破解高校辅导员心理健康素养提升现实困境的根本途径，也是解决高校辅导员心理健康素养发展不平衡的根本之策。当前，高校辅导员心理健康素养所呈现出的不平衡问题，与当前高校心理健康服务资源不均衡、高校辅导员心理育人工作机制不完善以及高校辅导员心理健康素养提升培训不全面有较大相关性。因此，必须从宏观角度出

[①] 员工帮助计划又称员工心理援助项目、全员心理管理技术。员工帮助计划由美国人发明，是由企业为员工设置的一套系统的、长期的福利与支持项目，通过专业人员对组织的诊断、建议和对员工及其直系亲属提供专业指导、培训和咨询，旨在帮助解决员工及其家庭成员的各种心理和行为问题，提高员工在企业中的工作绩效。

发,实施全面的治理策略,重点关注高校心理健康服务资源的均衡配置、协同育人机制的建立以及科学化培训体系的构建,从而打造一个协同互动的高校心理健康素养提升工作新体系。

(一)整合高校心理健康服务资源

心理健康服务指运用心理学及医学的理论和方法,预防或减少各类心理行为问题,促进心理健康,提高生活质量,主要包括心理健康宣传教育、心理咨询、心理疾病治疗、心理危机干预等。[①]2016年,习近平总书记在全国卫生与健康大会上强调:"要加大心理健康问题基础性研究,做好心理健康知识和心理疾病科普工作,规范发展心理治疗、心理咨询等心理健康服务。"同年,中共中央、国务院印发了《"健康中国2030"规划纲要》,其中明确提出:"加强心理健康服务体系建设和规范化管理。加大全民心理健康科普宣传力度,提升心理健康素养。"由此可见,加强心理健康服务体系建设是提升心理健康素养的重要依托和力量支撑。提升心理健康素养是加强心理健康服务体系建设的重要内容和主要方式。

当前,我国高校的心理健康教育正逐渐向心理健康服务转变,这一转变是心理健康教育发展的必然趋势,体现了党和国家对心理健康教育发展的战略需求,顺应了国际心理科学的发展趋势。心理健康教育与心理健康服务最大的不同在于,主体地位不同。我国传统教育更注重教师的主体地位,发挥教师的主导作用,开展心理健康教育往往是由专业教师来进行目标和内容的预设,而受教育者往往处于被动地位。这种模式容易忽视个体的客观需求和心理规律。相比之下,心理健康服务则更强调地位的平等性,重视满足个体的客观需求,从而确保受教育者的主体地位得到尊重,其成长需求得到充分满足。这与当前我国教育中强调的以人为本的理念相适应。

在心理健康服务领域,发达国家已经取得了相对成熟的进展,服务的专业化和精细化水平较高。比如,在美国,研究者针对在校无家可归的青少年实施

---

① 淮北师范大学教育硕士案例教学课题组.教育硕士教学案例集[M].徐州:中国矿业大学出版社,2018:88.

了多层次的支持系统,以满足他们的心理健康需求。研究表明,为无家可归的青少年提供的心理健康服务,虽然无法根除导致他们痛苦的问题,但是会对其生活产生积极影响。另外,世界卫生组织对17个国家的心理健康服务进行了调查,结果表明,发展中国家在12个月内进行心理健康服务的受访者人数普遍低于发达国家。心理健康服务需求未得到满足的情况在欠发达国家非常普遍,缓解这些需求需要扩大医疗资源并进行最优化的分配。①

我国高校的心理健康服务目前正在向规范化和专业化方向迈进,但是仍然还存在一些问题。首先,高校心理健康服务范围还仅仅是针对广大的在校生,而对作为教育共同体的广大教师开展的心理健康服务目前还比较少。其次,从服务资源来看,目前高校心理服务资源分配不均衡,专业师资和人员配备还不能满足广大师生个性化的心理健康服务需求,更多是被动接受问题咨询和治疗。再次,从服务形式来看,网络化、便利性的心理健康服务载体还未有效搭建。最后,从服务架构来看,高校心理健康服务体系在高校治理体系中的作用还未有效发挥。针对以上情况,结合高校育人实际,应该从服务理念和治理体系进行顶层设计。高校心理健康服务是社会心理服务体系建设的重要内容,应将其视为社会治理的重要组成部分,不断完善服务体系,与相关优势资源进行协同整合,加强校内外资源联动,明晰服务定位,立足高校实际情况,构建面向高校全体的开放式心理健康服务体系。有学者认为,可以根据目标和任务不同,将心理健康服务体系分为心理健康自评与他评系统、心理健康课程与教学系统、心理辅导与咨询服务系统以及心理疾病与危机干预系统。②四个系统作为一个整体,共同构建起各具特色的高校心理健康服务体系。

(二)完善高校辅导员协同心理育人工作体系

高校辅导员在心理健康素养的培育上,必须满足其工作中的实际需求,这既是前提也是出发点。心理育人是新时代提升高校思想政治工作质量的关键,

---

① WANG P S, AGUILAR-GAXIOLA S, ALONSO J, et al. Use of mental health services for anxiety, mood, and substance disorders in 17 countries in the WHO world mental health surveys[J].The Lancet,2007(9590):841.
② 陈华,雷鸣,汪小容.高校非常规突发事件心理调适工作指南[M].成都:西南交通大学出版社,2023:159.

是构建"十大育人"体系的重要内容,还是高校辅导员的重要工作职责。高校辅导员在心理育人过程中会经常面临协同工作内容"粗放"有余,而"精细"不足的问题,同时心理育人工作对育人主体的专业化、职业化要求也较高,这些都会影响到高校心理育人质量。究其原因,一是缺少科学理论支撑,大量非心理学或者教育学背景的高校辅导员靠实践经验开展心理育人工作,虽然这也能达到一定效果,但在经验总结、提炼特色、创新方法方面由于缺少学科专业的理论指导,限制了工作质量的提升。二是高校辅导员由于日常事务性工作繁杂,占去大部分时间和精力,使得他们无法对心理育人工作进行规律性探索和认识,尤其是对学生成长和发展规律、品德的形成规律、大学生人际交往规律等认识不深,将这些规律有效融入日常工作的探索不足。三是新方法和举措不多,对于当代大学生的身心发展特点和行为习惯了解不够,尤其是在互联网背景下成长起来的"00"后大学生,具有明显的互联网思维方式,喜欢在网络空间中追寻自我,如何创新心理育人手段,提升心理育人效果成为高校辅导员在工作中的重要挑战。因此,健全多部门联动和学校、家庭、社会协同育人机制,聚焦影响学生心理健康的核心要素、关键领域和重点环节,补短板、强弱项,系统性地加强学生心理健康工作,是当前亟待解决的问题。

赫尔曼·哈肯(Hermann Haken)在建立协同学的过程中,逐步建立了协同学研究的两类重要方法。一类方法与传统分析方法的基础类似,即从分析微观组分和变元着手,这被称为协同学微观方法,其中当然也存在一些不同于传统动力学分析的方法创新;另一类方法则借助热力学的唯象方法思想,从信息角度研究系统演化过程走向有序过程中的信息增殖现象,这被称为协同学的宏观方法。[①]高校应坚持问题导向、需求导向,借鉴协同学的研究方法,从宏观和微观两个层面,在协同心理育人的理念、内容、实践、方法等方面综合创新,不断拓展高校辅导员心理育人的"新路"和"心路"。

首先,要明晰高校辅导员心理育人的职责和边界。实现心理育人体系的优化的重要前提还是在于各个心理育人主体之间职责清晰,既有边界,也有共识,

---

[①] 吴彤.论协同学理论方法:自组织动力学方法及其应用[J].内蒙古社会科学(汉文版),2000(6):21.

这样才能有利于各种心理育人元素、资源有效地流动和相互配合,最大化发挥心理育人主体的作用。

其次,要强化各育人主体同频共振。高校辅导员应该努力同其他育人主体达成共同育人愿景,形成积极参与的氛围。具体来看,一是高校辅导员要加强与心理健康教育教师的交流与合作,不断拓展双方的工作交集。二是高校辅导员要加强同班主任的协同合作。班主任一般都由专业教师担任,由于他们在专业知识方面具有权威性,他们在学生中往往更具影响力和号召力。三是高校辅导员要加强同教学、管理、服务、安全等育人主体的联系。学生健康心态的培育,需要多方协同配合。信息沟通的畅通无阻是形成系统协同配合的前提。在这方面,高校需要建立相应的协同实施机制,包括信息共享、应急预警和评价监督等。

最后,要积极拓展高校辅导员家校共育实践。高校辅导员要不断为家长赋能,通过联合学校心理健康中心,定期举办校园开放日,针对家长进行心理健康知识普及,帮助家长祛除心理疾病的"污名化"态度,提升家长的心理育人能力,在校园与家庭之间搭建沟通桥梁,帮助大学生建立家庭支持,增强大学生的自我效能感和生命意义感。

(三)实施全周期的高校辅导员心理健康素养培训与督导

从职业生涯规划角度来看,任何职业都应有其生涯发展周期或者受到一定职业发展规律的支配,辅导员作为一种职业也不例外。有学者认为,根据工作年限,高校辅导员职业生涯发展的周期可被划分为适应探索、发展成长、高原倦怠、成熟稳固四个时期。[①]在职业生涯的不同时期,高校辅导员所面临的内外环境都有较大差异,心理健康素养也呈现出了不同特点。本研究通过对高校辅导员心理健康素养进行工作年限差异比较发现,工作年限在9年及以上的高校辅导员的心理健康素养水平要高于其他工作年限的高校辅导员。工作年限在4年及以下的高校辅导员大部分处于职业发展成长期,工作年限在5—8年的高

---

① 曹威威.高校辅导员职业生涯发展周期超越论[J].学校党建与思想教育,2018(9):91.

校辅导员可能正处于职业高原倦怠期。因此,重点应该放在正处于职业发展成长期和职业高原倦怠期的高校辅导员。处于职业发展成长期的高校辅导员,通过前期工作积累,对工作任务已基本能够胜任,表现出较强的成长意愿,希望能够得到更高水平的提升。针对这部分群体的心理健康素养培训更应采用参与式培训,即以参加培训的学习者为主体,培训者与参加培训的学习者之间开展平等对话,如举办心理健康素养主题沙龙,或围绕"高校青年辅导员心理健康素养提升路径"等主题,以专家为中心,邀请学员作为嘉宾组成方阵,进行现场提问与讨论,最后由专家进行点评。这样的方式既能保证学习者有更多参与权,也更符合高校青年辅导员群体的学习特点。而对于处于职业高原倦怠期的高校辅导员,长期的工作压力导致其情绪、态度与行为的去个性化,表现为精疲力竭的状态,此时应更多采用菜单式培训,即提前根据处于职业高原倦怠期的高校辅导员身心特点设置好相应的课程学习菜单,包括理论课程、实践活动、指导实践等。参与培训的高校辅导员可以根据培训准备好的菜单课程进行自主选择,如"高校辅导员心理健康问题识别技巧""高校辅导员心理健康咨询与团体心理辅导技巧""高校辅导员自我关怀"等。由于处于职业高原倦怠期的高校辅导员的工作年限相对较久,菜单式培训更符合此部分群体的特征与能力水平。另外,以往针对高校辅导员的培训更多是"封闭式"或者"一次性"培训,这类培训对于高校辅导员心理健康素养提升作用有限,因为高校辅导员心理健康素养是动态变化的,因此应根据高校辅导员心理健康素养水平发展变化,多采用生成式的方式,即根据高校辅导员需求进行相应调整而不断重新生成。

通过对高校一线辅导员进行访谈可知,高校辅导员普遍认为目前高校教育管理部门所提供的心理健康教育培训缺乏系统性,内容零散,且多为理论性知识,实际操作性不强,效果并不显著。综合以上分析,应该根据高校辅导员职业生涯周期进行分层分类指导,增加个性化的培训。资深辅导员的一对一或一对多的督导方式,可以更好地发挥辅导员之间的"传、帮、带"作用。从督导理念来看,应注重对高校辅导员职业生涯的整体督导,增强高校辅导员的自助与助人意识,最终形成政治强、情怀深、思维新、视野广、自律严、人格正的高素质辅导员队伍。从督导周期来看,既要有贯穿职业生涯周期的基础性培训,也要重视分阶段、分类别的重点培训,比如,高校辅导员的心理健康素养存在年龄和工作年限差异,工作年限较长的高校辅导员心理健康素养水平较高,而中间段的高校辅导员应是重点培训对象。从督导内容来看,应将操作性和实用性作为重点,根据高校辅导员的知识素养、技能素养、态度素养、人格素养等来设置督导内容。从后期发展来看,要做好后期高校辅导员心理健康素养的督导评价和保障,可以采取动态评估和周期评估,建立高校辅导员心理健康素养评估体系,制定专业的评估标准,比如,笔者自编的"新时代高校辅导员心理健康素养问卷",具有较好的信效度,能够为高校辅导员心理健康素养评估提供一定参考。同时,要畅通反馈渠道,将高校辅导员心理健康素养的测评结果及时反馈给辅导员个体,使其能够及时把握自身的心理健康素养状况,也可以根据高校辅导员反馈的建议及时调整策略,保证督导的科学性和有效性。

四、拓展高校辅导员心理健康素养培育路径

"心理健康素养"这一概念自从提出后,很多国家都开展了关于心理健康素养提升的研究,并取得了良好的效果。当前研究者普遍认为教育和接触是提升心理健康素养的两种有效方式。教育是指通过讲座、课程、团体辅导等形式来传授心理健康相关知识和技能,帮助人们改变对心理健康问题的病耻感,增强人们的求助意愿。接触是指将个体暴露在心理疾病患者面前,听心理疾病患者分享自己的故事,通过减少焦虑和增加共情等,改变个体对心理疾病患者的污名态度。[1]高校辅导员的工作场域是学校,服务对象是青年大学生,因此不论是教育还是接触,都有一定的优势。提升高校辅导员心理健康素养,应聚焦高校辅导员心理健康素养的具体特点,并根据前期调研结果,有针对性地提出具体对策,保证辅导员心理健康素养提升落到实处。

---

[1] 任志洪,赵春晓,田凡,等.中国人心理健康素养干预效果的元分析[J].心理学报,2020,52(4):498.

（一）提升高校辅导员心理健康知识素养

心理健康知识素养是心理健康素养的基础，也是其重要组成部分。关于心理健康素养的研究中，有研究者发现，公众对心理疾病及其相关知识所知甚少，这一情况影响了人们对心理疾病的态度和求助行为，导致心理疾病恢复期延长，从而造成更大的经济和社会负担。[1]我国学者在对国民开展心理健康素养调查中发现，我国国民心理健康素养处于中等偏低水平。[2]本研究通过对全国1092名高校辅导员开展心理健康素养调查发现，高校辅导员心理健康知识素养在高校辅导员心理健康素养各个因子中得分并不算高，低于人格素养和技能素养，这表明目前高校辅导员心理健康知识素养状况并不理想。

从知识素养建构来看，一般分为静态建构和动态建构。静态建构涉及对基础知识的理解和掌握，动态建构则侧重于在知识吸收基础上的创新和加工，即知识的再生成和再创新。

从静态建构来看，应不断完善高校辅导员心理健康知识素养体系。这不仅包括加强对心理健康知识的学习，更新现有的心理健康知识内容，还应重视对常见心理问题相关知识的学习和理解，以确保能够有效提升高校辅导员的应对能力。研究显示，课程干预是有效提升高校辅导员心理健康素养的方式之一。比如，高校可以利用当前广泛使用的"学习强国"、中国大学慕课等网络学习平台，开发系统的高校辅导员心理健康教育网络课程，并通过这样的课程干预来帮助高校辅导员构建自身的心理健康知识体系。根据前文的分析可知，目前高校辅导员心理健康知识素养存在一定短板，特别是对心理咨询和团体心理辅导的内容，一些辅导员缺乏了解或认识不够清晰。这就需要在建构高校辅导员心理健康知识素养时，要及时针对心理咨询和团体心理辅导的相关内容进行补充和完善。相关知识内容包括大学生环境适应、人际交往、情绪调节、人格发展、求职择业等方面，主要是围绕大学生身心发展特点，旨在帮助大学生能够圆满完成各项心理发展任务，实现生命意义和价值观的升华。

---

[1] TAY J L, TAY Y F, KLAININ-YOBAS P. Mental health literacy levels[J]. Archives of Psychiatric Nursing, 2018(5):757.
[2] 江光荣,李丹阳,任志洪,等.中国国民心理健康素养的现状与特点[J].心理学报,2021,53(2):194.

从动态建构来看,高校辅导员要加强心理健康知识管理。本研究发现,年龄在30—40岁之间的已婚辅导员的心理健康知识素养水平需要重点提升。这部分群体虽然在职业发展上已经进入成熟稳固期,但在知识更新方面仍表现出一定程度的停滞,这表明他们需要加强知识管理。具体而言,高校辅导员应对所掌握的心理健康知识进行重新加工、存储、传播和应用,同时重视高校辅导员心理健康知识素养的自我生成与提炼。在帮助学生解决心理问题的过程中,高校辅导员会形成自身的实践知识,这些知识如果能够加以提炼,将会对高校辅导员心理健康素养提升有较大帮助。另外,分享也是一种知识管理的方式。高校辅导员之间的交流与分享,可以不断巩固其已有的知识基础,提升他们的知识水平。这种分享方式应该灵活多样。比如,合作编制高校辅导员心理健康素养知识手册或制作心理健康知识宣传画册,并积极组织一线辅导员、思政教师、心理健康教育专家、高校管理者等对其进行多方论证,保证知识手册或宣传画册的科学性、趣味性、互动性,从而有效提升高校辅导员的心理健康知识素养。

(二)提升高校辅导员心理健康技能素养

高校辅导员心理健康技能素养是指高校辅导员为了维护和促进自身以及他人的心理健康,帮助自己和他人养成良好心理品质,所需要掌握的方法与技巧。根据前面的研究分析可知,高校辅导员心理健康技能素养可以促进其心理健康状况的改善,帮助高校辅导员缓解工作压力,提升工作满意度。有学者通过对4所高校的218名辅导员进行调查发现,有73.5%的高校辅导员认为自己缺乏心理辅导的知识技能。[①]心理健康素养是一个专业性很强的领域,对于高校辅导员来说,通过自学掌握相关心理健康技能颇具挑战。研究显示,高校辅导员参加心理健康培训频率不同,其心理健康技能素养也有很大差别。这表明高校辅导员的心理健康技能素养是可以通过培训和教育得到改善的,因此,培训和教育就显得尤为重要。

近年来,大学生的心理健康状况频繁遭遇挑战,部分大学生缺乏必要的心理抵御机制,易受外部因素影响而产生焦虑、恐慌等负面情绪反应,甚至出现盲

---

① 陈建文,杨一平.高校辅导员如何胜任大学生心理辅导[J].高等教育研究,2008,29(8):91.

目和冲动的行为倾向。大学生违反校规事件时有发生,为高校辅导员的工作带来了巨大的压力。根据前面研究结果可知,当前高校辅导员最为缺乏网络心理疏导的技能。这与当前时代发展要求不相适应,需要进行改变。首先,高校辅导员要认识到网络心理疏导不仅是工具和技术层面的创新,更是理念上的创新。网络心理疏导把学生摆在主体的地位,学生可以自主学习心理健康知识,自主寻求专业人士的帮助,自主参与心理问题讨论,自主进行心理调适,自我教育、自主成长,所以网络心理疏导工作效率更高。[①]与面对面沟通不同,网络心理疏导打破了时空束缚,拓展了育人场域,创新了育人模式。在网络环境中,心理资源可以实现共建共享,同时学生可以自主自愿进行,缓解了学生在面对面心理咨询时所产生的心理抵触。其次,高校辅导员要有意识去学习与熟悉网络心理疏导的方式,网络心理疏导既可以是一对一,也可以开展多人次线上团体辅导,这就需要相关部门对高校辅导员进行网络心理疏导的专题培训,帮助高校辅导员认识和了解网络心理疏导的优势和特点,掌握网络心理交流的方式与方法,科学运用网络心理评估系统,建立网络心理档案。最后,由于网络平台具有开放性与共享性,高校应发挥协同作用,联合多个部门以及多方力量共同搭建网络心理资源平台,引入心理健康教育优势资源,如心理健康教育视频、学习资源、心理健康网站等,帮助学生进行自我辅导,自我心理健康教育,从而提高网络心理疏导的质量。

本研究调查发现,部分高校辅导员在大学生心理问题识别方面表现出能力上的不足。当前,大学生普遍存在心理问题,高校辅导员应能简单识别相关问题,以方便学生后续的诊断和帮扶。因此,识别与评估学生的心理问题成为高校辅导员应具备的基本能力。从培训内容来看,在对高校辅导员开展系统化培训时,应注重围绕高校辅导员识别心理问题的技巧、方法以及操作进行针对性培训,尤其是要能够针对不同学科背景、学龄阶段的大学生心理问题特点,进行有针对性的评估和识别,讲清楚心理问题的发生原因、主要特点以及具体表现。从培训方式来看,应更多地采用实践教学方法,帮助高校辅导员提升心理问题

---

① 梅萍.新时代思想政治教育心理疏导的发展走向探析[J].马克思主义研究,2019(7):155-156.

识别能力,比如,通过具体案例分析、情景模拟等方式进行教学,并利用新技术(包括智能虚拟技术等)来帮助高校辅导员增强对心理问题的现实感知和识别能力。

研究显示,情绪调节可以正向影响高校辅导员心理健康素养水平。情绪调节理论认为认知重评策略的运用能让个体表现出更多的积极态度。它更多要求个体改变对情绪事件的理解,改变个体对于情绪事件意义的认知,进而改变情绪事件所带来的负面影响。在进行高校辅导员心理健康教育培训时,教育管理部门应将情绪调节技能作为课程中的重要内容,包括一些简单的放松方法、合理情绪疗法以及负面情绪的调节与疏导等。心理学家鲍梅斯特(Baumeister)曾经提出情绪资源理论,主张从个体内部资源管控入手探索情绪调节的策略。该理论将情绪假设为类似于知识、体力等个体内部的一种资源。每一个情绪任务都有不同水平上的情绪资源要求,人们通过管理情绪资源的方式进行情绪调节,从而应对各种情绪任务的挑战。[①]依据此理论,高校辅导员应重视日常情绪调节策略的运用,要学会储存情绪资源,提高情绪资源的管理能力,保持情绪觉察,提高情绪的调节能力,同时应在日常工作中学会营造积极心境,不断增加积极的情绪体验,主动觉察不合理观念和想法,注重自身的心理享受,不断增强主观幸福感。

除此以外,教育管理部门可以建立多层次互补的社会支持系统,包括专业服务(心理卫生服务人员)、面对面的心理健康技能培训(学校心理健康服务人员)、专家咨询和辅导(心理健康教育方面的专家),旨在全方位提升高校辅导员的心理健康技能素养。

(三)优化高校辅导员心理健康态度素养

高校辅导员心理健康态度素养是指高校辅导员对于维护和促进心理健康所持有的信念和价值观,以及在自助和助人方面的态度。当前关于心理健康态度素养方面的研究,主要涉及心理疾病观和病耻感。病耻感也被称为"污名化",代表了社会群体对某些特殊人群的负面认识从而形成的歧视和隔离,同时也表示特殊人群因为自身的负面标记而存在羞耻感或是遭受他人的污名化。[②]

[①] 田国秀,万瀚龙.教师情绪调节的时机:三种取向及实践策略[J].黑龙江高教研究,2022(5):139.
[②] 沈瑜君,王立伟.精神疾病病耻感的相关研究进展[J].上海精神医学,2010,22(2):119.

简单来说,病耻感往往与标签化或者侮辱性有关,代表着一种偏见、刻板印象与耻辱。人们的心理健康求助行为受到污名化态度影响,主要体现在心理疾病污名化态度会降低个体的求助意愿以及心理治疗的依从性,加重临床症状,同时也会影响个体的人际交往、家庭关系和职业功能。[①]本研究发现,高校辅导员心理健康态度素养会影响其心理健康状态,且高校辅导员病耻感越强,其心理健康状态越差。从心理育人角度来看,高校辅导员的工作是一项助人、自助的工作,因此,高校辅导员的心理健康态度素养不仅决定着自身的心理健康观和疾病观,也会间接影响学生群体的心理健康观和疾病观。

美国心理学家尤·布朗芬布伦纳(U.Bronfenbrenner)曾于20世纪提出了著名的人类发展生态学理论,该理论认为环境对于个体行为、心理发展有着重要的影响。根据布朗芬布伦纳的发展生态学理论,个体的发展与周围的环境之间相互联系,构成了若干个系统,即微观系统、中介系统、外在系统以及宏观系统。[②]因此,在考虑高校辅导员心理健康态度素养的时候,不仅要考虑各系统的内部作用,还要考虑各系统之间的相互影响。

首先,要重视社会健康文化氛围的营造。有研究显示,在对心理疾病的态度上,中国文化中的污名更严重。由于中国的集体主义文化的影响,精神疾病的污名并不局限于患有精神疾病的个人,而是影响到整个家庭。因此,为了避免"家丑"外扬,一些家庭甚至把患有精神疾病的家人隔离起来。而同样是受到污名的影响,更多的人选择自助或求助于亲戚,而不是寻求专业帮助。[③]本研究发现,高校男性辅导员心理健康态度素养低于女性。从其根本原因来看,这与我国传统文化对男性角色的塑造密切相关。传统观念要求男性坚强并且具有坚韧不拔的勇气,能够忍受各种痛苦。因此,高校男性辅导员心理健康态度素养的改变离不开整体文化环境的改善。国外更多是通过大规模社会干预活动

[①] 岳童,王晓刚,黄希庭.心理疾病自我污名:心理康复的一个高危因子[J].心理科学进展,2012,20(9):1449.
[②] 车广吉,丁艳辉,徐明.论构建学校、家庭、社会教育一体化的德育体系:尤·布朗芬布伦纳发展生态学理论的启示[J].东北师大学报(哲学社会科学版),2007(4):155.
[③] 任志洪,赵春晓,田凡,等.中国人心理健康素养干预效果的元分析[J].心理学报,2020,52(4):499.

来营造良好的文化氛围,而目前我国也针对公众的心理健康素养出台了一系列相关政策,包括对心理疾病的认知、识别以及病耻感的评估等。随着公众心理健康意识的逐步增强,未来除了政府的主导作用外,还需要社会组织的介入,以及主流媒体的宣传,以改变公众对心理问题的污名化态度。高校也要重点关注男性辅导员,帮助他们树立发展性、多元化、开放性的助人与自助态度,并通过举办讲座、提供个体心理咨询、组织家庭团体辅导等活动,推动男性辅导员树立正确的心理健康观。

其次,重视和谐家庭关系的构建。家庭是人生的第一所学校,高校要重视辅导员自身家庭成长环境的影响。在对高校辅导员开展的访谈中,有辅导员表示自己情绪不高时,往往会找家人倾诉而不是寻求专业帮助,除非心理问题非常严重,而自己无法解决时,才会求助于专业的心理辅导。通过研究进一步发现,家庭支持对高校辅导员心理健康态度素养具有重要影响,家庭支持可以有效提升高校辅导员心理健康态度素养。因此,高校应有针对性地提供改善家庭关系的团体辅导服务,帮助高校辅导员正确处理夫妻、子女以及父母关系,构建和谐的家庭关系。

最后,高校辅导员要能够自我悦纳。污名化态度一般分为公众污名和自我污名。在对高校辅导员开展的访谈中,对于学生出现的心理问题,辅导员都表示愿意花费时间和精力去帮助学生解决,表现出较少的公众污名化。然而,自我污名态度比较显著,即高校辅导员对于自身心理健康问题的病耻感较强。研究表明,认知行为疗法可以有效改变个体我污名认知,通过重构心理疾病事件,让患者学会换位思考,能够帮助其对自己的心理问题更为接受。[①]在面对自身的心理健康问题时,高校辅导员应主动学习和掌握认知行为疗法,学会调整自己的不合理认知,建立正向、积极、合理的信念。当前,教育部要求高校广泛开设心理健康教育课程,作为公共必修课。高校辅导员应把握这一机遇,与学校心理健康教育教师合作,积极拓展相关课程的建设工作。同时,高校辅导员须主动学习和掌握心理健康知识及基础技能,以提升个人的自助、互助和求助能力。

---

① 李强,高文珺.心理疾病污名影响研究与展望[J].南开学报(哲学社会科学版),2009(4):131.

综上所述,心理健康态度素养具有内隐性,是心理健康素养结构中的核心层次,因此,改变高校辅导员心理健康态度素养要经历一个缓慢的过程。这一过程既要遵循高校辅导员个体的自主成才规律,也要遵循高校辅导员职业发展阶段规律;既要强调高校辅导员对实践工作的反思,也要重视整体环境的改善。只有通过多种方式,才能保证高校辅导员心理健康态度素养得到真正提升。

(四)提升青年辅导员心理健康人格素养

高校辅导员心理健康人格素养是指高校辅导员在职业发展中表现出的积极向上的总体精神风貌,它体现为严谨作风、平和心态、责任意识、奉献精神。高校辅导员的健康人格是其心理健康的基础,高校辅导员心理健康人格素养是心理健康素养的核心组成部分。习近平总书记在学校思想政治理论课教师座谈会上强调:"思政课教师,要给学生心灵埋下真善美的种子,引导学生扣好人生第一粒扣子……人格要正,有人格,才有吸引力。亲其师,才能信其道。要有堂堂正正的人格,用高尚的人格去感染学生、赢得学生,用真理的力量感召学生,以深厚的理论功底赢得学生,自觉做为学为人的表率,做让学生喜爱的人。"作为陪伴大学生成长的引路人,高校辅导员对于大学生成长的影响无疑是全面而深刻的,具有持续性和稳定性。同样,高校辅导员的人格特质对于大学生健康人格的形成也无疑具有深刻性和长远性。正如乌申斯基所说:"在教育中,一切都应当以教育者的人格为基础,因为教育的力量仅仅来自于人格的活的源泉。任何规章和纲领,任何人为设置的组织,都不能取代教育事业中的个性。"[①]

通过前面的调查发现,高校辅导员心理健康人格素养存在年龄、工作年限的差异,且年龄在41岁及以上、工作年限在9年及以上的辅导员其心理健康人格素养水平最高,而青年辅导员人格素养相对水平较低。这表明高校辅导员的心理健康人格素养养成需要工作的沉淀和经验的积累,是不断在实践中磨炼而逐渐形成的。在人生的不同时期、工作的不同阶段,高校辅导员自身的心理境遇会有所不同,因此在培育人格素养时应注意其阶段性特点,坚持阶段性和连

---

① 转引自:张雪飞.班主任群体成长[M].上海:上海教育出版社,2016:47.

续性相统一,既要根据不同的发展阶段调整培养内容,还要坚持一致性和稳定性,以确保高校辅导员的健康人格的塑造与培育。

心理学家奥尔波特(G.Allport)是美国第一个集中研究健康人格而不是精神病人格的心理学家。他认为心理健康的人是成熟的人,这样的人有长远的目标和理想,生活中充满着活力与变化,其特点是:能把自我延伸到活动,能与他人建立亲密的联系,有安全感,形成现实主义的知觉,有技能与任务,自我客观化,有统一的人生观。[1]

对于青年辅导员心理健康人格素养的培育,首先,要重视思想理论的武装,包括远大的生活目标、坚定的价值观以及成熟的道德心等。拥有健康人格的人总是向前看的,是被长远目标和计划推动的。思想理论的武装对于青年辅导员来说不仅是必修课,更是一种人生修炼。高校应把好"入口关",强化青年辅导员为党育人、为国育才的初心使命,增强青年辅导员的职业使命感,不断提升其人格的思想境界。高校要将价值观教育和人生观教育融入青年辅导员的职业发展过程当中,定期开展师德标兵、感动故事分享等活动,通过典型示范促进高校辅导员健康人格的养成。青年辅导员还应重视自身道德人格的完善,要能够以身作则,做好学生的表率,要用自己的信仰去塑造学生的信仰,用自己的理想点燃学生的理想,做真正的"四有好老师"。

其次,要建立组织支持激励机制。高校辅导员健康人格的形成,离不开组织的支持和帮助。本研究发现,每年参加培训次数在2次及以上的高校辅导员,其心理健康人格素养水平较高。这表明高校辅导员参与培训的次数可以影响其心理健康人格素养的形成。因此,发挥组织的培养和管理作用至关重要,通过组织引导、教育、激励和支持,可以为辅导员,尤其是青年辅导员心理健康人格素养的形成,提供持久的外部动力,推动其不断向组织要求的目标看齐,进而内化成自身稳定的心理健康人格素养。高校应认识到高校辅导员工作环境的复杂性,多给予工作上的理解和支持。在职称评定、福利待遇、进修培训、人事编制等方面应给予充分保障,进行职业优化。从人本主义心理学角度来看,

---

[1] 陈安福.中学心理学:新编本[M].北京:高等教育出版社,2004:241.

有效的组织支持,可以使得高校辅导员扩展自身的社会实践活动范围,帮助高校辅导员更好地看待周围现实,增强安全感,这对于增强高校辅导员的主观幸福感,帮助其形成健康人格具有重要影响。

最后,应加强高校青年辅导员自我教育。高校辅导员心理健康人格素养的形成,既要有外部推动,还需要增强自身内部驱动。高校辅导员的工作是一项名副其实的"三全育人"工作,需要连接学校、家庭以及社会,发挥桥梁和纽带作用。在面对较强的工作压力时,高校辅导员需要增强自身的挫折忍耐力。有学者认为,健康的个体对阻碍应该有忍耐力,这种忍耐并不代表听命于挫折,更不是使自己丧失活动的能力,相反,个体能够设计不同的发展道路且能够达到同样的目标或替代目标。高校辅导员在帮助学生的过程中,常常会遭遇学生的抵触或者不理解,有时候即使全力投入,育人效果也不会立刻显现,这种挫败感会时常影响高校辅导员的心理健康。因此,挫折忍耐力的提升是高校辅导员心理健康人格素养培育中的重点内容。青年辅导员应重视自我锻炼,积极参与各种社会实践,敢于承认失败和不足,学会控制自己的情绪,将不良情绪更多引向建设性的活动方面,更好地处理各种压力,进而达到健康人格的塑造。

结 论

当今社会,人才是第一资源,培养德才兼备的高素质人才是高校辅导员所要肩负的时代使命。不断促进大学生健康成长是培养高素质人才的重要途径,进入新时代以来,党和国家以及社会对大学生心理健康素养的重视程度在不断提高,相关政策相继出台,高校辅导员在提升大学生心理健康素养方面所承担的职责也变得愈发重要。高校辅导员要培育大学生心理健康素养,自己就必须首先要具备高水平的心理健康素养。当前高校辅导员心理健康素养的培育主要面临两个方面的难题:一方面是受外在客观环境影响,高校辅导员所获得的社会支持、待遇保障、教育培训等无法有效满足,导致高校辅导员心理健康素养水平出现不平衡;另一方面是高校辅导员自身角色多元化、职责多重化、学科背景多样化,使得他们难以集中精力投入心理健康素养的提升中,更多是在实践中学习,而非系统地学习。在实际访谈中,许多高校辅导员在帮助学生提升心理健康素养时会感到力不从心,特别是那些非心理学专业背景的高校辅导员,他们往往是在被动地学习,疲于应对。这些现实境遇为本研究提供了重要切入口,同时也彰显了本研究的实际价值。

为此,本文立足于新时代,围绕高校思想政治工作的新特征、新变化、新挑战,以马克思主义关于人的全面发展理论和习近平总书记关于高校思想政治工作的重要论述为理论指导,借鉴我国高校心理健康教育发展相关理论以及胜任力理论,综合运用理论分析法、质性访谈法、问卷调查法等多种研究方法,探究高校辅导员心理健康素养的具体结构模型,了解和掌握高校辅导员心理健康素养现状,分析高校辅导员心理健康素养的特点、影响因素及重要作用机制。本研究努力解答了新时代高校辅导员心理健康素养的定义、重要性、测量方法、结果评估以及提升策略等关键问题,并初步得出以下结论。

高校辅导员心理健康素养是高校辅导员在日常思想政治教育实践中生成的,它不仅满足新时代高校心理育人工作的需求,还包含促进时代新人健康成长所必备的知识、技能、态度与人格。高校辅导员心理健康素养研究的理论依据,主要包括马克思主义关于人的全面发展理论,习近平总书记关于高校思想政治工作的重要论述,国外的胜任力理论等。通过理论分析,本研究旨在阐释高校辅导员心理健康素养研究的价值和目标,将其置身于我国高等教育发展的历史进程中进行审视。

本研究从理论和实践两个层面出发,对高校辅导员心理健康素养的内在结构进行了初步探索。通过文献梳理、理论分析以及开展个案访谈,本研究初步确定了高校辅导员心理健康素养的内部结构。随后,通过问卷调查,进一步探索高校辅导员心理健康素养的构成要素,并最终确定了高校辅导员心理健康素养的结构模型。高校辅导员心理健康素养包括知识素养、技能素养、态度素养和人格素养4个子因子。

通过调查研究发现,我国高校辅导员心理健康素养状况整体较好,但是在各个因子之间存在不平衡,人格素养和技能素养水平高于知识素养和态度素养。同时,高校辅导员心理健康素养以及各个因子受到人口学影响,在性别、年龄、婚姻状况、工作年限、职称等方面表现出差异性。通过进一步对现状产生的原因进行分析得出,高校辅导员心理健康素养受到主客观条件的制约。

在前期调研的基础上,本研究进一步探讨了高校辅导员心理健康素养的影响因素与效用。通过前期文献梳理以及个案访谈发现,高校辅导员的工作压力、领悟社会支持水平以及情绪调节会影响其心理健康素养水平。领悟社会支持水平和情绪调节水平越高,高校辅导员心理健康素养水平会越高,而工作压力会负向影响高校辅导员心理健康素养水平。另外,心理健康素养水平在工作压力和工作满意度之间发挥部分中介作用。

新时代高校辅导员心理健康素养的培育与提升是一项系统工程,需要从国家、社会、学校、个体四个层面进行一体化建构。从国家层面来看,应树立新时代高校辅导员心理健康素养新理念,坚持健康第一的教育理念,将落实立德树人根本任务融入学生健康成长的全过程,将提升高校辅导员心理健康素养作为重要战略任务。从社会层面来看,通过落实高校辅导员心理健康素养提升的支持政策,不断提升高校辅导员的工作价值,丰富高校辅导员心理健康素养培育的社会资源来改善高校辅导员心理健康素养培育的外部条件。从高校层面来看,通过整合心理健康服务资源,完善高校辅导员协同心理育人体系,实施生涯全周期的心理健康素养培训与督导来构建协同联动的高校辅导员心理健康素养培育格局。从个体层面来看,应坚持问题导向,针对高校辅导员在知识、技能、态度以及人格各个方面的具体问题,进行有目的的提升。

总体而言,仍然有一些问题需要进一步探究。一是自编的高校辅导员心理健康素养问卷的科学性和有效性仍须进一步验证,尤其是测量结果的稳定性,需要今后继续通过调查研究来进一步修订。二是本研究在开展过程中,调查范围和问卷样本量有限,导致问卷调查结果可能存在一定因子干扰。未来需要进一步扩大调查范围,尤其是要考虑样本的代表性。三是问卷发放方式,由于受到多重影响,本次调查主要是以网络问卷的方式进行发放,填写质量难以保证。四是缺乏比较。由于目前在国内针对高校辅导员心理健康素养的研究成果较少,本研究难以进行纵向比较。针对高校教师群体的心理健康素养研究也仅处于初始阶段。未来希望能够通过编制统一的测量工具,对高校教师群体进行统一测评,再根据结果进行横向比较,以确保心理健康素养研究能够实现动态追踪和静态分析。

展望未来,随着我国社会的持续发展与进步,健康意识将逐渐深入人心,人民群众对健康生活方式的追求也将日益强烈。提升人民群众的心理健康素养,是帮助人们能够及时预防和发现心理问题,降低治疗难度,增强治疗效果的有效且经济的方式之一。因此,高校辅导员心理健康素养的研究应成为提升公众心理健康素养中的重要一环。另外,高校辅导员心理健康素养的研究需要以构建高校心理健康服务体系为依托,进行整体性建设。这对于促进高校环境的和谐稳定以及推动高等教育的高质量发展具有深远意义。

附 录

附录一　访谈提纲

【基本情况】

　　姓名：＿＿＿＿＿＿　　　性别：＿＿＿＿＿＿　　　工作年限：＿＿＿＿

　　年龄：＿＿＿＿＿＿　　　职称：＿＿＿＿＿＿　　　专业背景：＿＿＿＿

【指导语】

尊敬的老师：

　　您好，非常感谢您参与本次访谈。我们正在进行一项关于高校辅导员心理健康素养的研究，很高兴您同意接受我的访谈。本研究旨在研究个体对心理健康素养的理解，以及在维护和促进心理健康方面所采取的具体措施。这是一次开放式的访谈，不是一次考试，并没有一个正确的答案，我们希望从您的真实经验中找到一些普遍的东西。您也可以分享一些您在追求心理健康状态过程中所经历的故事。

1.您对心理健康素养是怎么理解的？
2.您认为心理健康素养的标准是什么？
3.如果心理健康状况满分是100分，您愿给自己目前的心理健康状况打多少分？
4.您觉得哪些事情会影响您的心理健康状况？
5.如果这些事情影响了您的心理健康，您是怎么恢复过来的？
6.在日常生活中，您是怎么发现有心理问题的学生的？
7.您是否会害怕或不愿意接触有心理问题的学生？
8.请问从事辅导员工作以来，您是否帮助过一些有心理问题的学生？
9.当心情不好时，您是否会主动进行调节？
10.您是否愿意找心理咨询师或者去医院？
11.如果学校开设了针对教师的心理健康咨询，您是否愿意去？
12.您是否会在生活中主动学习心理健康的相关知识？
13.您最近几年是否参与过心理健康教育培训？效果怎么样？您认为心理健康教育培训多久开展一次比较合适？
14.对于提升辅导员心理健康素养，您有什么想法吗？

附录二 新时代高校辅导员心理健康素养问卷(正式版)

【指导语】

尊敬的辅导员老师：

您好！为了解当前高校辅导员心理健康素养现状以及影响因素,我们开展了此次调查。您所提供的意见非常宝贵,我们倍感珍惜。对于您所提交的信息,我们承诺将严格保密。感谢您抽出宝贵时间完成这份问卷,衷心感谢您的参与和支持！

请您根据自身的实际情况作出判断,在相应的选项上画"√",每题仅选择一个选项。

序号	题 目	非常不赞同	不赞同	不确定	赞同	非常赞同
1	能够积极接受现实的人,往往心理比较健康。					
2	消极情绪会导致个体免疫力下降。					
3	心理危机事件往往具有突发性和危险性等特征。					
4	心理危机干预的首要目标是保证当事人的安全。					
5	通过心理咨询,可以帮助来访者更好地适应生活。					
6	通过心理咨询,可以帮助来访者深化自我认识。					
7	通过参加团体心理辅导,可以帮助大学生正确认识自己。					
8	通过参加团体心理辅导,可以帮助大学生发展良好的人际关系。					
9	帮助大学生建立积极正向行为的团体辅导属于成长型的团体心理辅导。					
10	我能识别学生是心理正常还是心理异常。					

续表

序号	题 目	非常不赞同	不赞同	不确定	赞同	非常赞同
11	我能对有严重心理问题的学生进行及时转介。					
12	如果遇到心理危机事件发生,我能进行合理处置。					
13	我能帮助学生学会塑造健康人格。					
14	我能帮助学生学会提高挫折承受力。					
15	我能及时消除网络舆情给学生带来的心理冲击。					
16	我能帮助学生学会解决恋爱中的困惑与烦恼。					
17	我能通过学生喜欢的方式普及心理健康知识。					
18	我能组织学生积极参与学校的心理健康筛查。					
19	我认为心理问题是小问题,不用太关注。					
20	如果自己有心理问题,我会觉得很丢人。					
21	当学生找我帮忙时,我有时候会感到很烦。					
22	我认为那些有心理问题的学生和其他人不一样。					
23	我对待工作认真负责。					
24	我能坚持完成各项工作任务。					
25	我做事有计划、有条理。					
26	我做事有效率,善始善终。					
27	我经常会站在别人的角度去思考问题。					
28	我可信赖、可依靠。					

附录三　主要使用量表
领悟社会支持量表

【指导语】

请您仔细阅读每一道题,然后根据自己的情况,选择最合适的选项并在相应的选项上画"√",每题仅选择一个选项。

序号	题　目	非常不符合	很不符合	有点不符合	不确定	有点符合	很符合	非常符合
1	在我遇到问题时,有些人(领导、亲戚、同事)会出现在我身旁。							
2	我能够与有些人(领导、亲戚、同事)共享快乐与忧伤。							
3	我的家庭能够切实具体地给我帮助。							
4	在有需要时,我能够从家庭中获得感情上的帮助和支持。							
5	……							

大学教师工作压力量表

【指导语】

请您仔细阅读每一道题,然后根据自己的情况,选择最合适的选项并在相应的选项上画"√",每题仅选择一个选项。

序号	题目	没有压力	轻度压力	中度压力	严重压力
1	我担心失业。				
2	我担心自己表达能力有问题。				
3	我担心工作岗位的竞争。				
4	……				

情绪调节策略量表

【指导语】

请您仔细阅读每一道题,然后根据自己的情况,选择最合适的选项并在相应的选项上画"√",每题仅选择一个选项。

序号	题目	非常不符合	比较不符合	有点不符合	不确定	有点符合	比较符合	非常符合
1	当我想感受一些积极的情绪(如快乐或高兴)时,我会改变自己思考问题的角度。							
2	我不会表露自己的情绪。							
3	当我想少感受一些消极的情绪(如悲伤或愤怒)时,我会改变自己思考问题的角度。							
4	当感受到积极情绪时,我会很小心地不让它们表露出来。							
5	……							

工作满意度指数量表

【指导语】

请您仔细阅读每一道题,然后根据自己的情况,选择最合适的选项并在相应的选项上画"√",每题仅选择一个选项。

序号	题 目	非常不满意	不满意	不确定	满意	非常满意
1	你对所从事的工作性质的满意度如何?					
2	你对管理你的领导的满意度如何?					
3	你对与你共事的同事的满意度如何?					
4	你对自己的报酬的满意度如何?					
5	……					

主要参考文献

一、中文文献

[1]《党的二十大报告学习辅导百问》编写组.党的二十大报告学习辅导百问[M].北京:党建读物出版社,学习出版社,2022.

[2]《党的十九大报告辅导读本》编写组.党的十九大报告辅导读本[M].北京:人民出版社,2017.

[3]《思想政治教育学原理》编写组.思想政治教育学原理[M].北京:高等教育出版社,2016.

[4]《习近平总书记教育重要论述讲义》编写组.习近平总书记关于教育重要论述讲义[M].北京:高等教育出版社,2020.

[5]艾楚君.不容忽视的关注:高校辅导员自身的心理健康[J].湖南师范大学教育科学学报,2007,6(5):109-111.

[6]白净.高校辅导员角色冲突及定位研究[D].大连:辽宁师范大学,2012.

[7]曹威威.高校辅导员职业生涯发展周期超越论[J].学校党建与思想教育,2018(9):91-92,95.

[8]曾莉.公共服务绩效主客观评价的吻合度研究[M].北京:人民出版社,2016.

[9]曾永成.人的本质:从费尔巴哈到马克思——对《关于费尔巴哈的提纲》中一个重要观点的理解[J].现代哲学,2004(2):10-15.

[10]车广吉,丁艳辉,徐明.论构建学校、家庭、社会教育一体化的德育体系:尤·布朗芬布伦纳发展生态学理论的启示[J].东北师大学报(哲学社会科学版),2007(4):155-160.

[11]车文博.人本主义心理学[M].杭州:浙江教育出版社,2003.

[12]陈安福.中学心理学:新编本[M].北京:高等教育出版社,2004.

[13]陈华,雷鸣,汪小容.高校非常规突发事件心理调适工作指南[M].成都:西南交通大学出版社,2023.

[14]陈家麟.心理健康与智力发展[J].心理科学通讯,1984(2):43-44.

[15]陈建文,杨一平.高校辅导员如何胜任大学生心理辅导[J].高等教育研究,2008,29(8):89-93.

[16]陈琳.浅谈高校辅导员心理素质的培养途径[J].南京医科大学学报(社会科学版),2006(3):246-249.

[17]陈庆健,庄兴忠.大学生辅导员必备的政治、道德、心理、人文素质[J].广西青年干部学院学报,2003,13(3):63-64.

[18]陈珅,陈科,李永鑫.河南省中小学心理健康教师的心理健康素养[J].中国健康心理学杂志,2021,29(8):1219-1225.

[19]陈素权.高校辅导员的角色冲突及其调适[J].思想理论教育,2007(3):86-89.

[20]陈维,张谷吟,田雪,等.Gross-John情绪调节问卷在中学生中的试用[J].中国心理卫生杂志,2020,34(3):206-211.

[21]陈小鸿.论人的自由全面发展[M].北京:人民出版社,2004.

[22]陈云川,雷轶.胜任力研究与应用综述及发展趋向[J].科研管理,2004,25(6):141-144.

[23]陈振华.积极教育论纲[J].华东师范大学学报(教育科学版),2009,27(3):27-39,68.

[24]陈震.博士生科研潜质评价与个性化培养[M].沈阳:辽宁人民出版社,2023.

[25]陈正芬.中国高校辅导员制度研究[M].北京:中国社会科学出版社,2018.

[26]谌喜兵.重庆市高校辅导员职业压力与职业倦怠的相关研究[D].重庆:

西南大学,2009.

[27]程海云,朱平.高校辅导员职业人格形成机理与培育策略研究[J].高教探索,2021(9):34-38.

[28]程琼,王洛忠.新时代高校辅导员核心素养的价值、构成与培育[J].学校党建与思想教育,2020(3):86-89.

[29]程水栋.高校"办好讲好学好"思政课的整体性研究[M].北京:人民出版社,2024.

[30]储璧茜.独立学院辅导员心理健康存在的问题及对策[J].教育探索,2012(6):142-143.

[31]褚宏启.核心素养的国际视野与中国立场:21世纪中国的国民素质提升与教育目标转型[J].教育研究,2016,37(11):8-18.

[32]崔允漷.追问"核心素养"[J].全球教育展望,2016(5):3-10,20.

[33]代伟.论高校辅导员心理素质培养[J].红河学院学报,2005,3(5):86-89.

[34]戴海琦.心理测量学[M].北京:高等教育出版社,2010.

[35]旦增卓玛.西藏高校辅导员职业压力调查[J].高校辅导员学刊,2013,5(2):40-43.

[36]邓小平.邓小平文选(第二卷)[M].北京:人民出版社,1994.

[37]邓小平.邓小平文选(第三卷)[M].北京:人民出版社,1993.

[38]邓小平.邓小平文选(第一卷)[M].北京:人民出版社,1994.

[39]丁闽江,苏婷茹.大学生心理健康素养现状分析及提升策略[J].扬州大学学报(高教研究版),2020,24(2):66-72,111.

[40]丁淑兰.高校辅导员工作压力、组织支持感、职业承诺的关系研究[D].杭州:浙江大学,2010.

[41]董慧."双创"时代高职辅导员队伍专业化培养和职业化发展探究[J].教育与职业,2021(19):99-103.

[42]董慧.高校辅导员职业倦怠自我预防研究[J].学校党建与思想教育,2017(15):74-76.

[43]窦温暖,代红英.四川省高职高专辅导员职业压力问卷的编制[J].四川精神卫生,2015,28(2):189-192.

[44]杜建政,刘宁,张翔,等.幼教人员的幼儿心理健康素养现状[J].学前教育研究,2015(6):48-55.

[45]杜维婧.我国农村居民健康的社会决定因素研究[D].北京:中国疾病预防控制中心,2012.

[46]范会平.高校辅导员的职业压力及其调适研究[D].武汉:武汉理工大学,2016.

[47]方杰,张敏强,邱皓政.中介效应的检验方法和效果量测量:回顾与展望[J].心理发展与教育,2012(1):105-111.

[48]冯刚,彭庆红,佘双好,等.新时代高校思想政治教育学原理[M].北京:人民出版社,2021.

[49]冯刚,钟一彪.高校辅导员角色紧张的舒缓与职业理想建构[J].学校党建与思想教育,2022(1):1-5.

[50]冯刚.大学生思想政治教育工作概论[M].北京:北京师范大学出版社,2020.

[51]傅小兰,张侃.中国国民心理健康发展报告(2019—2020)[M].北京:社会科学文献出版社,2021.

[52]傅小兰.说谎心理学教程[M].北京:中信出版社,2022.

[53]高峰,王芳,刘朝晖.心理应激因素对高校辅导员心理健康的影响[J].北华航天工业学院学报,2021,31(2):57-59.

[54]高旭,李凤兰,李虹韦.大学生心理卫生素养的现状调查[J].高教论坛,2019(6):7-13,33.

[55]高旭.大学生心理卫生素养研究:基于武汉市某高校本科生的调查[D].武汉:华中农业大学,2017.

[56]高岩,吴耀武.高校辅导员工作压力分析及其调适:基于陕西省高校样本的实证研究[J].湖北社会科学,2015(8):165-169.

[57]高志华.高校年轻辅导员健康心理的培育与发展[J].江苏高教,2013(4):89-90.

[58]耿品.高校专职辅导员角色冲突与调适研究[D].北京:北京科技大学,2020.

[59]苟晓玲,彭玮婧,刘旭.全域视野下教师心理健康教育素养:内涵、构成与发展路径[J].当代教育论坛,2020(4):40-47.

[60]构建大卫生大健康格局 全方位护佑人民健康[EB/OL].[2024-05-14].http://www.qstheory.cn/dukan/hqwg/2024-05/14/c_1130144656.htm.

[61]郭恒,盛小添,笪姝,等.心理健康素养的概念、测量及影响因素[J].中国健康教育,2017,33(10):918-922.

[62]郭佩佩,高凯,叶俊.上海市高校辅导员职业倦怠与心理健康现状及相关性分析[J].中国职业医学,2020,47(6):676-680.

[63]郭强,弓晶.高校辅导员职业压力调适路径探析[J].北京教育(德育),2021(1):92-95.

[64]郭艳.医学院校辅导员心理健康状况研究[J].教育与职业,2012(26):70-71.

[65]郭志立.高校辅导员职业倦怠的成因及对策[J].教育探索,2014(2):105-106.

[66]韩建涛,秦鹏生,葛明贵.心理健康知识对大学生心理健康影响的研究[J].扬州大学学报(高教研究版),2013,17(6):27-30.

[67]韩庆祥.论人的个性及其全面发展的规律[J].北京大学学报(哲学社会科学版),1992(1):26-27.

[68]韩庆祥.现实逻辑中的人:马克思的人学理论研究[M].北京:北京师范大学出版社,2017.

[69]韩哲,王丹丹,欧阳灵青,等.心理健康素养问卷在精英运动员群体中的信效度检验[J].湖北体育科技,2019,38(3):226-229.

[70]何津,陈祉妍,郭菲,等.流调中心抑郁量表中文简版的编制[J].中华行

为医学与脑科学杂志,2013,22(12):1133-1136.

[71]何思彤.多元文化框架下高校心理健康教育研究的转换[D].长春:吉林大学,2018.

[72]胡锦涛.胡锦涛文选(第二卷)[M].北京:人民出版社,2016.

[73]胡锦涛.胡锦涛文选(第三卷)[M].北京:人民出版社,2016.

[74]胡锦涛.在庆祝清华大学建校100周年大会上的讲话[M].北京:人民出版社,2011.

[75]胡晓毅.高校辅导员心理所有权对其工作满意度影响的实证研究[J].学校党建与思想教育,2021(22):79-81.

[76]淮北师范大学教育硕士案例教学课题组编.教育硕士教学案例集[M].徐州:中国矿业大学出版社,2018.

[77]黄广谋.新时期高校辅导员工作的理论与实践研究[M].北京:新华出版社,2017.

[78]黄蓉生.大学生思想政治教育若干论题研究[M].北京:人民出版社,2016.

[79]黄奕云.新时期高校辅导员素质状况的调查分析[J].职业技术教育(教学版),2006,27(32):112-14.

[80]黄友初.教师专业素养:内涵、构成要素与提升路径[J].教育科学,2019,35(3):27-34.

[81]黄志平.长沙、西安、无锡三城市居民精神健康素养研究[D].长沙:中南大学,2011.

[82]冀翠萍.新媒体时代党员干部媒介素养提升路径研究[M].北京:人民出版社,2024.

[83]健康中国行动推进委员会.健康中国行动(2019—2030年):总体要求、重大行动及主要指标[J].中国循环杂志,2019,34(9):846-858.

[84]江光荣,李丹阳,任志洪,等.中国国民心理健康素养的现状与特点[J].心理学报,2021,53(2):182-198.

[85]江光荣,赵春晓,韦辉,等.心理健康素养:内涵、测量与新概念框架[J].心理科学,2020,43(1):232-238.

[86]江泽民.江泽民文选(第二卷)[M].北京:人民出版社,2006.

[87]江泽民.江泽民文选(第三卷)[M].北京:人民出版社,2006.

[88]江泽民.江泽民文选(第一卷)[M].北京:人民出版社,2006.

[89]姜婷,温少东,王晓婷,等.新疆高校辅导员心理健康现状与领悟社会支持的相关性研究[J].现代预防医学,2018,45(10):1745-1749.

[90]蒋蜀辉.重庆市高校辅导员心理健康状况及其与职业压力源的关系研究[D].重庆:西南大学,2008.

[91]教育部思想政治工作司.加强和改进大学生思想政治教育重要文献选编(1978—2014)[M].北京:知识产权出版社,2015.

[92]解颖,汤秋艳.心理学教育学公共课教学改革初探[M].郑州:河南人民出版社,2019.

[93]金生鈜.教育何以是治疗:兼论教育与人的健康的关系[J].教育研究,2020(9):34-44.

[94]进一步加强和改进大学生思想政治教育工作大力培养造就社会主义事业建设者和接班人[N].人民日报,2005-01-19(1).

[95]靳玉军.高校辅导员素质开发研究[D].重庆:西南大学,2008.

[96]荆玉梅,张玉,李思慧,等.心理危机防控视角下高校教师心理健康素养:意义、构成要素与提升路径[J].湖北师范大学学报(哲学社会科学版),2022,42(3):112-116.

[97]荆玉梅.团体辅导提高辅导员心理健康水平效果研究[J].学校党建与思想教育,2015(16):62-63.

[98]邝仕源.广州地区高校医学研究生精神健康素养现状及影响因素研究:以三所高校为例[D].广州:广州医科大学,2018.

[99]李丹,马喜亭.高校辅导员心理健康教育胜任力研究[J].学校党建与思想教育,2022(6):87-90.

[100]李丹琳,胡婕,黄雪雪,等.《青少年心理健康素养评定量表》编制及在医学生中的应用[J].中国学校卫生,2021,42(7):1038-1041.

[101]李飞,肖水源,黄志平,等.中国三城市精神健康素养调查[J].中国心理卫生杂志,2009,23(12):883-887.

[102]李凤兰,高旭.大学生心理卫生素养研究综述[J].中国学校卫生,2018,39(1):154-160.

[103]李函璠,刘馨谣,安冉,等.手机媒体对大学生心理健康素养影响机制的研究进展[J].职业与健康,2022,38(11):1581-1584.

[104]李珺,李大光.中国公众心理健康素养的探索研究[J].科普研究,2012,7(2):34-41,50.

[105]李蔺.新时代高校辅导员工作发展与变革研究[M].长春:吉林科学技术出版社,2019.

[106]李强,高文珺.心理疾病污名影响研究与展望[J].南开学报(哲学社会科学版),2009(4):123-132.

[107]李胜琴,饶和平,孔庆红.衢州城乡社区老年人群心理健康素养知识与对策[J].中国老年学杂志,2019,39(4):954-956.

[108]李艳杰.浅谈高校辅导员应具备的职业心理素质[J].哈尔滨职业技术学院学报,2008(4):68-69.

[109]李义平.着力践行以人民为中心的发展思想(深入学习贯彻习近平新时代中国特色社会主义思想)[N].人民日报,2022-02-08(7).

[110]李长宁,李英华.健康素养促进工作现状及展望[J].中国健康教育,2015,31(2):233-237.

[111]李宗波,李巧灵.高校辅导员心理契约违背的作用机制:基于社会交换理论的实证研究[J].中南大学学报(社会科学版),2012,18(6):53-61.

[112]列宁.列宁全集(第三十五卷)[M].北京:人民出版社,2017.

[113]林崇德.21世纪学生发展核心素养研究[M].北京:北京师范大学出版社,2016.

[114]林静,涂巍.大学生积极心理品质与应对方式、领悟社会支持的关系[J].中国健康心理学杂志,2015,23(2):225-228.

[115]林伟毅.高校辅导员心理素质优化与育人能力提升[J].集美大学学报(哲学社会科学版),2012,15(3):114-120.

[116]刘爱楼,刘贤敏.情绪能力视阈下高校辅导员职业倦怠现状与对策研究:以民族院校为例[J].湖北民族学院学报(哲学社会科学版),2016,34(5):184-188.

[117]刘沧山.中外高校思想教育研究[M].北京:人民出版社,2008.

[118]刘翀,马世超.高校辅导员职业压力来源结构探索、特点及应对策略[J].继续教育研究,2012(6):33-36.

[119]刘华山.心理健康概念与标准的再认识[J].心理科学,2001,24(4):481,480.

[120]刘佳静.基于移动终端的大学生心理健康素养干预研究[D].南昌:江西师范大学,2020.

[121]刘建平,何志芳.高校教师人格对心理资本与心理健康的影响研究[J].心理学探新,2013,33(6):537-540.

[122]刘捷.医学生突发事件心理急救培训的效果研究[D].太原:山西医科大学,2016.

[123]刘林.高校辅导员的角色冲突与对策研究[J].思想政治教育研究,2012,28(2):105-107.

[124]刘明智,吴文君,胡雯斐.浙江省高校辅导员职业倦怠与职业压力现状研究及应对策略[J].教育教学论坛,2013(11):4-6.

[125]刘视湘,朱小茼,贺双燕.团体心理辅导实务[M].北京:首都师范大学出版社,2015.

[126]刘晓,黄希庭.社会支持及其对心理健康的作用机制[J].心理研究,2010,3(1):3-8.

[127]刘晓冰,胡丽娜,李娜.心理资本视域下高职院校兼职教师工作满意度

实证研究[J].职教论坛,2020(12):110-117.

[128]刘奕.浏阳市农村社区18~60岁居民精神健康素养及其影响因素研究[D].长沙:中南大学,2014.

[129]刘园园.高校辅导员职业倦怠的现代性视域分析[J].教育理论与实践,2018,38(18):35-37.

[130]柳夕浪.从"素质"到"核心素养":关于"培养什么样的人"的进一步追问[J].教育科学研究,2014(3):5-11.

[131]卢晓艳,张志华,王君,等.已婚妇女心理健康素养量表的编制研究[J].中国健康教育,2021,37(10):909-914.

[132]路平.心理健康素养研究述评[J].心理研究,2013,6(1):8-13.

[133]罗品超.大学生心理素质构成因素及其测量工具的研究[D].广州:华南师范大学,2005.

[134]吕东刚.高校辅导员心理健康教育能力建设的偏失及应对[J].教育理论与实践,2020,40(15):35-37.

[135]马建青,欧阳胜权.论中国特色高校心理健康教育模式的构建[J].思想理论教育,2019(11):96-100.

[136]马小红.高校辅导员职业认同现状分析[J].学校党建与思想教育,2015(6):55-56.

[137]马晓欣,付伟.国外心理健康素养测量方法研究进展[J].护理研究,2019,33(7):1186-1189.

[138]马晓欣.心理健康素养量表的汉化及信效度研究[D].杭州:杭州师范大学,2019.

[139]马玉海,夏小华,张月.分类管理推进青年辅导员专业化发展:以高校主体为视角[J].中国青年研究,2014(2):112-115,19.

[140]毛泽东.毛泽东选集(第三卷)[M].北京:人民出版社,1991.

[141]梅萍.新时代思想政治教育心理疏导的发展走向探析[J].马克思主义研究,2019(7):152-159,164.

[142]明志君,陈祉妍.心理健康素养:概念、评估、干预与作用[J].心理科学进展,2020,28(1):1-12.

[143]明志君,王雅芯,陈祉妍.科技工作者心理健康素养现状[J].科技导报,2019,37(11):9-17.

[144]倪亚红.高校辅导员心理健康现状及其相关问题研究[J].中国健康心理学杂志,2007,15(7):667-668.

[145]钮航.高校辅导员角色冲突背景下的职业枯竭现象及对策研究[D].长春:吉林大学,2016.

[146]潘峰.高校辅导员心理素质管理问题初探[J].长春教育学院学报,2013,29(14):146-147.

[147]潘国雄.HRM视角下高校辅导员职业倦怠归因及对策分析[J].高教探索,2014(4):166-172.

[148]彭聃龄.普通心理学(修订版)[M].北京:北京师范大学出版社,2001.

[149]彭升,傅华丽.论列宁"人的全面发展"理论的实践性特征及其体现[J].湖湘论坛,2016(4):46-51.

[150]彭时敏.高校高学历辅导员职业压力与职业倦怠研究[J].教育探索,2015(2):123-126.

[151]彭晓宽.大数据时代思想政治教育创新发展研究[M].长春:吉林出版集团股份有限公司,2020.

[152]邱琴,刘佳静.基于网络干预的心理健康素养提升有效性研究[J].心理学探新,2021,41(6):534-539.

[153]邱瑞婵,张培玉.关注高校政治辅导员的心理健康[J].山西高等学校社会科学学报,2004,16(3):84-86.

[154]任君庆,王琪.高职院校教师职业压力、组织支持感与工作满意度关系研究[J].中国职业技术教育,2020(3):54-60.

[155]任志洪,赵春晓,田凡,等.中国人心理健康素养干预效果的元分析[J].心理学报,2020,52(4):497-521.

[156]佘双好.中国高校心理健康教育模式的生成与发展[J].学校党建与思想教育,2016(7):27-31.

[157]申卫星.卫生法学原论[M].北京:人民出版社,2022.

[158]沈晔.高校辅导员工作压力疏导及其职业成长[J].思想理论教育,2014(4):101-105.

[159]沈瑜君,王立伟.精神疾病病耻感的相关研究进展[J].上海精神医学,2010,22(2):119-122,125.

[160]沈壮海.新编思想政治教育学原理[M].北京:中国人民大学出版社,2022.

[161]石林.工作压力理论及其在研究中的重要性[J].心理科学进展,2002,10(4):433-438.

[162]侍旭.高校辅导员职业压力与动力平衡问题探析:基于教育生态学的视角[J].高校辅导员,2020(4):41-44.

[163]宋利,张庆华,尹金瑜,等.老年人心理健康素养研究进展[J].护理学杂志,2022,37(7):105-109.

[164]宋守君.高校辅导员工作压力源量表的初步编制[D].济南:山东师范大学,2008.

[165]苏亚杰.高校辅导员职业能力研究[D].哈尔滨:哈尔滨师范大学,2019.

[166]孙斌,侯金波,刘陈陵.课程教学对大学新生心理健康素养的影响[J].中国学校卫生,2021,42(4):587-592.

[167]孙建胜,骆宏,姚娟娟.国外公众的精神卫生认识现状[J].中国健康教育,2002,18(4):263-264.

[168]孙书平.高校辅导员角色冲突问题研究[D].沈阳:辽宁大学,2011.

[169]孙舒平.高校辅导员职业压力应对研究[J].国家教育行政学院学报,2009(2):30-32.

[170]孙帅梅.高校辅导员的角色冲突与专业化建设[J].思想理论教育,2009(17):81-84.

[171]谭晓兰.抗逆力视角下高校辅导员职业压力应对[J].北京化工大学学报(社会科学版),2019(2):96-100.

[172]唐德斌.高校辅导员职业倦怠的表现及成因分析[J].教育与职业,2013(2):64-65.

[173]唐钧,李军.健康社会学视角下的整体健康观和健康管理[J].中国社会科学,2019(8):130-149,207.

[174]田国秀,万瀚龙.教师情绪调节的时机:三种取向及实践策略[J].黑龙江高教研究,2022(5):137-142.

[175]田伟力.高校年轻辅导员心理健康存在的问题及调适策略[J].教育探索,2012(7):149-150.

[176]佟丽,胡俊峰,侯培森.健康素质与健康素养[J].中国健康教育,2006,22(4):293-295.

[177]汪信砚.论马克思的"自由个性"概念[J].学习与探索,2004(5):11-15.

[178]王丹丹,詹捷慧.社会支持对高校辅导员心理健康的影响[J].教育与职业,2015(24):65-67.

[179]王定玺,罗稀,伊敏,等.某大学在校生参与救援培训活动认知情况分析[J].中国学校卫生,2016,37(2):285-287.

[180]王虎.高校辅导员社会支持现状分析[J].学校党建与思想教育,2017(6):65-67.

[181]王敬川,徐明波,徐国兴.高校专职辅导员心理健康水平的提升策略[J].教师教育研究,2018,30(5):25-28.

[182]王立岩,张薇,张海茹.基于工作家庭冲突的高校辅导员职业倦怠研究[J].湖北社会科学,2013(12):185-187.

[183]王璐.新时代高校辅导员工作转型的三重维度[J].教育探索,2019(5):86-89.

[184]王荣钰.新时代高校辅导员队伍核心素质建设研究[D].西安:长安大学,2020.

[185]王滔,张大均,陈建文.我国大学生心理素质研究20年的回顾与反思[J].高等教育研究,2007,28(4):76-83.

[186]王熹.高校辅导员积极心理品质与领悟社会支持的相关研究[D].重庆:重庆师范大学,2016.

[187]王亚群,覃红霞.高校辅导员职业倦怠归因探究:社会结构与性别的视角[J].四川师范大学学报(社会科学版),2018,45(2):117-123.

[188]王玉花,赵阿勐,胡灵佳,等.北方高校辅导员职业倦怠与心理健康的关系[J].中国健康教育,2016(7):626-628,635.

[189]王振宏,郭德俊.Gross情绪调节过程与策略研究述评[J].心理科学进展,2003,11(6):629-634.

[190]王振华,朱蓉蓉.论新时代高校辅导员队伍建设的优化[J].学校党建与思想教育,2022(2):58-60.

[191]文美荣.论高校突发事件中辅导员的心理素质[J].湖南工业大学学报(社会科学版),2011,16(3):141-143.

[192]文婷.高校辅导员专业素质研究[D].南京:河海大学,2007.

[193]翁铁慧.高校辅导员队伍建设论纲[M].北京:人民出版社,2014.

[194]吴彤.论协同学理论方法:自组织动力学方法及其应用[J].内蒙古社会科学(汉文版),2000(6):19-26.

[195]吴雪影.安徽省高校女性专职辅导员职业压力现状与特点研究[J].赤峰学院学报(自然科学版),2016,32(11):201-203.

[196]习近平.高举中国特色社会主义伟大旗帜为全面建设社会主义现代化国家而团结奋斗:在中国共产党第二十次全国代表大会上的报告[M].北京:人民出版社,2022.

[197]习近平.决胜全面建成小康社会夺取新时代中国特色社会主义伟大胜利:习近平同志代表第十八届中央委员会向大会作的报告摘登[N].人民日报,2017-10-19(2).

[198]习近平.论党的宣传思想工作[M].北京:中央文献出版社,2020.

[199]习近平.论坚持党对一切工作的领导[M].北京:中央文献出版社,2019.

[200]习近平.思政课是落实立德树人根本任务的关键课程[J].求是,2020(17):4-16.

[201]习近平.习近平谈治国理政(第二卷)[M].北京:外文出版社,2017.

[202]习近平.习近平谈治国理政(第三卷)[M].北京:外文出版社,2020.

[203]习近平.习近平谈治国理政(第四卷)[M].北京:外文出版社,2022.

[204]习近平.习近平谈治国理政[M].北京:外文出版社,2014.

[205]习近平.习近平著作选读(第二卷)[M].北京:人民出版社,2023

[206]习近平.习近平著作选读(第一卷)[M].北京:人民出版社,2023

[207]习近平.在纪念马克思诞辰200周年大会上的讲话[M].北京:人民出版社,2018.

[208]习近平.在庆祝中国共产党成立100周年大会上的讲话[M].北京:人民出版社,2021.

[209]习近平.扎实推动共同富裕[J].共产党员,2021(21):5-7.

[210]夏征农,陈至立.辞海:第六版彩图本[M].上海:上海辞书出版社,2009.

[211]向锋,傅丽,肖雁,等.江门市社区居民精神健康素养状况的调查分析[J].中国当代医药,2019,26(13):185-188.

[212]向伟.新时代高校辅导员素质及提升策略研究[D].长沙:湖南师范大学,2020.

[213]肖荣勋.高校辅导员素质结构及其与工作绩效的相关研究[D].郑州:河南大学,2008.

[214]肖文娥,王运敏.论高校辅导员心理素质培养[J].教育研究,2000(10):28-32.

[215]谢迪.农民理性、村庄治理与农村公共服务效率研究[M].北京:人民出版社,2018.

[216]辛自强,池丽萍.当代中国人心理健康变迁趋势[J].人民论坛,2020(1):46-50.

[217]徐瑞,李秋芳,郭菲菲,等.专业心理求助污名在本科护生心理健康素养与专业心理求助态度之间的中介作用[J].解放军护理杂志,2021,38(1):25-28.

[218]徐双.成都市城乡居民精神健康素养调查[D].泸州:西南医科大学,2020.

[219]徐长江.工作压力系统研究:机制、应付与管理[J].浙江师大学报(社会科学版),1999(5):69-73.

[220]杨睿娟.中国高校教师职业心理健康理论构建与实证研究[D].西安:陕西师范大学,2018.

[221]杨伟.当前高校辅导员心理健康问题分析及其调适[J].教育探索,2012(9):143-144.

[222]杨秀玉,杨秀梅.教师职业倦怠解析[J].外国教育研究,2002,29(2):56-60.

[223]杨雪龙.高校青年辅导员的心理问题发生机制:基于压力—资源模型的视角[J].思想教育研究,2015(7):74-77.

[224]杨钰立,李开菊,王玲莉,等.贵阳市社区居民心理健康素养现状调查与对策研究[J].健康教育与健康促进,2020,15(4):354-358.

[225]杨兆宇.大连地区高职院校辅导员职业压力研究[D].大连:辽宁师范大学,2013.

[226]杨芷英.思想政治教育心理机制研究[M].北京:红旗出版社,2005.

[227]杨芷英.思想政治教育心理学[M].北京:中国人民大学出版社,2014.

[228]杨宗升.中学生心理健康素养、心理健康水平的现状及关系研究[D].昆明:云南师范大学,2015.

[229]姚本先.学校心理健康教育基本概念辨析[J].课程·教材·教法,2001(6):64-68.

[230]姚海田,韩旭东,刘晓倩.高校辅导员职业倦怠现状调查[J].教育与职业,2016(21):96-98.

[231]叶海燕.高校辅导员心理压力及其纾解方式研究[J].教育与职业,2015(23):56-58.

[232]叶一舵.论心理健康及其实质[J].福建医科大学学部(社会科学版),2002,3(1):87-90.

[233]叶一舵.心理健康标准及其研究的再认识[J].东南学术,2001(6):169-175.

[234]殷子钰.新时代高校辅导员职业心理素质提升策略研究[J].北京经济管理职业学院学报,2021,36(4):61-66.

[235]尹美恒.高校辅导员职业压力、自悯与职业倦怠的关系研究[D].石家庄:河北师范大学,2017.

[236]游龙桂.生涯发展视角下的高校辅导员职业压力探析[J].福建农林大学学报(哲学社会科学版),2011,14(6):90-93.

[237]于洪生.中国领导学研究[M].北京:人民出版社,2014.

[238]于文军,肖永红,胡纪泽,等.高校专职辅导员工作压力与职业倦怠:角色认知的中介效应[J].中国健康心理学杂志,2015,23(6):868-870.

[239]余达淮,王世泰.习近平关于人民健康重要论述的内涵、实践价值与世界意义[J].南京社会科学,2020(12):1-8,18.

[240]俞国良,王浩.新时代我国心理健康教育的发展方向及其路径[J].中国教育科学(中英文),2022,5(1):23-31.

[241]俞国良,宋振韶.现代教师心理健康教育[M].北京:教育科学出版社,2008.

[242]俞国良.心理健康教育理论政策研究[M]:北京:北京师范大学出版社,2020.

[243]岳童,王晓刚,黄希庭.心理疾病自我污名:心理康复的一个高危因子[J].心理科学进展,2012,20(9):1448-1456.

[244]翟宏堃,李强,魏晓薇.2009—2018年国际心理健康素养领域研究主题及其演化路径[J].西南民族大学学报(人文社会科学版),2021,42(3):217-223.

[245]张大均,王磊.心理健康与创造力[J].宁波大学学报(教育科学版),2001,23(6):1-4.

[246]张大均.论人的心理素质[J].心理与行为研究,2003,1(2):143-146.

[247]张海艳.EAP视域下辅导员职业心理素质提升研究[J].长江大学学报(社会科学版),2018,41(3):112-116.

[248]张宏亮,柯柏玲,戴湘竹.基于卡方检验法的高校辅导员职业倦怠影响因素分析及对策[J].思想政治教育研究,2020,36(3):147-151.

[249]张华.让学生创造着长大:2022年版义务教育课程方案和课程标准核心理念解析[M].北京:教育科学出版社,2022.

[250]张加亮.对高职辅导员心理健康教育的思考[J].职教论坛,2012(8):85—87.

[251]张侃.国民心理健康状况、影响因素及对策[M].北京:科学出版社,2012.

[252]张立鹏.应然·实然·适然:我国高校辅导员角色的三维考量[D].石家庄:河北师范大学,2015.

[253]张利,王韶华,朱艳霞.简析高校辅导员心理素质对大学生思想政治教育的影响[J].学校党建与思想教育,2013(4):87-89.

[254]张良,靳玉乐.核心素养的发展需要怎样的教学认识论?——基于情境认知理论的勾画[J].教育研究与实验,2019(5):32-37.

[255]张萌,李钰婷,吕钦谕,等.精神疾病患者自杀与心理健康素养关系的研究进展[J].中国健康教育,2020,36(1):71-74.

[256]张亲霞,赵桐羽.社会主义现代化基本实现:人的全面发展取得实质性进展[J].中学政治教学参考,2021(36):9-12.

[257]张婉莉.高校辅导员职业心理韧性研究[D].西安:陕西师范大学,2016.

[258]张喜转.高校辅导员职业倦怠影响因素调查分析[J].中国成人教育,2014(7):116-119.

[259]张雪飞.班主任群体成长[M].上海:上海教育出版社,2016.

[260]张耀灿,郑永廷,吴潜涛,等.现代思想政治教育学[M].北京:人民出版社,2006.

[261]张再兴,等.高校辅导员队伍建设理论与实践[M].北京:人民出版社,2010.

[262]赵艳丽.高校优秀辅导员心理素质的研究[J].青岛科技大学学报(社会科学版),2002(4):42-46.

[263]郑丹丹.高校辅导员心理辅导胜任力现状调查研究[J].学校党建与思想教育,2016(1):81-83.

[264]郑文樾.乌申斯基教育文选[M].张佩珍,冯天向,郑文樾,译.北京:人民教育出版社,1991.

[265]中共中央党史和文献研究院.十九大以来重要文献选编(上)[M].北京:中央文献出版社,2019.

[266]中共中央党史和文献研究院.十九大以来重要文献选编(中)[M].北京:中央文献出版社,2021.

[267]中共中央党史和文献研究院.习近平关于社会主义精神文明建设论述摘编[M].北京:中央文献出版社,2022.

[268]中共中央马克思恩格斯列宁斯大林著作编译局.列宁全集(第三卷)[M].北京:人民出版社,1984.

[269]中共中央马克思恩格斯列宁斯大林著作编译局.列宁选集(第二卷)[M].北京:人民出版社,2012.

[270]中共中央马克思恩格斯列宁斯大林著作编译局.列宁选集(第三卷)[M].北京:人民出版社,2012.

[271]中共中央马克思恩格斯列宁斯大林著作编译局.列宁选集(第四卷)[M].北京:人民出版社,2012.

[272]中共中央马克思恩格斯列宁斯大林著作编译局.列宁选集(第一卷)[M].北京:人民出版社,2012.

[273]中共中央马克思恩格斯列宁斯大林著作编译局.马克思恩格斯全集

(第三卷)[M].北京:人民出版社,1960.

[274]中共中央马克思恩格斯列宁斯大林著作编译局.马克思恩格斯文集(第八卷)[M].北京:人民出版社,2009.

[275]中共中央马克思恩格斯列宁斯大林著作编译局.马克思恩格斯文集(第一卷)[M].北京:人民出版社,2009.

[276]中共中央马克思恩格斯列宁斯大林著作编译局.马克思恩格斯选集(第二卷)[M].北京:人民出版社,2012.

[277]中共中央马克思恩格斯列宁斯大林著作编译局.马克思恩格斯选集(第三卷)[M].北京:人民出版社,2012.

[278]中共中央马克思恩格斯列宁斯大林著作编译局.马克思恩格斯选集(第四卷)[M].北京:人民出版社,2012.

[279]中共中央马克思恩格斯列宁斯大林著作编译局.马克思恩格斯选集(第一卷)[M].北京:人民出版社,2012.

[280]中共中央马克思恩格斯列宁斯大林著作编译局.马克思恩格斯选集(第一卷)[M].北京:人民出版社,2012.

[281]中共中央文献研究室,中国人民解放军军事科学院.周恩来军事文选(第二卷)[M].北京:人民出版社,1997.

[282]中共中央文献研究室.毛泽东文集(第七卷)[M].北京:人民出版社,1999.

[283]中共中央文献研究室.十八大以来重要文献选编(上)[M].北京:中央文献出版社,2014.

[284]中共中央文献研究室.十八大以来重要文献选编(下)[M].北京:中央文献出版社,2018.

[285]中共中央文献研究室.十八大以来重要文献选编(中)[M].北京:中央文献出版社,2016.

[286]中共中央文献研究室.十九大以来重要文献选编(上)[M].北京:中央文献出版社,2019.

[287]中共中央文献研究室.十九大以来重要文献选编(中)[M].北京:中央文献出版社,2021.

[288]中共中央宣传部.习近平新时代中国特色社会主义思想三十讲[M].北京:学习出版社,2018.

[289]中国共产党第十九届中央委员会第六次全体会议文件汇编[M].北京:人民出版社,2021.

[290]中国科技工作者心理健康状况调查课题组.中国科技工作者心理健康状况报告[M].北京:中国科学技术出版社,2013.

[291]中国社会科学院语言研究所词典编辑室.现代汉语词典[M].7版.北京:商务印书馆,2016.

[292]中国心理学会心理学普及工作委员会.心理科学传播工作指南[M].北京:科学普及出版社,2021.

[293]中华人民共和国教育部.全国高等学校名单[EB/OL].[2025-4-10].http://www.moe.gov.cn/jyb_xxgk/s5743/s5744/202406/t20240621_1136990.html.

[294]中华人民共和国教育部.以铸魂育人担起民族复兴大任:教育战线牢记总书记嘱托加快建设教育强国综述之二[EB/OL].(2024-05-28)[2025-04-10].http://www.moe.gov.cn/jyb_xwfb/s5147/202405/t20240528_1132859.html.

[295]中央档案馆,中共中央文献研究室.中共中央文件选集.一九四九年十月~一九六六年五月.(第50册)[M].北京:人民出版社,2013.

[296]钟启泉,崔允漷.核心素养研究[M].上海:华东师范大学出版社,2018.

[297]周国韬,盖笑松.积极心理学与教师心理调适[M].北京:中国轻工业出版社,2012.

[298]周海燕.高校思想政治理论课教师角色研究[M].北京:人民出版社,2017.

[299]周红柳.高校辅导员心理健康状况调查与研究:以安徽农业大学为例[D].合肥:安徽农业大学,2014.

[300]周红霞,杨雪龙,刘葵.高校辅导员心理健康状况及对策分析:基于浙

江省2231名辅导员的实证调查[J].浙江师范大学学报(社会科学版),2015,40(6):85-93.

[301]周良书,等.中国高校辅导员工作史论[M].北京:人民出版社,2016.

[302]周敏,胡海青.心理资本视角下高校辅导员队伍建设研究[J].学校党建与思想教育,2017(20):68-73.

[303]周晓英,宋丹,张秀梅.健康素养与健康信息传播利用的国家战略研究[J].图书与情报,2015(4):2-10.

[304]周源源.辅导员工作压力的调查分析[J].高校辅导员学刊,2010,2(5):66-69.

[305]周治金.论大学生心理素质结构[J].高等教育研究,2003,24(3):30-34.

[306]朱佳.独立学院辅导员工作压力、职业倦怠及化解策略:基于湖南15所独立学院的调查[J].湖南师范大学教育科学学报,2012,11(1):86-88.

[307]朱萌,苏世江,张炜.高校辅导员心理健康与情绪管理现状调查研究[J].教育理论与实践,2014,34(15):33-35.

[308]朱永新,孙云晓.科学,让家庭教育更有魅力[M].长沙:湖南教育出版社,2018.

[309]朱正昌.高校辅导员队伍建设研究[M].北京:人民出版社,2010.

[310]祖磊,张炜,律晶晶.基于人格特质的辅导员职业倦怠研究[J].学校党建与思想教育,2017(4):61-62,65.

二、外文文献

[1]ALTWECK L,MARSHALL T C,FERENCZI N,et al.Mental health literacy:a cross-cultural approach to knowledge and beliefs about depression, schizophrenia and generalized anxiety disorder[J].Frontiers in Psychology,2015:1272.

[2]BJØRNSEN H N,ESPNES G A,EILERTSEN M E B,et al.The Relationship Between Positive Mental Health Literacy and Mental Well-Being Among Adolescents:Implications for School Health Services[J].The Journal of School Nursing,2019

(2):107-116.

[3]BRIJNATH B,PROTHEROE J,MAHTANI K R,et al. Do Web-based Mental Health Literacy Interventions Improve the Mental Health Literacy of Adult Consumers? Results From a Systematic Review[J].Journal of Medical Internet Research, 2016(6):e165.

[4]CAMPOS L,DIAS P,PALHA F.Finding Space to Mental Health-Promoting mental health in adolescents:Pilot study[J].Education and Health,2014(1):23-29.

[5]COMPTON M T,HANKERSON-DYSON D,Broussard B.Development,item analysis,and initial reliability and validity of a multiple-choice knowledge of mental illnesses test for lay samples[J].Psychiatry Research,2011(1):141-148.

[6]COTTON S M,WRIGHT A,HARRIS M G,et al.Influence of gender on mental health literacy in young Australians[J]. Australian and New Zealand Journal of Psychiatry,2006(9):790-796.

[7]ECKERT K A,KUTEK S M,DUNN K I,et al. Changes in depression-related mental health literacy in young men from rural and urban South Australia[J].Australian Journal of Rural Health,2010(4):153-158.

[8]EVANS-LACKO S,LITTLE K,MELTZER H,et al.Development and Psychometric Properties of the Mental Health Knowledge Schedule.[J].The Canadian Journal of Psychiatry,2010(7):440-448.

[9]FIRTH J,TOROUS J,NICHOLAS J,et al. The efficacy of smartphone-based mental health interventions for depressive symptoms:a meta-analysis of randomized controlled trials[J].World Psychiatry,2017(3):287-298.

[10]FISHER L J,GOLDNEY R D.Differences in community mental health literacy in older and younger Australians[J].International Journal of Geriatric Psychiatry,2003(1):33-40.

[11]FURNHAM A, KIRKBY V, MCCLLELLAND A.Non-expert's theories of three major personality disorders[J].Personality and Mental Health,2011(1):43-56.

[12]GIBBONS R J,THORSTEINSSON E B,LOI N M.Beliefs and attitudes towards mental illness:an examination of the sex differences in mental health literacy in a community sample[J].PeerJ,2015:e1004.

[13]GRANELLO D H,PAULEY P S,CARMICHAEL A.Relationship of the Media to Attitudes Toward People With Mental Illness[J].The Journal of Humanistic Counseling,Education and Development,1999:98-110.

[14]GRIFFITHS K M,CARRON-ARTHUR B,PARSONS A,et al.Effectiveness of programs for reducing the stigma associated with mental disorders. A meta-analysis of randomized controlled trials[J].World Psychiatry,2014(2):161-175.

[15]HADLACZKY G,HÖKBY S,MKRTCHIAN A,et al. Mental Health First Aid is an effective public health intervention for improving knowledge,attitudes,and behaviour:a meta-analysis[J].International Review of Psychiatry,2014(4):467-475.

[16]JORM A F,KORTEN A E,JACOMB P A,et al."Mental health literacy":a survey of the public's ability to recognise mental disorders and their beliefs about the effectiveness of treatment[J].Medical Journal of Australia,1997(4):182-186.

[17]JORM A F. Why We Need the Concept of "Mental Health Literacy"[J]. Health Communication,2015(12):1166-1168.

[18]JORM A F.Mental Health Literacy:Empowering the Community to Take Action for Better Mental Health.[J].American Psychologist,2012:231.

[19]JORM A F.Mental health literacy:public knowledge and beliefs about mental disorders[J].The British Journal of Psychiatry,2000(5):396-401.

[20]JUNG H,STERNBERG K V,DAVIS K. Expanding a measure of mental health literacy:Development and validation of a multicomponent mental health literacy measure[J].Psychiatry Research,2016:278-286.

[21]KITCHENER B A,JORM A F. Mental health first aid training:review of evaluation studies[J].Australian and New Zealand Journal of Psychiatry,2006(1):6-8.

[22]KOHLS E, COPPENS E, HUG J, et al. Public attitudes toward depression and help-seeking: Impact of the OSPI-Europe depression awareness campaign in four European regions[J].Journal of affective disorders, 2017:252-259.

[23]KOUTOUFA I, FURNHAM A. Mental health literacy and obsessive – compulsive personality disorder[J].Psychiatry Research, 2014(1):223-228.

[24]KUTCHER S, BAGNELL A, WEI Y F.Mental Health Literacy in Secondary Schools: A Canadian Approach[J]. Child and Adolescent Psychiatric Clinics of North America, 2015(2):233-244.

[25]KUTCHER S, WEI Y F, CONIGLIO C.Mental Health Literacy: Past, Present, and Future[J].The Canadian Journal of Psychiatry, 2016(3):154-158.

[26]LAUBER C, NORDT C, FALCATO L, et al. Do people recognise mental illness? Factors influencing mental health literacy[J]. European Archives of Psychiatry and Clinical Neuroscience, 2003:248-251.

[27]MCCORMACK Z, GILBERT J L, OTT C, et al. Mental health first aid training among pharmacy and other university students and its impact on stigma toward mental illness[J]. Currents in Pharmacy Teaching and Learning, 2018(10): 1342-1347.

[28]MILLER L, MUSCI R, D'AGATI D, et al. Teacher Mental Health Literacy is Associated with Student Literacy in the Adolescent Depression Awareness Program [J]. School Mental Health, 2019(2):357-363.

[29]MORGAN A J, ROSS A, REAVLEY N J, et al. Systematic review and meta-analysis of Mental Health First Aid training: Effects on knowledge, stigma, and helping behaviour[J].PLOS ONE, 2018(5):e0197102.

[30]O'CONNOR M, CASEY L. The Mental Health Literacy Scale (MHLS): A new scale-based measure of mental health literacy[J]. Psychiatry Research, 2015: 511-516.

[31]O'DRISCOLL C, HEARY C, HENNESSY E, et al. Explicit and implicit

stigma towards peers with mental health problems in childhood and adolescence[J]. Journal of Child Psychology and Psychiatry, 2012(10):1054-1062.

[32]OJIO Y, FOO J C, USAMI S, et al. Effects of a school teacher-led 45-minute educational program for mental health literacy in pre-teens[J]. Early Intervention in Psychiatry, 2019(4):984-988.

[33]OLSSON D P, KENNEDY M G. Mental health literacy among young people in a small US town: recognition of disorders and hypothetical helping responses[J]. Early Intervention in Psychiatry, 2010(4):291-298.

[34]REAVLEY N J, MCCANN T V, JORM A F. Mental health literacy in higher education students[J]. Early Intervention in Psychiatry, 2012(1):45-52.

[35]SIMONDS S K. Health Education as Social Policy[J]. Health Education Monographs, 1974:1-10.

[36]SWAMI V, PERSAUD R, FURNHAM A. The recognition of mental health disorders and its association with psychiatric scepticism, knowledge of psychiatry, and the Big Five personality factors: an investigation using the overclaiming technique[J]. Social Psychiatry and Psychiatric Epidemiology, 2011:181-189.

[37]SWAMI V. Mental Health Literacy of Depression: Gender Differences and Attitudinal Antecedents in a Representative British Sample[J]. Plos One, 2012(11): e49779.

[38]TOROUS J, NICHOLAS J, LARSEN M E, et al. Clinical review of user engagement with mental health smartphone apps: evidence, theory and improvements [J]. Evidence Based Mental Health, 2018:116-119.

[39]WEI Y F, KUTCHER S, BAXTER A, et al. The program evaluation of 'Go-To Educator Training' on educators' knowledge about and stigma toward mental illness in six Canadian provinces[J]. Early Intervention in Psychiatry, 2021(4): 922-931.

[40]WOMEY C, O'REILLY G, BYRNE M, et al. A randomized controlled trial of the computerized CBT programme, MoodGYM, for public mental health service users waiting for interventions[J]. British Journal of Clinical Psychology, 2014(4): 433-450.

[41]WONG D F K, LAM A Y K, POON A. Gender differences in mental health literacy among Chinese-speaking Australians in Melbourne, Australia[J]. International Journal of Social Psychiatry, 2012(2):178-185.

后　记

作为一名工作近13年的一线辅导员，一路走来，酸甜苦辣，冷暖自知。辅导员工作是一项需要倾尽全力、用心浇灌、用爱呵护、勇于奉献的重要工作，不仅需要较高的思想政治素养，扎实的专业知识，更需要从业人员具备丰厚的人生阅历，以及高尚的人格魅力。

在助力学生成长成才过程中，我深刻感受到无论学生如何发展，身心健康始终是他们成长的基石。如果没有健康的身心，成长犹如无源之水、无本之木，难以持久。"内卷""躺平""佛系""蕉绿""暴怒""emo""社恐"等在大学生群体中常用的网络热词，反映出当代大学生对自我心理状态的关注以及对内心世界的探索。大学生心理健康问题既有历时性特征，也有共时性特征。为了维护学生的心理健康，辅导员必须深入了解学生的思想特点、成长环境、性格特征、行为习惯等，既要关注学生的当前状况，也要为学生的长远发展制定策略，并进行精准施策。

在参加各种辅导员培训时，我常听到同事们分享他们所面临的各种学生危机事件。辅导员承受着不同方面的压力，常常感到身心俱疲，独木难支。大家都在努力用心地呵护学生的成长，但是每位辅导员的精力和资源毕竟有限，而学生的期待却是无限的。如何实现辅导员自身的可持续发展，尤其是让辅导员学会自我关怀与寻求支持，这些问题引发了我的思考。自助与助人的有机结合，正是心理健康素养的核心，这也与辅导员心理育人工作相契合。正是在这一理念推动下，我开始了相关研究，并撰写了相关文章。

"学然后知不足，教然后知困"。我深知自己才疏学浅，在撰写过程中难免有所不足，但我希望本书能成为抛砖引玉之作，吸引更多研究者关注辅导员群体，关注辅导员的心理健康素养，用理论指导实践，提升辅导员的工作效能。